정샘의
상속·증여를 위한 절세 이야기

정셈의
상속·증여를 위한
절세 이야기

정한영 지음

좋은땅

첫 책을 출간하며 만감이 교차합니다. 책을 쓰겠다고 굳은 결심을 한 것이 2017년경이었던 것으로 기억합니다. 그 사이에 코로나 19 팬데믹도 있었고, 다른 일로 바쁘다는 핑계와 아직 책을 집필할 실력이 부족하다는 생각에 계속 미루다가 드디어 이 책의 결실을 보게 되었습니다.

세금 중에서 어떤 세금을 어떤 주제로 책을 쓸까 고민을 많이 했습니다. 상속세와 증여세에서 궁금한 내용을 주제로 구성했습니다. 상속세와 증여세는 다른 세금과 달리 모든 사람이 관심 있어 하는 세금이고, 요즘 상속세와 관련해서 상속세의 폐지 또는 개정 요구에 대한 이슈가 예전과 달리 뜨겁기 때문입니다.

이 책은 상속·증여에서 주제별로 절세하는 데 필요한 내용을 중심으로 서술을 했습니다. 욕심에는 법조문과 예규 및 심판례도 내용에 넣으려고 했지만 그러면 내용 자체가 방대해지고 책을 보기에 어려움이 클 것으로 예상하여 제외하였습니다. 상속·증여에 있어서 납세자마다 처한 상황이 다릅니다. 모든 상황에 적용할 수 있는 절세 전략을 책 한 권에 다 넣을 수 있으면 좋겠지만 현실적으로 불가능합니다. 그래서 납세자들이 공감할 수 있는 내용 위주로 책에 담았습니다.

책을 쓰면서 독자에게 말하고 싶은 것은 절세를 위해서는 충분히 시간을 갖고 전략적으로 접근해야 한다는 것입니다. 사전 계획을 세우면서 세법을 검토하고 이행하는 것이 중요합니다. 이미 상속이 개시되었을 때 상속세 절세를 고민해서는 안 되고, 증여한 이후 증여세 절세를 고민해서는 안 됩니다. 물론 이 상황에서도 절세 방법을 찾는 노력을 해야 합니다. 상속이나 증여를 하기 전에 절세를 미리 고민하고 계획하는 것이 중요한데, 이는 모든 세금에도 적용되는 중요한 것입니다.

납세자와 세금 상담을 할 때다 드는 생각이 있습니다. 대부분의 납세자가 상담 준비가 미흡하다는 것입니다. 상담을 통해 원하는 것을 얻어야 하는데, 상담 준비 부족으로 불만족한 상태에서 상담이 마무리되는 경우가 많기 때문입니다. 그 이유로는 첫째 자신의 상황 정리가 안 되어 있는 것이고, 둘째는 세법의 기본 지식 부족이고, 셋째는 구체적으로 무엇을 원하는지 명확하지 않은 점입니다.

자녀에게 증여로 재산을 주고 싶다면 현재 증여자와 수증자의 재산과 소득에 대한 상황 파악이 첫 번째이고, 증여자의 재산에서 어떤 재산을 증여하는 것이 증여세가 적은지 또는 앞으로 자녀의 재산형성을 하는 데 있어서 어떤 재산을 증여하는 것이 유리한지를 검토하는 것이 두 번째입니다.

단순히 증여세를 안 낼 수 있는지를 고민하는 것보다 자녀의 재산형성이나 가업승계 또는 상속세 절세와 연관하여 계획을 세우는 것이 합리적입니다. 증여세 특례나 가업상속공제 등 혜택을 받기 위해서는 해당 규정의 요건을 충족해야 합니다. 그러기 위해서는 요건을 충족하기 위한 준비를 미리 해야 하고, 증여세나 상속세 혜택을 받은 이후 사후관리 요건을 지키기 위한 노력도 필요합니다. 요즘에는 블로그뿐만 아니라 유튜브에 세금 강의가 많이 올려져 있습니다. 하지만 강의 영상의 내용은 충분하지 못한 것이 대부분입니다. 납세자의 상황 등을 고려하지 않기 때문에 세무사와 충분한 상담을 통해 의사결정을 하는 것이 중요합니다.

이 책은 주제별로 납세자가 궁금해하는 것을 이해하는 데 돕고자 만들었습니다. 모든 내용을 담을 수는 없지만 많은 분이 공통으로 궁금해하는 것을 위주로 주제를 정했습니다. 세금을 주제로 한 것이어서 세금과 관련된 용어를 사용할 수밖에 없습니다. 그래도 용어 사용을 가능하면 자제하도록 노력했습니다.

상속세와 증여세에 대해

상속세와 증여세는 재산 이전에 대한 세금입니다. 부모가 자녀의 재산 형성을 목적으로 할 때 반드시 고려해야 하는 세금입니다. 최근 들어 상속세와 증여세에 대한 관심이 많아지고 있습니다. 다른 세금과 다른 점은 경제활동을 하면서 형성한 재산을 가족에게 이전하는 데 부과되는 세금이라는 것입니다.

자녀에게 재산을 증여하고 싶지만, 증여세가 예상보다 커서 결정을 못하는 경우가 많습니다. 주택을 자녀에게 증여하기로 했는데, 자녀가 증여세를 낼 돈이 없어 증여할지 고민이 됩니다. 자녀에게 가업승계를 하고 싶지만, 거액의 증여세가 고민이 되어 결국 회사를 사모펀드에 매각하는 경우가 있습니다. 또한, 오너의 갑작스러운 사망으로 상속이 개시되어 상속인 간 상속재산분할의 법정 공방이 발생하는 경우가 있고, 상속세 납부재원을 위해 결국 회사 주식을 처분하는 경우도 있습니다.

재계와 언론을 중심으로 원활한 가업승계를 위해 상속세를 폐지해야 되고, 부모의 재산은 이미 소득세로 과세가 된 재산으로 형성된 것이기 때문에 상속세와 증여세로 과세하는 것은 이중과세라는 주장이 계속되고 있습니다.

다른 한편에서는 상속세 폐지 주장과 관련하여 부의 대물림을 막기 위해 상속세를 계속 유지해야 한다고 주장합니다. 부모의 재산을 자녀에게 무상으로 이전하는 것이기 때문에 부모의 재력이 자녀에게 그대로 대물림되어 부익부 빈익빈이 고착화가 될 수 있으니, 이를 막기 위해 상속세와 증여세가 필요하다고 주장합니다.

경영계에서 상속세 폐지를 요구하고 있지만, 상속세가 폐지되기에는 쉽지 않아 보입니다. 요즘 정부와 학계를 중심으로 논의가 되고 있는 것이 상속세 과세방식을 유산세 과세방식에서 유산취득세 과세방식으로 변경하는 것입니다. 매년 이와 관련된 논의가 있었지만 대기업의 상속세 재원 때문에 주식을 처분하는 일이 발생하자 다른 때보다도 상속세 과세방식 전환에 대한 관심이 높아 졌습니다. 상속세에 큰 변화의 가능성이 있다면 상속세 폐지보다 상속세 과세방식을 변경하는 것이 현실적이지만 쉽지 않을 것으로 생각합니다.

현재 상속세와 증여세는 계속 유지되고 있습니다. 이 상황에서 상속세와 증여세의 절세는 단기적인 관점이 아닌 장기적인 관점에서 접근해야 합니다.

정셈의 상속·증여를 위한 절세 이야기

지금 자녀에게 재산을 증여하고 싶은데 증여세 절세를 요구하시는 경우가 많습니다. 현실적으로 절세를 할 수 있는 방법이 없지만, 아주 예외적인 경우로 우연히 가능한 경우가 있을 수 있습니다. 그러나 거의 현실적으로 어렵습니다.

상속이나 증여는 재산이 많을수록 장기적인 관점에서 계획을 세워 진행해야 절세 효과를 크게 얻을 수 있습니다.

유산취득세 개편 계획
(기획재정부 2025년 3월 발표 자료 참조)

최근 정부에서 상속세 과세방식을 유산세에서 유산취득세로 전환하는 계획을 발표했습니다. 1950년에 상속세를 제정하면서 지금까지 유산세 과세방식을 유지해 오면서 유산취득세 논의가 있어 왔습니다. 그럴 때마다 부자 감세·부익부빈익빈 등의 반대 주장에 크게 논의되지 못했습니다.

과거와는 다르게 정부와 국회가 유산취득세로 전환하는 것에 적극 동의하는 분위기입니다.

상속세 과세방식을 유산취득세로 개정하는 법안을 국회에 제출하고, 국회 본회에서 통과되면 2028년부터 시행이 될 것으로 예상됩니다.

1) 유산세 과세방식의 문제점(공평과세 측면)

유산세 과세방식은 피상속인(사망자)의 기준으로 전체 상속재산을 상속세를 계산합니다. 상속인이 물려받은 재산을 기준으로 하는 상속세를 계산하지 않습니다.

현재 상속세 계산방식은 피상속인을 기준으로 상속세를 계산하고, 상속인별로 상속지분에 따라 상속세를 안분하여 납부할 상속세를 각각 계산합니다. 상속인이 상속받은 재산가액이 같아도 피상속인의 상속재산과 사전증여재산에 따라 적용되는 상속세율이 다릅니다.

또한 상속세 과세가액이 같아도 적용되는 상속공제에 따라 상속세율이 달라질 수 있어 상속인이 본인 지분에 해당하는 납부세액이 다릅니다.

예를 들어 피상속인 갑의 자녀 A가 상속으로 5억 원을 받게 되었습니다. 피상속인의 상속재산과 상속공제에 따라 A가 자기 몫에 해당하는 상속세 금액이 달라집니다. 피상속인의 과세표준이 30억 원 경우, 사전증여재산이 가산되어 과세표준이 50억 원인 경우, 상속공제가 많아 과세표준이 20억 원이 경우가 있습니다. 총 상속세는 각각 10.4억 원, 20.4억 원, 6.4억 원입니다.

갑의 자녀 A가 상속으로 받은 재산은 5억 원으로 동일하지만, 다른 상속인에게 사전증여재산이 있어 상속세율이 높아져서 자녀 A의 상속세 부담도 증가합니다. 반대로 다른 상속인의 상속공제가 추가되어 상속세율이 낮아져서 자녀 A의 상속세 부담이 감소합니다. 즉, 자녀 A가 상속으로 받은 재산 5억 원에 해당하는 상속세는 다른 상속인의 사전증여재산이나 상속공제에 따라 상속세가 증가할 수 있고 감소할 수 있습니다.

이는 유산세 과세방식이 공평과세에 관해 문제점으로 지적되고 있는 점입니다.

2) 유산취득세 전환 방안(기획재정부 발표 자료)

유산취득세는 상속인 각자가 물려받은 상속재산에 따라 상속세를 계산합니다. 피상속인을 기준으로 하는 것이 아니라 상속인을 기준으로 상속세를 계산하는 방식입니다.

상속인별 상속으로 받은 재산에 상속공제를 차감하여 과세표준을 계산합니다. 과세표준에 세율을 곱하여 상속세를 산출합니다.

3) 유산취득세 전환 필요성(기획재정부 발표 자료)

(1) 받는 만큼 세금을 부담함으로써 과세형평 제고

상속인이 상속으로 물려받는 재산이 같다면 세금도 같은 것이 형평성에 부합니다. 사전증여재산과 상속공제에 따라 세금이 달라진다면 형평성에 어긋납니다.

(2) 납세자별로 공제를 적용하여 공제의 실효성 개선

상속공제에 따라 세금이 줄어듭니다. 이 혜택은 모든 상속인이 받게 되는데, 각 상속인에게 부여된 공제는 각자가 혜택을 받는 것이 타당합니다.

(3) 상속과 증여 간 과세기준 일치로 과세범위 합리화

상속개시일을 기준으로 10년 이내 상속인에게 증여한 재산과 5년 이내

정쌤의 상속·증여를 위한 절세 이야기

상속인이 아닌 자에게 증여한 재산은 상속재산에 합산을 하여 상속세를 과세합니다.

상속인이 아닌 자에는 친인척뿐만 아니라 제3자도 해당합니다. 상속인과 수유자가 10년 이내에 증여받은 재산은 사전증여재산으로 상속세로 과세하고, 그 외의 자가 사전증여받은 재산은 증여세를 과세한 것으로 종결합니다.

상속세와 증여세의 신고 현황에 대한 국세청의 최근 통계자료

밑의 표는 국세청에서 발표한 통계자료입니다. 2019년부터 2023년까지 상속세와 증여세를 신고한 명세에 대한 통계입니다. 전체적으로 신고 인원과 신고 금액은 증가 추세로 볼 수 있습니다.

1) 상속세 신고 현황(납세지별)

최근 2019년부터 2023년까지 상속세를 신고한 명세에 대한 통계로 매년 상속인의 수는 증가하다가 2023년에 감소했습니다. 총상속재산가액은 2021년도에 큰 폭으로 증가했다가 2022년부터 감소하다가 2023년에 크게 감소했습니다. 총상속재산가액은 본래의 상속재산에 추정상속재산을 합산한 금액입니다. 2021년도에 총상속재산가액이 큰 폭으로 증가한 것은 주택 가격이 몇 년에 걸쳐서 크게 상승한 것과 2020년에 중국발 코로나 19 팬데믹으로 인한 고령인의 사망 증가가 원인인 것으로 해석할 수 있습니다.

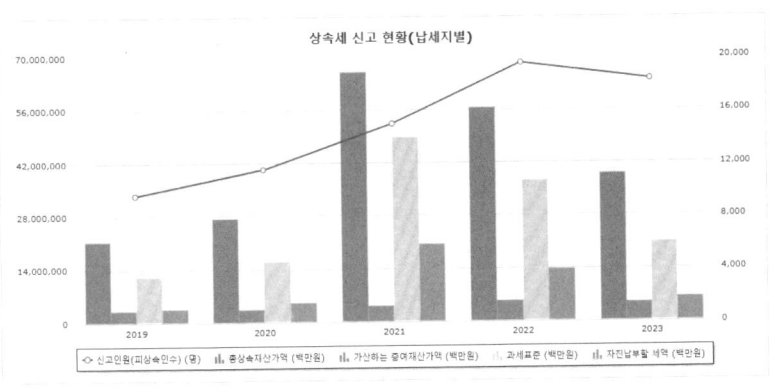

상속세 신고 현황(납세지별)

구분	2019	2020	2021	2022	2023
신고인원 (피상속인수) (명)	9,555	11,521	14,951	19,506	18,282
총상속재산가액 (백만 원)	21,537,994	27,413,896	65,971,374	56,519,431	29,054,915
가산하는 증여재산가액 (백만 원)	3,183,283	3,304,628	4,398,700	5,444,171	4,996,279
과세표준 (백만 원)	12,261,946	16,020,664	48,962,293	37,371,904	21,126,109
자진납부할 세액 (백만 원)	3,672,276	5,176,495	20,448,353	13,725,277	6,379,383

2) 증여세 신고현황(납세지별)

국세청에서 발표한 증여세 통계자료입니다. 최근 5년(2019년부터 2023년) 증여세를 신고한 내용에 통계인데 매년 증여세 신고자가 증가하다가 2022년부터 감소했습니다. 증여재산가액도 2019년도부터 2021년까지 큰 폭으로 증가했다가 2022년부터 감소했습니다.

증여재산가액이 2019년~2021년까지 증가한 것은 주택 가격 상승과 다

주택자 양도소득세 중과세 제도 시행으로 양도소득세 부담에 따른 주택 증여가 증가한 것으로 해석할 수 있습니다. 2022년과 2023년 증여세 신고 건수와 증여재산가액이 감소한 것은 다주택자 양도소득세 중과세를 한시적으로 완화한 것에 대한 다주택자의 주택 증여가 감소한 것으로 해석할 수 있습니다.

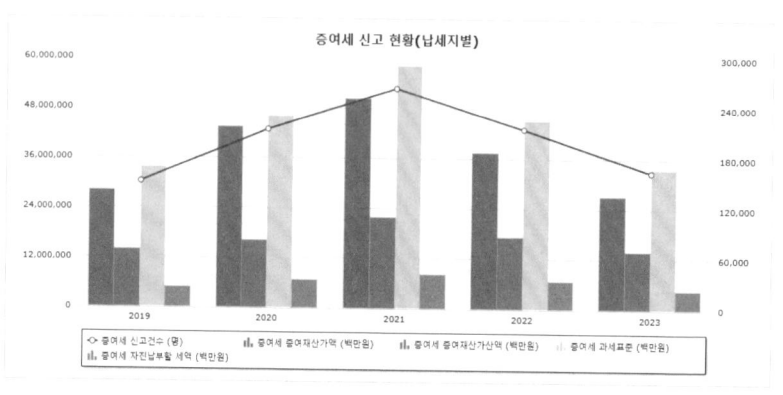

구분	2019	2020	2021	2022	2023
증여세 신고 건수 (명)	151,399	214,603	264,274	215,640	164,230
증여세 증여재산 가액 (백만 원)	28,250,186	43,613,387	50,459,313	37,745,424	27,338,773
증여세 증여재산 가산액 (백만 원)	13,928,316	16,302,574	22,120,283	17,470,107	14,064,994
증여세 과세표준 (백만 원)	33,911,728	46,246,322	58,464,167	45,347,217	33,784,511
증여세 자진납부 할 세액 (백만 원)	4,910,393	6,852,792	8,351,446	6,822,908	4,822,057

정샘의 상속·증여를 위한 절세 이야기

나부자 씨의 상속 · 증여 관련 이야기

중소기업을 창업하여 운영하고 있는 나부자 씨는 전업주부인 아내 박미나 씨와 딸 서아 그리고 아들 지호 이렇게 4인 가족으로 서울에 거주하고 있습니다. 나부자 씨 가족은 대한민국 중산층에 속하는 가족입니다.

나부자 씨는 지인에게 CEO모임을 소개받아 모임에 가입하여 20년 넘게 참석 중입니다. 모임 때마다 빠지지 않은 얘기가 있는데 세금에 관한 것입니다. 세금 중에서도 상속세와 증여세가 이슈입니다. 나부자 씨는 자연스럽게 상속세와 증여세에 관심을 갖게 되었습니다.

자녀에게 재산을 미리 증여하지 못해 증여세를 많이 내서 세금이 아깝다는 이야기, 아이가 어렸을 때 미리 증여해서 지금 아이의 재산을 많이 모았다는 이야기, 어느 회사의 대표가 새벽에 갑자기 사망해서 장례를 마치자마자 재산분할문제로 유가족들이 서로 원수가 되었다는 이야기, 병투병을 하다가 사망했는데 유가족이 상속세를 납부할 돈이 없어서 상속재산을 아깝게 헐값에 처분했다는 이야기, 회사를 자녀에게 물려 주고 싶은데 세금이 너무 많아 결정을 못 하고 있나는 이야기 등. CEO모임에서 세금과 관련된 이야기가 끊이지 않습니다.

나부자 씨는 환갑 생일을 맞이한 지가 엊그제 같은데 지금까지 일만 하며 바쁘게 살아왔습니다. CEO모임에서 대표들의 세금 얘기를 들으면서 상속세와 증여세에 큰 관심을 갖게 되었는데, 지금까지 무관심했던 것이 후회됩니다. 지금부터 상속과 증여를 준비하고 싶은데, 무엇을 당장 어떻게 준비해야 할지 도무지 모르겠습니다.

그래서 CEO모임을 소개해 준 지인에게 세무사를 소개해 달라고 부탁했더니 정셈을 소개해 주었습니다. 나부자 씨는 바로 정셈에게 연락해서 상속세와 증여세 상담을 받으려고 합니다.

정셈의 상속·증여를 위한 절세 이야기

상속세와 증여세 절세를 위한 사전 계획의 필요성

    나부자 씨는 상속세와 증여세에 대해 아는 것이 사실 재산을 가족에게 공짜로 주면 국가에 내는 세금이라는 것밖에 아는 것이 없습니다.

    정셈에게 연락을 하여 상담 약속을 했습니다. 정셈의 사무실을 방문하여 상속과 증여에 대한 고민을 얘기를 시작했습니다. 지금 무엇부터 준비해야 해야 하는지 물어봤습니다. 이에 대해 정셈은 상속세와 증여세에 대해 다음과 같이 설명했습니다.

    상속세와 증여세는 재산의 무상이전으로 발생하는 세금입니다. 공짜로 재산을 받은 것에 세금이 부과된다는 점에서 비슷하지만 다른 세금입니다.

1) 상속세와 증여세란?

상속세는 피상속인의 사망(또는 실종선고 만료)으로 상속이 개시되어 발생하는 세금입니다.

증여세는 증여자가 수증자에게 재산을 무상으로 이전하는 계약을 하고 계약에 따라 재산을 이전하여 부과되는 세금입니다.

상속세는 피상속인의 재산을 상속인이 포괄승계를 하여 과세표준에 따라 10%~50%의 세율이 적용되는 세금입니다. 증여세는 개별 증여 건마다 과세표준에 따라 10%~50%의 세율을 적용하는 세금입니다.

2) 증여세는 상속세를 보완하는 역할을 한다

증여세는 상속세를 보완하는 역할을 합니다. 피상속인이 생전 가족에게 증여한 것은 증여세를 부과하고, 피상속인의 사망으로 상속이 개시되는 경우에는 상속인에게 상속받은 재산에 대해 상속세를 부과합니다.

상속세는 피상속인의 재산에 대해 세금을 부과하기 때문에 재산이 많을수록 상속세 부담이 크게 증가합니다. 과세표준이 30억 원 이상부터는 세율 50%가 적용되어 절반을 상속세를 내야 합니다. 그래서 상속세를 줄이기 위해 미리 재산을 가족에게 증여해서 상속세를 낮추려고 하는데, 세법은 상속개시일 10년 전에 상속인에게 증여했던 재산은 상속재산에 합산해서 상속세를 계산하도록 규정하고 있습니다.

3) 상속세와 증여세 절세를 위한 사전계획의 필요성

상속세와 증여세는 다른 세금에 비해 세액이 큽니다. 물론 상속재산이 상속공제에 못 미치거나 증여하고자 하는 재산이 적으면 세금 고민은 없

정쌤의 상속 · 증여를 위한 절세 이야기

을 수 있습니다.

　증여세는 증여하는 재산 규모를 조절하거나 증여시기를 조절하여 증여세를 낮출 수 있습니다. 증여세 부담이 크다고 생각되면 증여자가 증여하려는 재산을 줄이거나 증여 자체를 이후에 하면 됩니다.

　그러나 상속세는 피상속인의 사망으로 상속이 개시되기 때문에 증여처럼 이미 상속이 개시된 것을 조절하는 것 자체가 불가능합니다. 평소에 건강하시던 부모님이 갑자기 돌아가셔서 상속이 개시될 수 있습니다. 상속을 특정 날짜에 정해서 할 수 있는 것이 아니기에 부모님이 연로하시면 미리 상속세 절세계획을 세워 준비하고 있어야 합니다.

　피상속인의 상속재산 또는 수증자의 증여재산이 공제금액 이하이면 상속세나 증여세가 없으니 고민할 일이 없습니다. 그러나 재산 규모가 커서 적용되는 세율이 최대 50%까지 적용되는 상황이라면 상속세와 증여세에 대한 관심과 고민은 남들보다 클 수밖에 없습니다.

　또한, 피상속인의 상속재산을 두고 상속인 간의 분쟁이 발생하는 경우 분쟁이 법정으로 이어지기 쉽습니다. 가족 간의 감정은 이미 상할 때로 상하여 예전의 화목한 모습으로 돌아가기란 현실적으로 무리일 것입니다.

　상속세와 증여세는 절세뿐만 아니라 가족 간의 이해관계와도 관련이 있으므로 신중하게 생각해야 하고, 계획을 잘 세워서 진행해야 합니다.

상속을 염두에 두고 있다면 미리 사전증여를 하는 것이 상속세에 있어서 최고의 절세 방법이고, 상속재산으로 인한 가족 간의 다툼을 예방하는 방법이기도 해서 중요성을 강조해도 부족하지 않습니다.

4) 가업승계와의 관련

자녀에게 가업을 물려주고 싶을 때 고민되는 것이 세금입니다. 자녀의 경영능력도 매우 중요하지만, 세금도 매우 중요합니다. 실제 세금 때문에 가업승계를 포기하고 회사를 매각한 사례는 뉴스에서 쉽게 찾아볼 수 있습니다. 상속세 때문에 세계 시장에서 점유율 1위를 유지하고 있는 중소기업의 매각 사례는 상속세 또는 증여세가 얼마나 중요한지 알 수 있는 사실입니다.

세법에는 가업승계를 지원하기 위해 증여 단계에서 가업승계의 증여세 특례와 상속 단계에서 가업상속공제 제도를 두어 가업승계를 지원하고 있습니다. 원활한 가업승계를 위해서는 사전준비가 필요합니다.

5) 다른 세금과의 관계는?

상속이나 증여로 받은 재산 중에 부동산 등의 재산은 상속이나 증여 시점의 재산평가액이 양도소득세에서 취득금액이 됩니다. 양도소득세는 양도차익을 얻은 것에 대한 세금으로 취득금액은 양도차익에 영향을 미칩니다.

예를 들어 부모님이 과거 3억 원에 취득한 아파트를 증여받을 때 10억 원이었고, 지금 이 아파트를 매도할 생각을 하고 있는데, 시세가 20억 원입니다. 이 아파트를 20억 원에 매도를 한다면 증여받을 당시 10억 원이 취득금액이 되어 양도차익은 10억 원이 됩니다(양도소득세 이월과세를 고려하지 않는 가정하에). 만일 부모님이 이 아파트를 증여하지 않고 20억 원에 매도를 한다면 양도차익은 17억 원이 됩니다. 양도차익이 10억 원인 경우와 17억 원 경우의 양도소득세는 차이가 매우 큽니다.

아파트를 바로 양도하지 말고 증여하고 나서 양도하는 방법으로 양도소득세를 크게 절세할 수 있다고 생각할 수 있습니다. 경제활동으로 소득이 있는 자녀에게 아파트를 시세보다 저렴하게 매매를 하면 실제 돈이 오가는 거래를 했으니 문제가 없을 거로 생각할 수 있습니다. 세법에는 비정상적인 거래 등을 이용하거나 세법의 혜택을 부당하게 이용하여 조세를 회피하려는 것에 대해 세금을 추징하는 규정을 두어 방지하고 있습니다.

목차

상속세 편

증여 편

상속세 편

상속의 기본이해

정셈은 나부자 씨에게 상속세 절세 설명에 앞서 먼저 상속에 관해 설명했습니다. 상속 관련 기본적인 용어에 대해 다음과 같이 설명을 했습니다.

1) 상속이란

상속이 개시된 때부터 피상속인의 일신전속권을 제외하고 피상속인의 재산에 관한 포괄적 권리의무가 상속인에게 승계되는 것을 말합니다.

일신전속권은 권리가 특정한 주체와의 사이에 특별히 긴밀한 관계가 있으므로 그 주체만이 향유·행사할 수 있는 권리를 말합니다. 예를 들어 친권이나 자격증 등이 해당합니다.

2) 상속의 개시

상속은 피상속인의 사망으로 개시됩니다. 보통 사망일이 상속일입니다. 예외적으로 실종선고를 받은 사람도 사망한 것으로 보아 상속이 개시됩니다.

3) 상속이 개시되는 장소

상속은 피상속인의 주소지에서 개시됩니다. 피상속인이 자신의 주소지 이외의 장소에서 사망하더라도 그 주소지에서 상속이 개시됩니다.

4) 상속 관련 비용

상속재산의 관리비용, 장례비, 상속세 등 상속에 관한 비용은 상속재산 중에서 지급됩니다.

5) 상속인

상속인이란 상속이 개시되어 피상속인의 재산상의 지위를 법률에 따라 승계하는 사람을 말합니다.

6) 상속순위

상속인은 다음과 같은 순위로 정해집니다. 피상속인의 법률상 배우자(사실혼 배우자 X)는 피상속인의 직계비속 또는 피상속인의 직계존속인 상속인이 있는 경우에는 이들과 함께 공동상속인이 되며, 피상속인의 직계비속 또는 피상속인의 직계존속인 상속인이 없는 때에는 단독으로 상속인이 됩니다.

순위	상속인	비고
1	피상속인의 식계비속 (자녀, 손자녀 등)	항상 상속인이 됨
2	피상속인의 직계존속 (부 · 모, 조부모 등)	직계비속이 없는 경우 상속인이 됨
3	피상속인의 형제자매	1, 2 순위가 없는 경우 상속인이 됨
4	피상속인의 4촌 이내의 방계혈족 (삼촌, 고모, 이모 등)	1, 2, 3 순위가 없는 경우 상속인이 됨

정셈의 상속 · 증여를 위한 절세 이야기

02

상속개시 후의 주요절차

정셈은 나부자 씨에게 앞에 상속 관련 용어 설명에 이어서 상속개시 후의 절차에 관해 설명했습니다.

피상속인이 사망하여 상속이 개시될 때 먼저 해야 할 것은 사망신고와 장례입니다. 이후에 피상속인의 상속재산 분배와 상속세 신고를 위해 상속재산을 조회합니다. 상속인은 피상속인의 상속재산을 협의분할을 하면서 단순승인을 할지 한정승인 또는 상속포기를 할지 결정을 합니다. 그리고서 관할 세무서에 상속세를 신고납부합니다. 이를 표로 정리하면 다음과 같습니다.

1) 상속개시 후의 주요절차

상속개시 당시
① 사망진단서 또는 시체검안서 수취 ※ 사망진단서는 사망 시에 사망자를 관찰한 의사가 작성한 문서이고, 시체검안서는 사망 후에 사체를 검안한 의사가 작성한 사망사실을 증명하는 내용의 문서 ② 사업자등록 정정신고(피상속인이 개인사업자인 경우) ※ 피상속인의 사업장을 승계한 것에 대해 지위 승계 신고 ③ 기타: 건강보험, 신용카드, 핸드폰, 인터넷 등 해지 신청

⇩

상속개시일로부터 1개월 이내
사망신고(읍 · 면 · 동의 주민센터, 구청, 시청) ※ 안심상속 원스톱 서비스 "사망자 재산조회 통합처리" 신청(전국 어디서나 가능)

⇩

상속개시일로부터 3개월 이내
① 상속포기 또는 한정승인 심판청구(피상속인의 주소지 관할 가정법원) ② 사망 관련 국민연금(유족연금, 반환일시금, 사망일시금 등) 청구(5년 이내)

⇩

상속개시일로부터 6개월 이내
① 상속재산의 평가 ※ 거래가액(계약일), 감정가액(기준일과 작성일), 수용가액(결정일) 등이 있는 경우 시가로 평가 → 상속재산을 6개월 이내 양도 시 매매가액을 취득가액으로 의제 ② 외국인 토지취득 신고(기한 경과 시 100만 원 이하의 과태료 부과, 부동산 거래신고 등에 관한 법률)

⇩

상속개시일이 속하는 달의 말일부터 6개월 이내
① 상속재산의 협의분할(배우자상속공제액 확인 필요) ② 취득세 신고 및 납부, 상속인에게 한 유증 및 포괄유증과 신탁재산 포함)

※ 상속인 아닌 자가 사인증여로 취득세 과세물건을 취득한 경우 취득세의 신고·납부는 증여자의 사망일로부터 60일 이내에 하여야 한다. 상속인이 생존한 경우의 그 직계비속이 유증을 받는 경우에는 상속인이 아닌 자가 취득세 과세물건을 취득한 경우로 상속개시일로부터 60일 이내에 취득세를 신고·납부
③ 피상속인의 소득세 신고 및 납부
④ 상속세 신고 및 납부(피상속인의 주소지 관할세무서)

⇩

상속세 신고기한부터 6개월 이내

배우자상속재산 분할기한까지(등기 등)한 경우 배우자가 실제 상속받은 재산으로 인정
※ 부득이한 사유가 있는 경우 연장 가능("상속재산미분할신고서" 제출이 필요)

2) 상속세 신고를 위해 필요한 서류

(1) 기본서류

피상속인과 상속인의 인적사항에 관한 서류입니다.

① 피상속인: 가족관계증명서

② 상속인: 주민등록등본

③ 사망진단서 또는 시체검안서

다만, 피상속인의 형제자매 또는 조카가 상속을 받는 경우에는 제적등본이 필요합니다.

(2) 유언장 또는 상속재산 분할협의서

피상속인이 사망 전에 작성한 유언장이 있는 경우 유언 내용에 따라 상속재산을 분할합니다. 피상속인의 유언장이 없는 경우에는 상속인이 협

의하여 피상속인의 상속재산을 분할합니다.

① 유언장(피상속인의 유언이 있는 경우)
② 상속재산 분할협의서 사본(상속인 간의 상속재산 협의분할이 된 경우)

(3) 상속재산과 관련하여 필요한 서류

상속세 신고를 위한 준비할 자료 중에 힘든 것이 피상속인의 상속재산과 관련된 서류들을 준비하는 것입니다.

① 정부의 '안심상속 원스톱 서비스'로 피상속인의 재산을 조회할 수 있습니다. 금융자산과 금융부채, 부동산, 자동차 등의 전산으로 조회가 가능한 재산들을 조회할 수 있습니다.

② 장례비용과 공과금 관련 서류를 준비합니다. 피상속인의 장례비용과 봉안시설 비용으로 지출한 영수증과 피상속인이 부담하여야 할 공과금 관련 서류를 준비합니다.

③ 상속개시일로부터 10년 전에 피상속인이 상속인에게 증여한 재산이 있는 경우 증여세 신고서가 필요합니다. 국세청 홈택스에서 사전증여재산 내역이 있는지 조회할 수 있습니다.

상속세 신고와 관련된 서류는 방대합니다. 피상속인의 재산 규모, 재산 종류에 따라 필요한 서류가 간단할 수도 있고, 서류 준비만 적지 않은 시간이 들 수 있습니다. 피상속인의 상속재산과 관련된 서류가 어떤 것이 필요한지는 세무사와 상담을 하면서 정리하시는 것이 좋습니다.

03

상속세 계산의 흐름

나부자 씨는 정셈에게 상속세에 대해 구체적으로 물어보기에 앞서 상속세가 어떻게 계산되는지 대략적인 흐름을 물어봤습니다.

정셈은 피상속인이 거주자인지 비거주자인지에 따라 상속세 계산흐름이 다르고, 먼저 피상속인의 상속재산을 시가로 평가하는 것부터 시작한다고 설명했습니다.

1) 상속재산의 시가평가

피상속인의 재산이 파악되면, 상속개시일을 기준일로 시가 평가를 합니다. 세법은 재산 종류별로 시가평가방법에 관해 규정하고 있습니다.

2) 사전증여재산을 합산

피상속인의 상속개시일 전 10년 이내 상속인에게 증여한 재산과 5년 이내 상속인 외의 자에게 증여한 재산을 상속재산에 합산합니다.

3) 상속세 계산흐름(피상속인이 거주자인 경우)

일반적으로 피상속인은 거주자에 해당합니다. 해외에서 장기간 거주하다가 사망으로 상속이 되는 경우도 증가하고 있습니다. 거주자 판단은 상속인을 기준으로 하는 것이 아니라 피상속인을 기준으로 합니다.

피상속인이 거주자인 경우 상속세 계산흐름은 다음과 같습니다.

총상속재산가액	· 상속재산가액 : 국내외 소재 모든 재산, 상속개시일 현재의 시가로 평가 - 본래의 상속재산(사망 또는 유증 · 사인증여로 취득한 재산) - 상속재산으로 보는 보험금 · 신탁재산 · 퇴직금 등 · 상속재산에 가산하는 추정상속재산

-

비과세 및 과세가액 불산입액	· 비과세 재산 : 국가 · 지방자치단체에 유증한 재산, 금양임야, 문화재 등 · 과세가액 불산입 : 공익법인 등에 출연한 재산 등

-

공과금 · 장례비용 · 채무	· 공과금 : 해당 상속재산의 공과금 공제 · 채무 : 해당 상속재산을 목적으로 하는 전세금, 임차권, 저당권 담보채무는 공제 사망 당시 국내 사업장의 확인된 사업상 공과금 · 채무는 공제

+

사전증여재산	· 피상속인이 상속개시일 전 10년(5년) 이내에 상속인(상속인이 아닌 자)에게 증여한 재산가액 · 단, 증여세 특례세율 적용 대상인 창업자금, 가업승계주식 등은 기한 없이 합산

=

상속세 과세가액	

−

| 상속공제 | · 아래 공제의 합계 중 공제적용 종합한도 내 금액만 공제 가능
   - (기초공제+그 밖의 인적공제)와 일괄공제(5억) 중 큰 금액
   - 가업 · 영농상속공제
   - 배우자공제
   - 금융재산 상속공제
   - 재해손실공제
   - 동거주택 상속공제 |

−

| 감정평가수수료 | |

=

| 상속세 과세표준 | |

×

세율	과세표준	1억 원 이하	5억 원 이하	10억 원 이하	30억 원 이하	30억 원 초과
	세 율	10%	20%	30%	40%	50%
	누진공제액	없음	1천만 원	6천만 원	1억 6천만 원	4억 6천만 원

=

| 상속세 산출세액 | (상속세 과세표준 × 세율) - 누진공제액 |

+

| 세대생략할증세액 | · 상속인이나 수유자가 피상속인의 자녀가 아닌 직계비속이면
  30% 할증
  (단, 미성년자가 20억 원을 초과하여 상속받는 경우에는 40%
  할증)
· 직계비속의 사망으로 최근친 직계비속에 해당하는 경우는 적용
  제외 |

−

| 세액공제 | · 문화재자료 징수유예, 증여세액공제, 단기재상속세액공제, 신고
  세액공제 |

+	
신고불성실 · 납부지연 가산세 등	

-	
분납 · 연부연납 · 물납	

=	
자진납부할 상속세액	

4) 상속세 계산흐름(피상속인이 비거주자인 경우)

피상속인이 외국에 사업이나 노후 목적으로 거주하고 있다가 사망하는 경우 먼저 피상속인이 비거주자에 해당하는지 판단을 해야 합니다. 피상속인이 비거주자에 해당하는 경우 상속세 계산흐름은 다음과 같습니다.

총상속재산가액	· 상속재산가액 : 국내 소재 모든 재산, 상속개시일 현재의 시가로 평가 - 본래의 상속재산(사망 또는 유증 · 사인증여로 취득한 재산) - 상속재산으로 보는 보험금 · 신탁재산 · 퇴직금 등 · 상속재산에 가산하는 추정상속재산

-

비과세 및 과세가액 불산입액	· 비과세 재산 : 국가 · 지방자치단체에 유증한 재산, 금양임야, 문화재 등 · 과세가액 불산입 : 공익법인 등에 출연한 재산 등

-

| 공과금·장례비용·채무 | ·공과금 : 해당 상속재산의 공과금 공제
·채무 : 해당 상속재산을 목적으로 하는 전세금, 임차권, 저당권 담보채무는 공제 사망 당시 국내 사업장의 확인된 사업상 공과금·채무는 공제 |

+

| 사전증여재산 | ·피상속인이 상속개시일 전 10년(5년) 이내에 상속인(상속인이 아닌 자)에게 증여한 재산가액
·단, 증여세 특례세율 적용 대상인 창업자금, 가업승계주식 등은 기한 없이 합산 |

=

| 상속세 과세가액 | |

-

| 상속공제 | ·기초공제 2억 원 |

-

| 감정평가수수료 | |

=

| 상속세 과세표준 | |

×

세율	과세표준	1억 원 이하	5억 원 이하	10억 원 이하	30억 원 이하	30억 원 초과
	세 율	10%	20%	30%	40%	50%
	누진공제액	없음	1천만 원	6천만 원	1억 6천만 원	4억 6천만 원

=

| 상속세 산출세액 | (상속세 과세표준 × 세율) - 누진공제액 |

+

세대생략할증세액	· 상속인이나 수유자가 피상속인의 자녀가 아닌 직계비속이면 30% 할증 (단, 미성년자가 20억 원을 초과하여 상속받는 경우에는 40% 할증) · 직계비속의 사망으로 최근친 직계비속에 해당하는 경우는 적용 제외

-

세액공제	· 문화재자료 징수유예, 증여세액공제, 단기재상속세액공제, 신고세액공제

+

신고불성실 · 납부지연 가산세 등	

분납 · 연부연납 · 물납	

=

자진납부할 상속세액	

피상속인이 거주자인 경우와 비거주자인 경우 상속세를 계산할 때 다음과 같은 차이가 있습니다.

① 상속세 신고기간

② 상속세 과세대상 자산

③ 장례비용 공제

④ 상속공제

04

상속세 신고를 위한 서류 준비

나부자 씨는 정셈에게 만약 상속이 개시되면 가족이 상속세 신고를 위해 무엇부터 어떤 준비를 해야 하는지 문의를 했습니다. 이에 정셈은 상속세 신고를 위한 서류는 다음과 같이 설명했습니다.

1) 기본서류

기본서류는 피상속인과 상속인에 관한 서류입니다. 사망진단서는 병원에서 발급받을 수 있습니다. 가족관계증명서는 인근 주민센터를 방문하거나 인터넷으로 정부24에서 발급받을 수 있습니다.

① 피상속인: 사망진단서, 가족관계증명서 상세본
② 상속인: 상속인별 주민등록등본

2) 상속재산 분할 협의서(또는 상속재산 협의 분할서)

상속재산 분할이란 피상속인의 상속재산을 상속인이 협의로 나누는 것입니다. 상속재산을 분할을 할 때 상속인 전원이 참여하여 협의가 되어야 하고, 협의가 되면 상속재산 분할협의서를 작성하여 상속인 전원이 기명날인을 합니다.

3) 상속재산 조회하기(안심상속 원스톱 서비스)

예전에는 피상속인의 상속재산을 조회하는 것이 힘들었습니다. 재산 종류에 따라 은행, 등기소, 구청 등을 방문해서 재산를 각각 조회해야 했습니다. 지금은 상속인이 신분증을 지참하여 인근 주민센터에서 상속재산을 조회할 수 있습니다. 안심상속 원스톱서비스를 통해 받을 수 있는 정보는 다음과 같습니다.

구분	제공정보
금융거래	피상속인 명의의 모든 금융채권과 채무
연금	(국민연금) 가입 및 대여금 채무 유무 (공무원 연금) 가입 및 대여금 채무 유무 (사립학교 교직원연금) 가입 및 대여금 채무 유무 (군인연금) 가입 유무 (건설근로자퇴직연금) 가입 유무
국세	국세 체납액 및 납부기한이 남아 있는 미납세금, 국세 환급금
지방세	지방세 체납내역 및 납부기한이 남아 있는 미납세금, 지방세 환급금
토지	개인별 토지 소유현황
건축물	개인별 건축물 소유현황
자동차	자동차 소유내역

정샘의 상속·증여를 위한 절세 이야기

주민센터 방문 대신 '정부24' 사이트에서도 상속재산을 조회할 수 있습니다.

4) 공과금과 장례비용을 확인할 수 있는 서류

피상속인의 공과금과 장례비용은 상속세에서 공제를 받을 수 있습니다. 그래서 피상속인에게 고지된 핸드폰 요금, 인터넷 요금, 전기료, 가스요금 등 공과금 영수증을 준비해야 합니다. 장례비(봉안시설 포함)와 관련된 영수증도 준비해야 합니다.

5) 채무를 확인할 수 있는 서류

피상속인의 채무가 있는 경우 이를 입증할 수 있는 서류를 준비해야 합니다. 예를 들어 부동산 담보 대출이나 신용대출 같은 경우에는 대출잔액 증명서, 임차인에게 임대를 하고 있는 경우 임대차계약서를 준비해야 합니다.

상속세 신고를 위해 필요한 서류를 준비하기는 쉽지 않습니다. 어떤 서류가 필요한지 모르고, 어디서 서류를 발급받아야 하는지도 모르기 때문입니다. 세무사와 상속세 상담을 받으면서 이와 관련된 안내를 받는 것이 좋습니다.

05

아버지 장례를 치르고 있는데, 장례비가 부족해서 아버지 통장에서 돈을 인출했습니다. 문제가 있을까요?

나부자 씨는 지난주에 CEO모임에서 상속세 관련 얘기를 하던 중에 강 대표가 아는 지인이 장례를 치르던 중에 현금이 부족해서 유가족이 망인의 계좌에서 현금을 인출했다가 이것이 문제가 돼서 유족이 상속 포기를 하고 싶어도 안 되고 해서 무척 힘들었다고 했습니다.

나부자 씨는 강 대표의 얘기가 이해가 되지 않아 왜 그런지 정셈에게 물어봤습니다. 정셈은 다음과 같이 설명했습니다.

1) 상속은 자산과 부채를 포괄승계 하는 것이다

상속이 개시되면 상속인은 피상속인의 재산을 포괄적으로 승계합니다. 피상속인의 자산과 부채 전체를 승계하는 것입니다. 받고 싶은 자산만을 선택해서 상속받을 수는 없습니다.

2) 장례 중에는 상속인이 경황이 없다

피상속인의 장례를 치를 때는 상속인이 경황이 없습니다. 생전에 부모님이 곧 돌아가실 것 같으면 가족이 상속 준비 등을 하겠지만, 갑자기 돌아가시면 사망신고와 부고 소식을 전하고, 장례를 바로 치러야 해서 상속인은 경황이 없습니다.

장례를 치르는 중에 상속인이 돈이 부족한 경우 급한 김에 피상속인의 통장에서 금전을 인출하여 부족한 장례비에 충당하는 경우가 있습니다. 여기서 문제가 되는 것이 있는데, 상속인은 한정승인이나 상속포기 선택을 할 수 없다는 것입니다.

3) 단순승인, 한정승인, 상속 포기란

상속이 개시되면 상속인은 단순승인, 한정승인, 상속포기 중에 선택을 해야 합니다.

① "단순승인"이란 피상속인의 자산과 부채 전체를 승계하는 것입니다.
② "한정승인"이란 상속인이 상속으로 취득하게 될 재산의 한도에서 피상속인의 채무와 유증을 변제하는 것을 말합니다. 한정승인을 하려면 가정법원에 상속개시가 있었다는 사실을 안 때로부터 3개월 이내에 한정승인 신고를 해야 합니다.
③ "상속포기"란 상속인이 상속 자체를 포기하는 것으로 상속권이 없게 됩니다. 상속포기를 하려면 가정법원에 상속개시가 있었다는 사실을 안 때로부터 3개월 이내에 상속포기 신고를 해야 합니다.

4) 법정단순승인이란

앞에서 상속인이 피상속인의 계좌에서 현금을 인출 등을 하거나 신용카드 결제 등을 하면 법정단순승인 규정이 적용됩니다.

법정단순승인은 상속인이 피상속인의 상속재산을 처분하거나 현금인출 등을 하는 경우 단순승인으로 간주하는 규정입니다. 법정단순승인이 적용되면 상속인은 한정승인이나 상속포기를 할 수 없습니다.

5) 주의할 점

피상속인의 재산이 채무보다 많으면 문제 될 것이 없습니다. 그런데 피상속인의 채무가 재산보다 많다면 상속인은 상속을 어떻게 할지 상의를 하여 한정승인과 상속포기를 할지 아니면 그대로 상속을 받을지 결정을 해야 합니다.

그런데 법정단순승인이 적용되면 피상속인의 재산과 채무 전체를 무조건 상속을 받아야 하므로 선택 자체를 할 수 없습니다.

피상속인의 재산과 부채를 정확히 파악하기 전까지는 피상속인의 재산을 처분하거나 계좌에서 인출 등을 하지 않는 것이 중요합니다.

정샘의 상속·증여를 위한 절세 이야기

주위에서 피상속인의 재산이 10억 원 이하이면 상속세가 없다고 하고, 다른 지인 말로는 5억 원 이하이면 상속세가 없다고 합니다. 어느 말이 맞는지요?

나부자 씨는 시간이 날 때마다 포털사이트와 유튜브에서 상속세 절세 방법을 검색해서 보고 있습니다. 어떤 게시글은 상속재산이 10억 원 이하이면 상속세가 없으니 걱정할 것이 없다고 합니다. 다른 게시글에는 상속재산이 5억 원까지는 상속세가 없다고 합니다. 나부자 씨는 어떤 게시글이 맞는 것인지 혼란스럽습니다.

나부자 씨는 정셈에게 포털사이트에서 검색한 내용에 관해 설명하며, 어떤 게시글이 맞는 것인지 물어봤습니다. 정셈은 다음과 같이 설명했습니다.

두 게시글이 다 맞는 말입니다. 상속재산이 즉, 상속재산에 공과금과 장례비 및 채무를 차감한 금액에 사전증여재산을 합산한 금액이 상속세 과세가액입니다. 상속세 과세가액이 10억 원 또는 5억 원 이하이면 상속세가 없습니다. 그 이유는 피상속인의 배우자와 자녀가 생존해 있으면 상속공제로 최소 10억 원을 공제받을 수 있고, 자녀만 생존해 있으면 최소 5억 원을 공제하기 때문입니다.

상속세 과세가액에서 상속공제를 차감하면 상속세 과세표준이 계산됩니다. 상속세 과세표준에 세율을 곱하면 상속세 산출세액이 계산됩니다. 보통 상속세라고 하면 상속세 산출세액을 말합니다. 상속세 과세가액이 상속공제보다 작으면 상속세 과세표준이 '0'이고, 상속세 산출세액도 '0'이어서 상속세가 없습니다.

상속세 제도에는 상속인에게 상속세 부담을 완화해 주기 위한 공제제도를 두고 있습니다. 대표적인 것이 인적공제와 일괄공제입니다. 상속이 개시된 경우 상속세 절세에서 상속공제는 매우 중요합니다.

1) 기초공제

상속공제 중에 기본적으로 받을 수 있는 공제입니다. 아무런 조건 없이 상속세 과세가액에서 2억 원을 공제합니다. 피상속인이 거주자, 비거주자 구분 없이 기초공제 2억 원을 적용합니다.

2) 그 밖의 인적공제

상속인이 아래에 해당하는 경우 상속세 과세가액에서 해당 금액을 공제합니다.

구분	공제액
자녀공제	자녀수 × 1인당 5천만 원
미성년자	미성년자수 × 1천만 원 × 19세까지의 잔여연수
연장자공제	연로자수 × 1인당 5천만 원
장애인공제	장애인수 × 1인당 1천만 원 × 기대여명 연수

자녀가 미성년자인 경우 성년까지 남은 연수에 1,000만 원을 곱하여 계산된 금액을 공제합니다. 1년 미만의 기간은 1년으로 합니다.

기대여명은 통계청장이 승인하여 고시하는 통계표에 따른 성별·연령별 기대여명을 적용합니다.

3) 일괄공제

기초공제에 인적공제를 정확히 계산하여 공제금액을 계산해야 합니다. 그런데 많이 복잡합니다. 그래서 세법은 기초공제 2억 원과 그 밖의 인적공제액을 합산한 금액이 5억 원보다 작으면 일괄공제금액인 5억 원을 공제받을 수 있도록 하고 있습니다. 즉 일괄공제로 최소 5억 원을 공제받을 수 있습니다.

4) 배우자 상속공제

상속세 공제 중에 중요한 것이 배우자 상속공제입니다. 피상속인의 배우자가 생존해 있으면 배우자 상속공제를 적용받을 수 있습니다. 한도액은 최대 30억 원이고 최소 5억 원을 공제받을 수 있습니다.

5) 인적공제(배우자 공제 포함)와 상속세

① 일광공제로 최소 5억 원을 공제받을 수 있습니다. 상속세 과세가액
이 5억 원 이하인 경우에는 상속세가 없습니다.

② 피상속인의 배우자가 생존해 있으면 인적공제로 최소 5억 원과 배
우자 공제 최소 5억 원을 합산한 10억 원을 공제받을 수 있습니다.
이 경우 상속세 과세가액이 10억 원 이하인 경우에는 상속세가 없습
니다.

6) 주의할 점

인적공제와 배우자 상속공제는 피상속인이 거주자인 경우에만 적용됩
니다. 비거주자인 경우에는 기초공제 2억 원만 적용됩니다. 피상속인이
해외에 이민 가서 오랫동안 거주하다가 사망한 경우, 해외 영주권이나 시
민권을 취득하여 거주하다가 사망한 경우에는 비거주자에 해당하니 이
와 관련해서는 세무사와 상담하는 것을 권유합니다.

07

배우자 상속공제를 최대한 많이 받아 상속세를 절세하고 싶습니다.

나부자 씨는 어느 날 CEO모임에서 상속에 대한 얘기를 하던 중에 이 대표가 상속세 절세에 관해 얘기하면서 배우자 상속공제를 어떻게든 많이 받아야 상속세를 크게 절세할 수 있다고 말했습니다. 이 대표의 말에 다른 대표들도 맞는다며 공감을 했습니다.

나부자 씨는 모임이 끝나고 집에 가는 길에 이 대표가 말한 배우자 상속공제로 상속세를 크게 줄일 수 있다고 하는 얘기에 대해 무척 궁금했습니다. 정셈에게 이에 대해 물어봤습니다. 정셈은 다음과 같이 설명했습니다.

1) 피상속인이 거주자여야 한다

배우자 상속공제를 받으려면 피상속인이 거주자여야 합니다. 피상속인이 비거주자이면 배우자 상속공제는 적용받을 수 없습니다.

2) 법률혼 관계여야 한다

사회가 많이 변하여 사실혼 부부가 많아지고 있습니다. 부부라도 혼인 신고한 부부가 있고, 혼인 신고를 하지 않은 사실혼 관계인 부부도 있습니다.

세법상 배우자 상속공제를 받으려면 혼인 신고 관계인 배우자여야 합니다. 사실혼 관계로 오래 살았다 해도 배우자 상속공제는 받을 수가 없습니다.

3) 상속재산 협의분할서(또는 분할협의서) 작성과 상속등기

배우자 상속공제는 최소 5억 원 이상 적용이 가능하고 최대 30억 원까지 공제를 받을 수가 있습니다. 배우자가 실제 상속받은 재산이 5억 원을 초과하는 경우에는 반드시 상속재산 협의분할서를 작성하여 상속등기를 해야 합니다.

만일 상속인이 모여 상속재산을 협의분할한 결과 피상속인의 배우자가 20억 원의 상속재산을 받는 것으로 합의를 하였는데, 상속재산 협의분할서를 작성하지 않고 상속등기를 한 경우 배우자 상속공제는 5억 원이 적용됩니다. 왜냐하면 상속인이 상속재산 협의 분할서를 작성하지 않고 상속등기를 했기 때문입니다.

4) 상속인 간 상속재산 다툼이 생겨 소송이 발생한 경우

상속재산을 분할하는 경우 상속인 간의 협의할 시간이 많이 필요합니다. 상속재산을 놓고 상속인 간 분쟁이 발생하여 법정소송으로까지 이어지는 경우도 있습니다. 소송이 시작되면 실제 상속인별 본인 몫의 상속재산은 법원에서 확정판결을 받을 때 알 수 있는데 2년 가까이 걸립니다.

소송 때문에 상속세 신고기한 이내에 상속재산 협의분할을 할 수 없는 경우 상속세를 신고할 때 상속재산미분할신고서를 첨부하여 상속세를 신고납부를 해야 합니다.

이후 법원의 확정판결문을 받았을 때 상속재산을 분할하여 상속세를 재신고합니다. 이때 피상속인의 배우자가 실제 상속받은 재산가액으로 신고하는 경우 배우자 상속공제를 적용받을 수 있습니다.

5) 부부가 이혼 중인데 배우자가 사망하는 경우

부부가 이혼 중에 배우자가 사망하여 상속이 개시되는 경우가 있습니다. 협의이혼 또는 이혼소송 중이었는데, 갑자기 남편이 사망한 경우 아내는 상속을 받을 수 있을까요? 배우자상속공제를 받을 수 있을까요?

이혼이 성립되지 않은 상태는 아직 혼인관계에 있는 것입니다. 이 상태에서 남편이 사망하여 상속이 개시되는 경우 아내는 피상속인의 상속재산에 대해 상속을 받을 수 있고, 배우자 상속공제를 적용받을 수 있습니다.

배우자 상속공제는 상속세 절세에서 매우 중요합니다. 배우자 상속공제를 한도까지 적용받기 위해서는 먼저 상속인 간의 협의가 되어야 합니다.

08

상속재산을 놓고 유가족이 싸우는 것을 방지하기 위해 유언장을 미리 작성해 놓을 필요가 있다고 합니다.

뉴스에서 상속인이 상속재산 놓고 다투다 법정 소송까지 가서 결국 서로 원수가 되는 일을 자주 접할 수가 있습니다. 그래서 피상속인이 미리 유언해서 다툼을 방지해야 한다고 합니다. 유언에 대한 관심이 많아지고 있습니다. 포털사이트나 유튜브에 유언하는 방법을 자세히 소개하고 있습니다.

나부자 씨는 CEO모임에서 상속재산 때문에 가족이 재산을 놓고 다투다 법정 소송까지 가서 서로 원수가 되는 일이 자주 있으니, 혹시나 상속재산을 놓고 가족끼리 싸우는 것을 방지하기 위해 유언을 미리 해 놓을 필요가 있다고 합니다.

나부자 씨는 유언에 관한 이야기를 듣고 관심이 생겨 정셈에게 이에 관해 물어봤습니다. 정셈은 다음과 같이 설명했습니다.

1) 유언이란

"유언"이란 사전적 의미로 고인이 돌아가시기 전에 말을 남기는 것을 뜻합니다. 보통 유언이라고 하면 피상속인이 사망하기 전에 가족들을 모인 자리에서 말을 남기거나 생전에 유언장을 작성하고 공증을 받는 것을 떠올릴 것입니다.

2) 유언의 종류와 방법은

유언은 민법에서 5가지 방법을 정하고 있습니다. 유언은 자필증서, 녹음, 공정증서, 비밀증서, 구수증서가 있습니다.

유언은 법에서 정한 요건을 한가지라도 지키지 않으면 그 유언은 효력이 없을 정도로 엄격합니다. 유언의 5가지 방식과 요건은 아래와 같습니다.

구분	내용
자필증서	유언자가 직접 자필로 유언장을 작성하는 방식(컴퓨터로 작성 X)
녹음	유언자가 유언의 취지, 그 성명과 연월일을 구술하고 이에 참여한 증인이 유언의 정확함과 그 성명을 구술하는 방식
공정증서	① 유언자가 증인 2명이 참여한 공증인의 면전에서 유언의 취지를 구술하고, ② 공증인이 이를 필기 낭독하여 유언자와 증인 그 정확함을 승인한 후, ③ 각자 서명 또는 기명날인하는 방식
비밀증서	① 유언자가 필자의 성명을 기입한 증서를 엄봉날인 하고, ② 이를 2명 이상의 증인의 면전에 제출하여 유언서임을 표시한 후, ③ 그 봉서표면에 제출 연월일을 기재하고, ④ 유언자와 증인 각자 서명 또는 기명하는 방식
구수증서	질병 그 밖에 급박한 사유로 인하여 위 방식에 따라 유언할 수 없는 경우 ① 유언자가 2명 의상의 증인 참여로 그 1명에게 유언의 취지를 구수하고 ② 그 구수를 받은 자가 이를 필기낭독하여 유언자의 그 정확함을 승인한 후, ③ 각자 서명 또는 기명날인하는 방식

요즘 녹음에 의한 유언은 녹음기 대신 비디오카메라나 스마트폰에 의한 영상촬영으로 대신하고 있습니다. 드라마나 영화에서 보면 PC화면에 타이핑된 유언장이 나오는데, PC로 작성한 유언장은 인정되지 않고 자필로 작성해야 합니다.

3) 유언(장)의 중요성

유언의 중요한 점은 피상속인이 유언을 통해 가족들의 불필요한 분쟁의 가능성을 줄일 수 있다는 것입니다. 피상속인의 유언에 따른 재산 분배를 상속인이 만족하지 않더라도 받아들여야 하므로 재산 분배로 인한 분쟁의 가능성을 줄일 수 있다는 것이 유언의 큰 이점입니다.

4) 유언의 문제점

유언의 경우 절차가 복잡합니다(증인 2명 및 공증 필요 등). 어떤 유언의 방식을 하든 해당 유언 방식의 요건 중에 하나라도 충족하지 못한 유언은 효력이 없습니다.

피상속인이 생전에 유언을 했어도 이를 수정할 수 있고, 다른 방식으로 유언을 새로 할 수 있습니다. 그런데 피상속인이 사망하여 유언을 집행하려고 할 때 유언을 수정하거나 새로 유언한 것 때문에 진위여부로 분쟁이 발생할 수 있습니다. 어떤 유언장으로 집행하는가에 따라 자기가 받을 상속재산 몫이 달라지기 때문입니다.

정샘의 상속·증여를 위한 절세 이야기

5) 유언을 신탁으로 대신하는 방법 - 유언대용신탁

유언을 신탁으로 대신하는 방법이 있습니다. 피상속인(위탁자)이 생전에 수탁자와 신탁계약을 하고 재산을 수탁자에게 이전합니다. 이후에 피상속인(위탁자)이 사망하여 상속이 개시되면 수탁자가 신탁계약의 내용에 따라 상속인(수익자)에게 이행하는 방법입니다.

2011년에 신탁법이 대폭 개정된 이후 신탁에 대한 사회적 관심이 높아지고 있고, 상속에 신탁을 활용하는 것이 증가추세입니다. 은행 등 금융회사에서 유언대용신탁에 대한 상품을 적극적으로 출시하고 있습니다.

유언 대용 신탁은 신탁제도와 유언이 결합한 것입니다. 피상속인이 생전에 자신의 재산을 어떻게 관리하고 처리하고 싶은지 고민한 것을 신탁계약에 담습니다. 사후에는 수탁자가 신탁자인 피상속인의 의사가 반영된 신탁계약에 따라 신탁된 재산을 관리하고 재산 및 수익분배를 하는 역할을 수탁자가 이행합니다.

이렇게 함으로써 피상속인의 상속재산 분쟁을 최소화하고, 피상속인인 신탁자의 의사를 담긴 신탁계약을 이행하는 것이 유언대용신탁의 장점입니다. 이러한 이점 때문에 유언대용신탁이 주목을 받는 추세입니다.

09

손자녀에게 상속하고 싶은데 가능한가요?

미국 할리우드 영화나 뉴스에서 보면 유언으로 바람 핀 배우자에게는 재산을 상속하지 않고 자녀나 손자녀에게 상속이 이루어지는 것을 볼 수 있습니다. 또 자녀 중에 평소에 피상속인과 살갑게 지낸 자녀에게 특별히 재산을 상속받게 했다는 뉴스도 있습니다.

나부자 씨는 작년에 첫째 딸 서아가 손녀딸을 낳아 할아버지가 되었습니다. 손녀딸이 생겨 기분이 너무 좋습니다. 나부자 씨는 나중에 자기가 사망하여 상속이 개시되면 손녀딸에게도 상속재산을 받게 하고 싶습니다. 미국 할리우드 배우의 상속처럼요.

나부자 씨는 이렇게 하는 것이 가능한지 정셈에게 문의를 했습니다. 정셈은 나부자 씨에게 다음과 같이 설명했습니다.

상속이 개시되면 상속인이 피상속인의 재산을 포괄승계합니다. 피상속인의 유언이 없다면 상속은 직계비속, 배우자, 직계존속, 형제자매, 4촌 이내의 방계혈족에게 상속권이 있지만, 상속순위는 다릅니다.

1) 상속순위

상속이 개시되면 피상속인의 유언이 없는 경우 피상속인의 직계비속과 배우자가 공동상속인으로 피상속인의 재산을 포괄승계합니다. 법에서 규정한 상속순위는 다음과 같습니다.

우선순위	피상속인과의 관계	상속인 해당 여부
1순위	직계비속과 배우자	항상 상속인
2순위	직계존속과 배우자	직계비속이 없는 경우 상속인
3순위	형제자매	1, 2순위가 없는 경우 상속인
4순위	4촌 이내의 방계혈족	1, 2, 3순위가 없는 경우 상속인

2) 특수한 경우

(1) 자녀와 손자녀가 있는 경우

자녀와 손자녀는 직계비속입니다. 같은 순위의 상속인이 여러 명인 경우에는 피상속인과 촌수가 가까운 자 즉, 자녀가 상속인이 됩니다. 촌수가 같은 상속인이 여러 명인 경우에는 공동 상속인이 됩니다.

(예시) 아들 A, 딸 B, 손자녀 C와 D가 있는 경우
⇒ 아들 A와 딸 B가 공동 상속인이 되며, 손자녀 C와 D는 상속인이 될 수 없습니다.

(2) 피상속인의 배우자가 임신 중인 경우

태아는 상속순위를 결정할 때는 이미 출생한 것으로 봅니다. 피상속인의 배우자가 임신 중인 경우 태아는 자녀로 공동상속인이 됩니다.

(3) 피상속인의 자녀와 부모는 없고 배우자만 있는 경우

배우자는 직계비속인 자녀와 공동상속인이 되며, 자녀가 없는 경우에는 피상속인의 직계존속인 부모와 공동상속인이 됩니다. 피상속인의 자녀와 부모도 없는 경우에는 배우자가 단독 상속인이 됩니다.

(4) 피상속인의 자녀가 먼저 사망한 경우

피상속인보다 생전 결혼하여 아이가 있는 자녀가 사고로 먼저 사망하는 경우가 있습니다.

예를 들어 아들이 결혼하여 딸(손자녀)을 낳았습니다. 아들이 교통사고로 사망했습니다. 이후에 피상속인이 사망한 경우 아들의 가족(아들의 배우자와 자녀 딸)은 아들을 대신해서 상속을 받을 수가 있습니다. 이를 대습상속이라 합니다.

3) 손자녀가 상속재산을 받게 하려면

손자녀가 상속을 받는 방법은 유언으로 하는 방법과 상속인의 상속포기로 하는 방법 그리고 상속인이 상속을 받은 것을 손자녀에게 증여하는 방법이 있습니다.

① 피상속인이 유언으로 손자녀에게 상속을 받을 수 있도록 할 수 있습

니다.

② 피상속인이 유언이 없는 경우로, 상속인이 전원 가정법원에 상속포기를 합니다. 그러면 피상속인의 직계비속인 손자녀가 상속을 받을 수 있습니다.

③ 상속인이 피상속인의 상속재산을 상속받아 그 재산의 일부 또는 전부를 손자녀에게 증여하는 것입니다. 이 방법은 상속을 받는 것이 아닌 증여를 받는 것입니다.

4) 손자녀가 상속을 받으면 상속세를 내야 하는지요?

상속세 납세의무자에는 상속인과 수유자입니다. 수유자는 유언이나 증여계약 후 증여자(피상속인)의 사망으로 재산을 취득하는 자를 말합니다.

손자녀가 상속인이 아닌데, 유언 등으로 상속재산을 받게 되면 수유자로 상속세 납세의무가 있습니다.

5) 상속인 전부가 가정법원에 상속 포기 신청을 하는 방법의 현실성은?

손자녀가 상속을 받도록 하는 방법으로 상속인 전원이 가정법원에 상속포기 신청을 하여 손자녀가 상속을 받게 하는 방법이 있습니다. 이론적으로 상속인 모두가 가정법원에 상속 포기를 신청하여 판결을 받으면 손자녀가 상속을 단독으로 받을 수 있습니다. 그런데 현실적으로는 가능성이 희박합니다.

상속인이 4명인데 3명이 상속을 포기하고 나머지 1명이 상속을 포기하지 않으면, 상속을 포기한 3명의 상속분은 상속포기를 하지 않은 그 상속인에게 귀속되어 단독으로 상속받게 됩니다. 상속인 모두가 마음이 일치해야 하는데, 자기가 받을 상속재산을 포기한다는 것이 쉬운 일이 아닙니다.

정셈의 상속·증여를 위한 절세 이야기

10

재혼한 아내가 갑자기 교통사고로 사망한 경우 전처 사이에서 태어난 자녀들도 상속을 받을 수 있을까요?

요즘 이혼과 재혼에 대한 사회 시선이 많이 바뀌었습니다. 이혼이나 배우자를 사별하고 재혼을 하는 경우도 많아졌습니다.

나부자 씨는 CEO모임에 참석하면서 주변에 재혼했다는 소식을 종종 접합니다. 처음에는 재혼에 대해 부정적인 생각이 있었지만, 지금은 긍정적으로 바뀌었습니다. 만일 나부자 씨도 아내를 사고로 사별하게 되면 본인도 재혼을 하게 될 수도 있으니까요. 나중에 재혼한 아내가 사망하게 되어 상속이 개시되면 전처와의 얻은 딸 서아와 아들 지호가 상속을 받을 수 있을지, 상속세는 어떻게 되는지 궁금합니다.

나부자 씨는 정셈의 사무실을 방문해서 CEO모임에서 들은 얘기에 대해 문의했습니다. 정셈은 다음과 같이 설명했습니다.

1) 사실혼과 상속권? 배우자 상속공제는?

상속권에 대해서는 민법에서 규정하고 있고, 상속공제에 대해서는 세법에서 규정하고 있습니다.

결론부터 말씀드리면 법률혼 관계에 있는 배우자에게 상속권이 있고, 배우자 상속공제를 받을 수 있습니다.

반대로 말하면 사실혼 관계에 있는 배우자는 상속권이 없고, 유언으로 피상속인의 상속재산을 받아도 배우자 상속공제를 적용받을 수 없습니다.

2) 계모(또는 계부)와 나와의 관계는

아버지께서 재혼하면 새어머니(계모)와 아들(아버지와 전처에서 낳은 아들로 계자)은 계모자관계가 됩니다.

아들은 아버지의 직계비속이고, 아버지는 아들의 직계존속으로 이 부자관계는 직계혈족에 해당합니다. 반면에 계모와 계자는 인척관계입니다. 계모는 아버지의 배우자이고, 계자는 배우자의 혈족으로 계모와 계자는 혈연관계가 아니므로 인척관계에 해당합니다.

3) 새어머니가 돌아가시면 자녀(전처에서 낳은 자녀)가 상속이 가능한지

상속순위를 보면 ① 피상속인의 직계비속 ② 피상속인의 직계존속 ③ 피상속인의 형제자매 ④ 피상속인의 4촌 이내의 방계혈족 순으로 되어

정셈의 상속·증여를 위한 절세 이야기

있습니다.

계모와 계자는 혈족이 아니라 인척관계로 상속인이 되지 못합니다. 계모가 사망하더라도 계자는 상속인이 될 수 없고, 계자가 사망해도 계모는 상속인이 될 수 없습니다.

다만, 계모가 계자를 입양하면 법정혈족관계가 되므로 상호 간에 상속을 할 수가 있습니다.

4) 오랫동안 아버지를 내조한 새어머니가 상속재산을 받으려면은?

아버지와 새어머니는 재혼하여 오랫동안 아버지를 내조하고 간병을 하였습니다. 혼인신고는 하지 않았습니다. 아버지가 유언을 남기지 않고 사망하여 새어머니는 상속재산을 받을 수가 없습니다.

새어머니는 아버지와 재혼하여 헌신적으로 내조 등을 했는데 상속을 받을 수가 없다는 사실에 억울한 감정이 들 것입니다. 상속을 받을 수 있는 방법이 없을까요?

새어머니는 법원에 소송을 통해 자신이 피상속인의 특별연고자에 해당한다는 것을 입증하여 법원으로부터 인정을 받으면 피상속인의 상속재산 중에 일부를 받을 수가 있습니다.

만일 사실혼 관계의 부부로 살고 있는데, 배우자의 상속이 임박하다고 판단이 될 때는 상속재산을 미리 사실혼 배우자에게 증여하거나 유언을 통해 재산을 남겨 줄 필요성이 있습니다. 왜냐하면 이미 상속이 개시된 이후에는 사실혼 배우자가 상속재산을 받을 방법은 자녀들이 상속재산 중 일부를 증여해 주는 방법 외에는 없기 때문입니다.

정셈의 상속·증여를 위한 절세 이야기

11

그동안 피상속인의 병원비를 딸이 부담했는데, 이를 상속세에서 혜택을 받을 수 있을까요?

나부자 씨가 참석하고 있는 CEO모임의 구 대표가 예전부터 지병이 있었는데 최근 지병이 심해 몇 달 동안 투병을 하다가 사망했습니다. 병원 외래진료를 받다가 최근 지병이 악화되어 1년 가까이 입원치료를 받아왔다고 합니다. 입원비며 검사비와 치료비 등을 모두 구 대표의 딸이 부담했습니다.

나부자 씨는 구 대표의 얘기를 생각하며, 딸이 아버지를 대신해서 부담한 병원비를 상속세에서 혜택을 받을 수는 없는지 궁금해서 정셈에게 문의했습니다. 정셈은 다음과 같이 설명했습니다.

1) 상속이 개시되면 받을 수 있는 공제를 다 받아야 한다

상속이 개시된 경우 절세는 상속세에서 혜택을 받을 수 있는 것을 놓치지 않고 혜택을 받는 것입니다. 대표적인 것이 상속공제입니다. 그리고 공과금과 장례비용 등이 있습니다.

장례비는 상속인이 부담할 수밖에 없습니다. 그리고 상속과 관련해서 많이 문의하는 것이 병원비와 관련된 것입니다. 피상속인이 병원에서 투병생활을 하시다가 돌아가시는 경우 이 병원비를 자녀들이 부담하는 경우가 많습니다. 피상속인의 병원비를 대납한 것을 상속세에서 공제를 받을 수 있는지 문의가 많습니다.

2) 자녀가 피상속인의 병원비를 대납한 것이 상속세에서 공제될 수 있을까?

상속세 공제 중에 피상속인에게 고지된 공과금은 상속인이 납부해야 하므로 상속세에서 공제를 받을 수가 있습니다. 상속개시일 전에 피상속인이 이미 납부한 것은 해당이 안 됩니다.

피상속인이 건강이 좋지 않아 병원에 입원하고 치료를 받는 경우 보통 가족이 간병을 합니다. 요양원 또는 요양병원에 입소하는 경우 간병인을 사용하는 것이 비용 때문에 쉽지 않습니다.

가족이 피상속인 생전에 병원비와 간병비를 대신 지출하는 것은 사회통념상 인정이 되기 때문에 증여세 문제가 없습니다.

그러나 피상속인의 사망으로 상속이 개시될 때 가족이 대신 지출한 병원비 등은 피상속인의 채무에 해당하지 않습니다. 피상속인의 상속재산에서 공제하지 않습니다.

즉 상속인이 대납한 피상속인의 병원비 등은 공제를 받을 수 없습니다.

3) 피상속인의 카드로 병원비를 결제하자

상속인이 대납한 피상속인의 병원비 등을 상속세에서 공제받기 위해서는 피상속인 생전에 병원비를 대납하지 않아야 합니다. 피상속인의 상속개시일 기준 결제되지 않은 병원비가 공제대상입니다. 이는 병원비로 공제받는 것이 아니고 피상속인의 채무로 공제가 되는 것입니다.

병원비를 채무로 만들기 위해 결제하는 것을 미루는 것은 힘듭니다. 그러면 다른 방법이 없을까요? 병원비를 피상속인의 신용(체크)카드로 결제하거나 피상속인의 계좌에서 직접 병원비 계좌로 이체 또는 인출 하여 병원비를 납부하는 것입니다. 이 방법은 생전에 피상속인의 병원비를 납부하면서 피상속인의 상속재산이 그 금액만큼 감소하여 상속세가 줄어듭니다.

4) 간병비

거동이 불편한 피상속인을 위해 간병인을 이용하는 경우가 증가하고 있습니다. 그런데 간병인의 비용을 지출한 것에 대해 증빙을 갖추는 것이 문제가 되고 있습니다.

병원비처럼 수납하는 것이 아니고, 보통 간병인에게 직접 현찰로 지급하는 경우가 대부분입니다. 그래서 간병인에게 지급한 비용이 간병비로 인정을 받기 위해 관할 세무서와의 논란이 많습니다.

간병비는 되도록 현찰로 지급하지 말고 간병인의 계좌로 이체를 하여

기록을 남기는 것이 좋지만, 간병인이 현찰로 받기를 원해 어렵습니다. 간병인의 인적사항과 연락처를 확보하고 간병비를 현찰로 지급하면 확인서의 서명이라도 받아야 합니다.

만일 간병비로 지출한 내역이 관할 세무서에서 인정하지 않으면, 해당 지출한 금액은 추정상속재산으로 상속재산에 포함되어 상속세 부담을 해야 합니다.

정셈의 상속·증여를 위한 절세 이야기

12

아버지께서 보유하고 있는 산이 원래 종중 소유인데, 현재 아버지 명의로 되어 있습니다. 나중에 이 산을 상속받으면 상속세를 내야 하나요?

나부자 씨의 아버지는 상속을 받을 때 상속재산으로 산을 받은 것이 있는데 이 산을 계속 보유하고 있습니다. 이 산은 원래 종중 소유인데 명의가 할아버지에서 아버지로 상속을 받으면서 변경된 것입니다.

요즘 사회가 많이 변해 예전과 달리 조상의 제사를 지내는 것에 관심이 많지 않습니다. 나부자 씨의 아버지가 사망하여 상속이 개시될 때 이 선산도 상속을 받게 될 것인데, 이 선산을 상속받는 것에도 상속세를 내야 하는지 궁금합니다.

나부자 씨는 정셈에게 이 궁금한 점에 대해 문의를 했습니다. 정셈은 나부자 씨에게 다음과 같이 설명했습니다.

1) 선조의 분묘와 금양임야

'금양임야'란 분묘를 수호하기 위하여 벌목을 금지하고 나무를 기르는 분묘주변의 임야를 말합니다. 보통 선산이라고 합니다.

'묘토'란 분묘의 수호, 관리나 제사용 자원인 토지로서 특정의 분묘에 속하는 것으로 묘토의 농지는 그 경작하여 얻은 수확으로 분묘의 수호, 관리비용이나 제사의 비용을 조달하는 자원인 농토이어야 합니다.

2) 금양임야와 상속세 비과세

세법은 금양임야(묘토 포함)에 대해 비과세 상속재산으로 상속세 혜택을 주고 있습니다. 이는 전통적인 조상숭배와 제사봉행이라는 전통을 보전하려는 목적으로 그 소유권을 제사를 주재하는 자에게 승계하도록 함으로써 전통이 이어질 수 있도록 정부정책적 차원에서 지원하기 위함입니다.

상속재산은 피상속인의 가족이 공동상속인이 되어 피상속인의 재산을 포괄승계 합니다. 상속재산의 소유권이 공동상속인에게 분산이 됩니다. 만일 상속재산인 금양임야가 공동상속인에게 상속이 되고 세월이 흘러 또 상속되면 결국 금양임야의 소유권은 수많은 종중 구성원에게 분산이 되어 관리가 매우 힘들게 됩니다. 전통적인 조상숭배와 제사봉행이라는 전통을 보전하는 것이 어렵게 됩니다.

3) 상속세 비과세 받기 위한 요건과 한도

상속으로 받은 산이 선산이면 무조건 상속세가 비과세되는 것이 아닙니다. 세법에서 규정하고 있는 요건을 충족해야 합니다.

제사를 주재하는 상속인(다수의 상속인이 공동으로 제사를 주재하는 경우에는 그 공동으로 주재하는 상속인 전체)을 기준으로 아래에 해당하는 재산에 대해서는 상속세를 부과하지 않습니다.

① 금양임야와 묘토인 농지의 재산가액의 합계액이 2억 원을 초과하는 경우에는 2억 원을 한도로 합니다.

② 족보와 제구의 재산가액의 합계액이 1천만 원을 초과하는 경우에는 1천만 원을 한도로 합니다.

금양임야는 9,900㎡ 이내, 묘토는 1,980㎡ 이내로 범위를 제한합니다.

4) 선산에 대해 상속세 비과세도 받고 영농상속공제도 받을 수 있는지요?

같은 임야에 대해 금양임야로 상속세 비과세 혜택을 받고 영농상속공제도 받을 수 있을까요? 혜택을 둘 다 받으면 좋겠지만, 중복공제를 받을 수는 없습니다.

그러나 영농상속공제를 적용할 수 있는 임야가 상속세가 비과세 되는 금양임야와 그 외의 다른 임야로 구분이 될 수 있는 경우에는 구분이 되는 임야에 금양임야 비과세와 영농상속공제를 각각 적용할 수 있습니다.

13

피상속인은 부동산임대업자로 임대차계약서상 세입자들의 보증금은 총 50억 원인데, 돌아가셨을 때 실제 통장에 남아 있는 돈은 20억 원밖에 안 됩니다. 상속인은 이 보증금을 다 갚아야 하나요? 상속세를 내야 하나요?

한국에서 자산 중에 가장 큰 부분을 차지하는 것은 부동산입니다. 예전보다 부동산 가격이 많이 오르고 재테크도 주식과 코인 투자로 인해 관심이 줄었지만, 여전히 건물주가 되는 것이 선망의 대상입니다.

나부자 씨의 외삼촌은 부동산임대업자입니다. 지난달에 지병으로 돌아가셨는데, 임대차계약서상 세입자들의 보증금 총액은 50억 원입니다. 유가족은 피상속인의 재산정리를 하면서 통장에 남아 있는 돈은 20억 원밖에 안 된다는 것을 알게 되었습니다. 보증금 50억 원에서 30억 원이 부족합니다. 상속인은 상속을 받는다면 나중에 이 보증금을 돌려줘야 하는데, 상속을 받는 것이 유리한지 고민입니다.

나부자 씨는 외삼촌 가족의 상속 문제 얘기를 들으며 고민이 들었습니다. 나부자 씨도 건물을 구입해서 임대를 하고 있기 때문입니다. 현재 건물의 시세는 구입 당시보다 2배 정도 올랐고, 주위에서 투자를 잘했다고

정셈의 상속·증여를 위한 절세 이야기

칭찬도 많이 받았습니다.

그런데 세입자로부터 받은 보증금을 아파트를 구입하는 데 거의 다 사용해서 통장에 보증금이 거의 남아 있지 않습니다. 혹시나 이게 나중에 나부자 씨가 사망해서 상속될 때 문제가 되지 않을까 염려됩니다.

나부자 씨는 이 문제에 대해 정셈에게 문의를 했습니다. 정셈은 다음과 같이 설명했습니다.

1) 피상속인의 상속채무
보통 피상속인의 채무는 은행 등 금융기관에서 담보대출이나 신용대출을 받은 것, 신용카드 사용대금, 금전소비대차에 따른 채무, 주택임대보증금이나 상가임대보증금 등이 있습니다.

채무를 크게 3가지로 분류하면 금융기관에서 대출을 받은 것과 임차인의 보증금 및 그 외의 신용카드 사용대금 등으로 분류할 수 있습니다.

2) 임대차보증금과 상속채무 승계
피상속인이 생전에 임대차계약을 하고 세입자들로부터 받은 임대차보증금은 임대차기간이 종료되면 세입자들에게 반환해야 하는 금액으로 채무에 해당합니다. 상속이 개시되면 임대차보증금은 상속채무로 상속인은 상속채무인 임대차보증금을 승계해야 합니다.

피상속인의 상속재산이자 임대부동산만 승계하고 보증금을 승계하지 않는 것은 불가능합니다.

3) 상속재산과 채무를 승계하는 것이 유리한지 여부

피상속인이 임대차보증금을 사용하여 상속 개시일에 해당 금액이 한 푼도 없어도 상속인은 임대차보증금을 상속채무로 승계해야 합니다. 피상속인 통장에 임대차보증금이 없다는 사실에 상속인은 억울하다고 생각할 수 있습니다. 그러나 이를 상속채무로 승계해야 하고, 만일 이를 원치 않으면 가정법원에 상속포기 신청을 해야 합니다. 상속 자체를 포기하는 것입니다.

4) 임대차보증금으로 상속세를 낮출 수 있다

상속채무로 상속세 부담을 낮출 수가 있습니다. 상속재산에서 상속채무를 차감하여 상속세 과세가액을 계산하는데, 상속채무가 클수록 상속세를 낮추게 됩니다.

상속재산이 상속채무보다 크다면 상속을 받는 것이 유리합니다. 상속인은 임대부동산을 상속받고 이후에 상속재산인 부동산을 처분하여 임대차보증금을 상환하고 양도소득세를 납부하고 남은 금액을 수취하면 됩니다.

정셈의 상속·증여를 위한 절세 이야기

오래전에 지인에게 돈을 빌려준 것이 있는데, 지금 그 돈을 받을 수 있을지 모르겠습니다. 나중에 이 금액도 상속재산에 포함해야 하나요?

가족이나 지인들과 돈거래를 하는 경우가 종종 있습니다. 돈거래를 원치 않아도 관계 때문에 어쩔 수 없이 응하는 경우가 있습니다. 구두로 금전거래 약속을 하는 것보다 금전소비대차계약서를 작성하여 진행하는 것이 중요합니다.

나부자 씨는 몇 년 전에 친한 지인이 사업상 급전이 필요하다고 해서 돈을 빌려주었습니다. 그때 금전소비대차계약서를 작성하면서 지인한테 당장 갚지는 않아도 되고 사업이 잘 데면 그때 갚으라고 했습니다. 시간이 많이 지나 집 서재의 서랍을 정리하다가 이 금전소비대차계약서를 발견했습니다. 나부자 씨는 생각난 김에 돈을 빌려 간 지인에게 안부 전화를 하면서 그때 빌려준 돈을 갚아 달라고 얘기했습니다. 지인은 아직 사업이 힘들어서 지금 돈을 갚기 어렵다고 사정하면서 꼭 갚겠다고 했습니다.

나부자 씨는 조금 더 기다려보기로 했는데, 혹시나 자기가 사망해서 상속되면 지인에게 빌려준 돈이 상속세에서 어떻게 되는지 궁금했습니다.

나부자 씨는 이에 대해 정셈에게 문의를 했습니다. 정셈은 다음과 같이 설명했습니다.

1) 상속재산이란

상속재산은 피상속인에게 귀속되는 재산으로서 금전으로 환가할 수 있는 경제적 가치가 있는 모든 물건과 재산적 가치가 있는 법률상 또는 사실상의 모든 권리를 포함합니다.

돈을 받을 권리도 상속재산에 해당합니다. 대표적인 것이 금전채권입니다.

2) 개인에게 돈을 빌려준 것도 상속재산에 포함될까?

상속재산에는 국·공채나 회사채 같은 자산 외에 대여금도 포함합니다. 금융상품 중에 어음이 있습니다. 어음도 채권과 비슷합니다. 어음을 발행한 회사는 만기일에 어음을 상환해야 합니다.

개인은 기업에 돈을 빌려줄 수 있고, 개인에게도 돈을 빌려줄 수 있습니다. 이러한 대여금도 돈을 받을 권리로써 자산에 해당합니다. 돈을 빌려주고 나서 사망하는 경우 대여금은 상속재산에 포함합니다.

다만, 금융상품은 피상속인의 자산이라는 것에 입증이 어렵지 않습니다. 해당 금융기관에서 증빙 등을 발급받으면 됩니다.

그런데 피상속인이 개인에게 돈을 빌려준 것이 있다는 것을 상속인이 입증해야 합니다. 금전소비대차계약서와 이체내역 등으로 입증을 해야 상속재산으로 인정받을 수 있습니다.

3) 회수가능성이 불투명한 피상속인의 금전 대여금도 상속재산에 포함해야 하나요?

상속인의 입장에서 피상속인의 상속재산이 많을수록 좋은 일입니다. 상속세 부담이 있지만, 상속세를 제외하고 상속인의 몫이 많아지기에 상속재산이 많을수록 나쁜 일이 아닙니다.

그런데 상속재산이 현금화에 어려움이 있다면 고민이 많아집니다. 부동산을 상속받았는데 매수인이 없다면 해당 부동산을 처분하지 못하고 어쩔 수 없이 계속 보유하고 있어야 합니다.

만일 피상속인이 오래전에 지인한테 빌려준 돈이 상속인이 상속을 받은 현재 해당 대여금의 회수가 가능한지 불분명할 수 있습니다. 이 대여금은 피상속인의 상속재산에 해당하기 때문에 상속재산에 포함해서 상속세는 내야 하고, 현금 회수는 할 수 없어 상속인은 세금만 내야 해서 억울할 수 있습니다. 이 대여금은 어떻게 보면 부실채권과 같습니다.

대법원 판례에 따르면 대여금을 차입인인 채무자의 재산상태에 따른 변제능력, 법적 절차에 따른 강제집행 등 회수 가능하지 않은 것이 객관적으로 명백한 경우에는 상속재산에 포함하지 않습니다. 이에 대한 입증책임은 상속인에게 있습니다.

4) 해당 대여금은 상속세 신고에서 금융재산상속공제를 적용받을 수 있는지요?

상속세 공제 중에 금융재산상속공제가 있습니다. 피상속인의 금융자산에서 금융부채를 차감한 순금융자산에 대해 일정금액을 상속세 과세가액에서 공제를 합니다.

피상속인이 개인에게 빌려준 대여금은 금융재산상속공제 대상에 해당할까요? 해당 대여금은 금융재산상속공제인 금융재산에 해당하지 않습니다.

● 사전법규재산2022-377, 2022. 04. 13.

[제목] 피상속인의 사인 간 대여금이 금융재산상속공제 대상인 타인 명의 재산에 해당하는지 여부

[요약] 피상속인이 사인 간 금전소비대차계약에 의하여 타인에게 빌려준 대여금은 금융재산상속공제 대상인 타인 명의의 금융재산에 해당하지 아니함

　　　　　　정셈의 상속 · 증여를 위한 절세 이야기

15

상속인이 상속세를 납부해야 하는데 돈이 부족해서 많이 힘들어하는 것을 본 적이 있습니다. 거액의 상속세를 납부할 방법이 있을까요?

나부자 씨가 참석하고 있는 CEO모임에서 지 대표가 몇 달 전에 갑자기 사고로 사망했습니다. 많은 이들이 유가족에게 위로를 전했습니다. 그런데 최근 유가족이 상속세를 납부할 돈이 부족해 많이 힘들어한다는 것입니다. 결국, 유가족은 상속재산 중에 부동산을 시세보다 매우 낮은 가격에 급매해서 상속세를 납부했습니다. 그 부동산은 인근 지역에서 개발 호재로 알짜로 여겨지는 부동산인데 급매로 저렴하게 처분해서 아깝다는 생각이 마음이 듭니다.

나부자 씨는 혹시나 자기가 갑자기 사망해서 상속이 개시될 때 아내와 자녀들도 위와 같은 상황을 겪지 않을까 고민이 됩니다. 그래서 정셈 사무실에 방문해서 지 대표의 유가족 얘기를 하면서 이 경우 상속세를 어떻게 납부할 방법이 없는지 문의를 했습니다. 정셈은 다음과 같이 설명했습니다.

상속세 절세만큼 중요한 것이 상속세 납부재원을 마련하는 것입니다. 상속을 생전 잘 준비해서 상속세를 최대한 줄이고, 납부할 상속세도 납부기간 내에 납부가 되면 문제가 없습니다.

1) 상속세는 현금으로 납부하는 것이 원칙

세금은 현금 납부가 원칙입니다. 요즘에는 홈택스에서 신용카드 납부로 납부하는 것도 가능합니다.

상속세는 다른 세금과 달리 금액이 큰 것이 다릅니다. 현금 대신 신용카드로 납부하기가 쉽지 않습니다.

상속 준비 없이 피상속인이 갑자기 사망하는 경우 상속세를 절세하기가 매우 어렵습니다. 예상되는 상속세 금액이 많다면 생전에 미리 준비하는 것이 중요합니다.

상속재산 중에 상속세를 납부할 만한 금전재산이 있다면 다행이지만, 상속재산 대부분이 부동산 등의 비금전재산인 경우 상속세를 납부하는 것이 쉽지 않습니다. 상속인은 고민이 상속세 납부 때문에 고민이 깊어질 수밖에 없습니다.

2) 상속개시일 전에 - 생전에 준비하는 방법

피상속인의 재산 중에 상속세를 납부하기에 충분한 현금자산이 있다면 문제가 없습니다. 현금자산이 부족하다면 피상속인을 피보험자로 종

　　　　　　　　　　　　　정셈의 상속·증여를 위한 절세 이야기

신보험 등 보장성보험에 가입하여 보험금으로 상속세 납부재원을 마련하는 방법이 있습니다.

이 방법은 피상속인이 생전에 보험상품에 가입해야 하고, 피상속인의 사망으로 수령하는 해당 보험금으로 상속세를 납부하는 방법입니다. 해당 보험금은 상속재산에 해당하므로 상속재산에 포함합니다.

3) 상속세를 분납 - 사후적 방법

상속세가 1천만 원을 초과하는 경우 상속세를 분납하는 것이 가능합니다. 상속세 신고납부기한이 지난 후 2개월 이내에 그 세액을 아래와 같이 분할하여 납부할 수 있습니다. 다만 연부연납을 허가받은 경우에는 상속세 분납이 허용되지 않습니다.

① 납부할 세액이 2천만 원 이하일 때 : 1천만 원을 초과하는 금액
② 납부할 세액이 2천만 원 초과할 때 : 그 세액의 50% 이하의 금액

예를 들어 상속개시일이 2월이고 상속세가 1,500만 원이면, 신고납부기한인 8월 31일까지 1,000만 원을 납부하고, 10월 31일까지 500만 원을 납부합니다.

상속세 분납은 상속세가 크지 않고 상속세의 절반을 신고납부기한으로부터 2달 안에 납부가 가능한 경우에 이용할 수 있는 방법입니다.

4) 상속세 연부연납 - 사후적 방법

상속세가 몇천만 원이 아니라 몇억 원 또는 몇십억 원 이상이라면 상속세를 분납하는 것이 의미가 없습니다. 그래서 세법은 거액의 상속세 납부를 몇 년에 거쳐 납부할 수 있도록 연부연납 제도를 두고 있습니다.

아래 요건을 모두 충족하는 경우 세무서장으로부터 연부연납을 허가받아 일정기간 동안 분할하여 납부할 수 있습니다.

〈연부연납 신청요건〉
① 상속세 납부세액이 2천만 원 초과
② 연부연납을 신청한 세액에 상당하는 납세담보 제공
③ 상속세 신고납부기한까지 연부연납허가신청서를 제출

연부연납은 최대 10년(가업상속은 20년)까지 가능합니다. 다만 연부연납을 허가받은 경우에는 상속세 분납이 허용되지 않습니다.

5) 상속재산으로 상속세를 납부 - 사후적 방법

상속세를 납부해야 하는데 현금이 부족해서 분납 또는 연부연납을 해도 현금으로 납부해야 합니다. 상속인 입장에서 차라리 상속받은 재산으로 상속세를 납부할 수 있으면 좋겠다고 생각할 수 있습니다.

세법에서는 물납이라는 제도를 두어 상속인이 현금으로 납부하기 곤란한 경우 상속받은 재산으로 납부할 수 있도록 하고 있습니다. 상속세 물납의 요건은 아래와 같습니다.

〈물납의 요건〉

① 사전증여재산을 포함한 상속재산 중 부동산과 유가증권의 가액(비상장주식 등 제외)이 2분의 1 초과

② 상속세 납부세액이 2천만 원 초과

③ 상속세 납부세액이 상속재산가액 중 금융재산 가액을 초과

④ 상속세 물납 신청기한 이내 물납신청서 제출

16

상속세를 상속인 중에 한 명이 다 내도 되나요? 그렇게 했을 때 문제가 있을까요?

나부자 씨는 CEO모임에서 홍 대표가 자녀에게 조금 더 재산을 상속시키는 방법이 있는데, 추가적인 세금 부담 없이 할 수 있는 방법이라고 합니다. 그 방법이라는 것은 자기가 사망하여 아내와 자녀가 상속을 받을 때 상속세를 아내가 가능하면 최대한 납부를 하면, 자녀가 실질적으로 자기 몫으로 내야 하는 상속세를 면제받는 것과 같아서 세금 없이 증여를 받은 것과 같다고 합니다.

나부자 씨는 모임이 끝나고 돌아가는 길에 정셈 사무실에 들려 모임에서 들은 이야기를 하면서 이 방법이 괜찮은 것인지 문의를 했습니다. 정셈은 다음과 같이 설명했습니다.

1) 상속인의 연대납부의무와 범위

상속이 개시되면 상속인은 피상속인의 상속재산을 공동으로 상속받습니다. 상속세는 상속인이 연대하여 납부합니다. 상속인 각자가 상속받은 재산비율로 상속세를 납부하지만, 세법은 상속인에게 연대납부의무를 지도록 하고 있습니다.

상속인은 연대납부의무에 따라 다른 상속인이 납부해야 하는 상속세 전부를 납부해야 하는 것은 아닙니다. 상속인은 자기가 받은 상속재산(= 자산총액-부채총액-상속세액)을 한도로 연대하여 납부할 의무를 집니다.

2) 다른 상속인이 자기 몫의 상속세를 체납하면 어떻게 될까요?

피상속인의 상속재산 규모에 따라 상속인이 납부해야 하는 상속세 금액의 크기는 천차만별입니다. 상속재산이나 상속세 때문에 상속인 간 다툼이 벌어지기도 합니다.

그런데 상속인 중에 일부가 상속세를 납부하지 아니한 경우 어떻게 될까요? 관할 세무서는 미납된 상속세에 대해 공동상속인에게 납부안내를 합니다. 미납된 상속세의 안내에도 불구하고 납부를 하지 않으면, 공동상속인에게 독촉을 합니다. 상속세 독촉에도 납부를 하지 않으면 공동상속인의 재산에 대해 압류를 할 수 있습니다.

미납된 상속세가 있는 경우 상속인이 자기가 받았거나 받을 재산을 한도로 상속세를 납부하고 상속세를 미납한 그 상속인에 대해 구상권을 행사할 수 있습니다.

3) 상속세 연대납세의무를 활용하여 재산이전 효과를 얻을 수 있다

상속인은 본래 자기 몫으로 내야 되는 상속세를 초과하여 자기가 받은 상속재산(=자산총액-부채총액-상속세액)을 한도로 상속세를 납부할 수 있습니다. 즉 상속인의 연대납세의무를 이용하여 다른 상속인의 상속세를 대납하는 것과 같은 효과를 얻는 것입니다.

예를 들어 상속인으로 어머니, 자녀 2명인 경우 어머니가 자녀 2명의 상속세를 연대납세의무에 따라 납부를 합니다. 이는 자녀가 자기 몫에 해당하는 상속세 부담을 덜 수 있어 해당 상속세 금액만큼 어머니가 자녀에게 증여하는 효과를 얻을 수가 있습니다.

4) 연대납부 의무를 고려한 상속재산협의분할

공동상속인 중 어머니가 연대납부 의무에 따라 자녀의 상속세를 납부하려면 상속세 금액만큼 상속재산으로 금전을 분할 받아야 합니다. 그러기 위해서는 먼저 상속인 간 상속재산에 대해 협의분할을 해야 합니다. 상속재산이 금전이 대부분이라면 문제가 없겠지만, 금전 비중이 낮은 경우에는 어머니에게 상속재산 분할로 상속세를 납부할 수 있게 금전재산을 분할해야 합니다.

상속인 간 협의분할과 상속세 납부에 대한 합의가 있어야 연대납세의무를 활용한 상속세 납부 전략이 가능합니다.

17

일단 상속세를 먼저 신고납부한 후에 어머니를 제외하고 딸과 아들이 상속재산을 다시 나누기로 했습니다. 혹시 이렇게 하면 상속세에 영향이 있을까요?

나부자 씨는 CEO모임에서 몇 달 전에 황 대표가 교통사고로 사망했는데, 유가족이 상속재산 가지고 계속 싸우다가 상속세 신고를 못 할 뻔했다고 합니다. 유가족은 일단 상속세를 신고납부부터 하고 상속재산을 나누기로 했다고 하면서 다른 대표들도 혹시 상속재산을 놓고 가족이 크게 다투다가 서로 등지게 되지 않을까 걱정이라고 합니다.

나부자 씨는 모임 후에 상속세를 신고하고 나서 상속재산을 다시 분할해도 상속세에 문제가 없는지 궁금해서 정셈에게 문의를 했습니다. 정셈은 다음과 같이 설명했습니다.

1) 상속재산의 최초 협의분할

피상속인이 사망으로 상속인 개시되면 상속인은 피상속인의 상속재산을 협의분할 해야 합니다. 상속재산 분할이 합의되면 상속개시 된 때에 소급하여 그 효력이 있습니다. 상속재산분할로 인해 공동상속인은 분할로 취득한 상속재산을 상속이 개시된 때부터 소유하고 있는 것이 됩니다.

만일 상속재산 협의분할이 상속세 신고기한까지 안 되면 상속재산은 법정상속지분비율로 상속세 신고에 적용을 해야 합니다.

2) 상속재산을 재분할 - 상속세 신고기한 이내

상속재산을 협의분할 하기는 쉽지 않습니다. 상속인 간의 협의가 잘 돼야 하는데, 현실은 그렇지가 않습니다. 상속재산을 놓고 상속인은 서로 자기 몫을 높이기 위해 다툼이 발생하는 경우가 다반사입니다.

처음에 상속재산을 협의분할 하고 다시 협의분할을 할 수 있습니다. 협의분할은 몇 번이나 다시 할 수 있습니다. 재차 협의분할에 따라 상속인의 당초 상속재산 몫이 감소 또는 증가하게 됩니다. 재분할로 재산이 감소한 상속인이 재산이 증가한 다른 상속인에게 증여한 것으로 볼 수 있습니다.

상속세 신고기한 이내에 상속재산 재분할로 재산이 감소 또는 증가한 것에 대해 증여세 문제는 없습니다. 문제가 되는 것은 상속세 신고기한 이후 상속재산을 재분할했을 경우입니다.

3) 상속재산을 재분할 - 상속세 신고기한 이후

상속세 신고기한 이내에 협의분할이 되지 않고 신고기한이 지나서 협의분할이 되거나 재분할이 되는 경우 증여세 문제가 있습니다.

상속인이 상속재산을 협의분할을 하여 상속세를 신고납부하였습니다. 그러나 일부 상속인들이 상속재산에 대해 불만이 있어서 재분할하기로 하였습니다. 상속세 신고는 최초 협의분할 내용을 신고납부했습니다. 상속세 신고기한이 지나서 상속재산 협의분할이 다시 하여 마무리가 되었습니다. 이 경우 재분할로 상속재산이 감소한 상속인이 재분할로 상속재산이 증가한 상속인에게 증여한 것이 됩니다. 재분할로 상속재산이 증가한 상속인은 증여세를 신고납부 해야 합니다.

4) 상속재산 최초분할 - 상속세 신고기한 이후

상속세 신고기한 내에 협의분할이 되지 못하다가 상속세 신고기한이 지나서 협의분할이 된 경우 상속재산을 최초 분할한 것이니 증여세 문제가 없을까요?

이 경우 상속세 신고는 상속재산을 법정상속비율로 적용하여 상속세를 신고납부 해야 합니다. 상속세 신고납부가 된 이후에 상속인 간의 상속재산 협의분할이 되어 상속재산을 분할을 하면, 상속재산을 법정상속비율로 분할한 것을 상속재산 협의분할 내용에 따라 분할한 것이 됩니다.

협의분할로 상속재산이 감소한 상속인이 상속재산이 증가한 상속인에게 증여한 것이 됩니다. 협의분할로 상속재산이 증가한 상속인은 증여세를 신고납부 해야 합니다.

5) 재분할을 해도 증여세 문제가 없는 경우

상속세 신고기한 이후 상속재산을 협의분할하면 무조건 증여세 문제가 있을까요?

다음과 같은 재분할 사유에 해당하는 경우에는 상속세 신고기한 이후 상속재산을 재분할해도 증여세를 부과하지 않습니다.

(1) 법원판결

상속회복청구의 소에 의한 법원의 확정판결에 의하여 상속인 및 상속재산에 변동이 있는 경우 증여재산으로 보지 아니합니다.

(2) 채권자대위권 행사

피상속인의 채권자가 대위권을 행사하여 공동상속인들의 법정상속분대로 등기 등이 된 상속재산을 상속인 사이에 협의분할에 의하여 재분할하는 경우 당초 지분보다 초과하는 자가 취득하는 재산은 증여재산으로 보지 아니합니다.

(3) 물납관련

상속세 신고기한 이내에 상속세를 물납하기 위하여 법정상속분으로 등기 등을 하여 물납을 신청하였다가 물납허가를 받지 못하거나 물납재산의 변경명령을 받아 당초의 물납재산을 상속인 간의 협의분할에 의하여 재분할하는 경우 당초 지분보다 초과하는 자가 취득하는 재산은 증여재산으로 보지 아니합니다.

18

자녀에게 회사를 물려주고 싶은데 상속세가 걱정이라 결정을 못 하고 있습니다. 상속세를 절세할 방법이 있을까요?

은퇴를 앞둔 기업가에게 큰 고민 중의 하나는 상속세일 것입니다. 회사를 자녀에게 물려주고 싶은데 거액의 상속세가 큰 고민입니다. 그래서 경제단체 등에서 매년 정부에 상속세 폐지 또는 가업승계 제도의 파격적인 완화를 해 줄 것을 계속해서 주장하고 있습니다.

나부자 씨는 회사를 창업한 지 벌써 30년이 넘었습니다. 사업 초기에는 부도 위기 등 많은 우여곡절이 있었지만, 어느덧 자리를 잡아 번듯한 회사로 성장했습니다. 시사잡지 등에 성공한 CEO로 인터뷰 기사 및 경제방송에도 방송 출연을 했습니다. 그런데 나부자 씨는 지금 건강이 매우 좋지 않아 걱정이 많아 경영 일선에서 물러나는 것을 생각하고 있습니다. 회사를 자녀에게 물려주고 싶은데 상속세가 걱정이라 결정을 못 하고 있습니다.

나부자 씨는 이 고민에 대해 정셈에게 얘기를 하며 좋은 방법이 없는지 문의를 했습니다. 정셈은 다음과 같이 설명했습니다.

1) 가업승계와 세금

개인사업 또는 법인을 운영 중인 피상속인은 가업승계에 대해 고민이 많습니다. 사업을 자녀에게 물려주고 싶은데 세금이 걱정입니다. 피상속인이 생전에 가업을 자녀에게 승계하는 경우 증여세가 부과되고, 상속으로 가업을 물려주는 경우에는 상속세가 부과됩니다.

2) 상속으로 가업을 물려주는 경우 - 가업상속공제

상속으로 가업을 물려주는 경우 거액의 상속세가 큰 부담이 됩니다. 정부에서는 중소기업과 중견기업(매출액 5천억 이하)의 가업승계에 대한 상속세 부담을 덜어주기 위해 가업상속공제 제도를 두어 가업승계를 지원하고 있습니다.

가업상속공제는 최대 600억 원까지 공제를 받을 수 있어서 중소기업을 운영 중인 피상속인에게는 최고의 절세 방법이라고 할 수 있습니다.

3) 가업상속공제를 받으려면

가업상속공제를 적용받으려면 생전에 요건을 충족하기 위해 준비해야 할 것이 있습니다. 요건은 크게 피상속인의 요건, 상속인의 요건, 가업상속재산 요건이 있습니다. 이들 요건을 모두 충족해야 가업상속공제를 받을 수가 있습니다.

정셈의 상속·증여를 위한 절세 이야기

(1) 피상속인 요건

피상속인이 상속개시일로부터 10년 이상 가업을 영위한 기업이어야 합니다. 피상속인이 가업영위기간에 따라 가업상속공제를 적용받을 수 있는 한도금액을 300억 원, 400억 원, 600억 원으로 적용을 합니다.

(2) 상속인 요건

상속인은 18세 이상이어야 하고, 상속개시일 전 2년 이상 가업에 종사하고 있어야 합니다. 그리고 상속세 신고기한까지 임원에 취임해야 하고, 상속세 신고기한부터 2년 이내 대표이사에 취임해야 합니다.

(3) 가업상속재산 요건

가업상속 재산이란 아래의 가업상속 재산가액에 상당하는 금액을 말합니다.

- 개인사업자인 경우

상속재산 중 가업에 직접 사용되는 토지, 건축물, 기계장치 등 사업용 자산의 가액에서 해당 자산에 담보된 채무액을 뺀 가액

- 법인인 경우

상속재산 중 가업에 해당하는 법인의 주식·출자지분의 가액에 그 법인의 총자산가액 중 상속개시일 현재 사업무관자산을 제외한 자산가액이 그 법인의 총자산가액에서 차지하는 비율을 곱하여 계산한 금액에 해당하는 것

4) 피상속인이 2개 이상 가업을 영위하는 경우

피상속인이 사업을 1곳만 영위하는 경우가 있고, 2개 이상 기업을 영위하는 경우가 있습니다. 이 경우 가업상속공제는 어떻게 적용을 할까요?

피상속인이 계속하여 경영한 기간이 가장 긴 기업을 기준으로 공제한도 금액을 적용합니다. 피상속인이 계속하여 경영한 기간이 긴 기업부터 순차적으로 공제하되, 기업별 공제금액은 기업의 경영기간별 공제한도 내에서 공제하게 됩니다

5) 가업상속공제 적용 후에 사후관리가 있다

세법은 혜택에 따른 사후조건을 두고 있는데 이를 사후관리 요건이라 합니다. 가업상속공제는 상속인이 공제받을 수 있는 혜택이 큰 제도입니다. 그래서 사후관리 요건을 두어 가업상속을 받은 상속인이 상속개시 이후에 정당한 사유 없이 아래의 세법에서 정한 사후 의무요건을 이행하지 아니한 경우에는 상속세가 부과됩니다. 사후관리 기간은 5년입니다.

① 가업종사: 해당 상속인이 가업에 종사
② 지분유지: 해당 상속인의 지분이 감소하지 않아야 함
③ 가업유지: 상속 후 5년간 가업용 자산의 40% 이상 처분금지
④ 고용확대: 5년간 정규직 근로자 수 평균과 총급여액이 기준고용인
　원의 90% 이상 유지해야 함

6) 상속세 연부연납

가업상속공제로 상속세가 없으면 다행이지만 공제를 받아도 내야 될 상속세가 많아 가업승계에 지장을 받으면 가업승계 제도가 무의미해 질 수 있습니다.

그래서 세법은 가업상속재산에 대한 상속세는 거치기간을 포함하여 최장 20년으로 일반상속재산의 연부연납기간보다 더 장기적으로 운영하여 가업승계를 지원하고 있습니다.

19

몇 년 전에 자녀와 손자녀에게 미리 증여한 것이 있습니다.
이것 때문에 상속세에 영향이 있을까요?

나부자 씨는 지인들이 상속세를 절세하기 위해서는 가족에게 미리 재산을 증여해야 한다고 해서 몇 년 전에 딸 서아와 아들 지호에게 증여를 했습니다. 지난달에는 작년에 태어난 손자녀에게도 증여했습니다.

그런데 뉴스에서 상속 전에 가족에게 증여한 것은 상속재산에 합산해서 상속세를 부과한다는 뉴스기사를 보고 걱정이 됩니다. 혹시 미리 증여한 것이 상속세에 아무런 도움이 되지 않는 것은 아닐지, 괜히 증여했나 후회가 되기도 합니다.

그래서 나부자 씨는 정셈에게 이 고민에 대해 문의를 했습니다. 정셈은 다음과 같이 설명했습니다.

1) 사전증여재산
상속세 계산을 할 때 총상속재산에 사전증여재산을 합산합니다. 사전

증여재산은 피상속인이 생전에 자신의 자산을 상속인 등에게 증여한 자산을 말합니다. 세법은 피상속인이 사망하기 전 일정 기간 내에 증여한 재산의 가액은 상속세과세가액에 가산합니다.

① 상속개시일 전 10년 이내에 피상속인이 상속인에게 증여한 재산가액
② 상속개시일 전 5년 이내에 피상속인이 상속인이 아닌 자에게 증여한 재산가액
③ 창업자금 과세특례와 가업승계 주식 등의 과세특례 증여재산은 증여시기에 관계없이 상속세 과세가액에 가산합니다.

2) 사전증여재산으로 상속재산에 합산이 되는 경우 재산평가 기준은?

피상속인이 자녀에게 8년 전에 사전증여재산을 상속재산에 합산하는 경우 그 사전증여재산의 평가기준에 따라 상속세에 큰 영향이 있습니다. 사전증여재산이 금전인 경우에는 평가액이 동일하기 때문에 문제가 없지만, 부동산이나 주식 같은 재산은 증여일과 상속개시일의 가치가 다르기 때문에 평가액이 중요합니다.

사전증여재산의 평가액은 상속개시일에 재평가를 할까요? 상속재산의 가액에 가산하는 사전증여재산의 평가액은 증여일 현재를 기준으로 평가된 가액으로 합니다.

3) 상속인과 비상속인의 기간 차이와 절세 방안

상속세를 절세하려면 사전 증여하는 것이 유리합니다. 피상속인이 상

속인에게 상속개시일 전 10년 이내에 증여한 재산은 상속재산에 포함이 됩니다. 상속인 외의 자에게 상속개시일 전 5년 이내에 증여한 재산은 상속재산에 포함을 합니다. 5년의 기간 차이가 있습니다.

  피상속인이 앞으로 10년 넘게 사실 정도로 건강하다면 상속인에게 증여하는 것이 유리하고 10년을 넘기는 것이 힘들 것 같다면 상속인 외의 자에게 증여하는 것이 유리합니다. 피상속인이 건강 상태에 따라 판단해야 합니다.

20

아들이 아버지로부터 증여를 받고 몇 년이 지나서 갑자기 교통사고로 사망했습니다. 그리고 3년이 지나서 아버지가 사망했습니다. 생전에 아버지가 아들에게 증여했던 재산은 사전증여재산으로 상족재산에 합산해야 될까요?

나부자 씨는 얼마 전 CEO모임에서 충격적인 소식을 들었습니다. 수원에서 회사를 운영하는 있는 공 대표가 사망했다는 소식입니다. 그런데 더 충격적인 것은 공 대표의 외동아들이 몇 년 전에 교통사고로 사망했다는 안타까운 소식을 들은 것이 3년 전인데, 새벽에 공 대표가 자고 있다가 갑자기 심장마비로 사망했다는 것입니다.

나부자 씨는 상속세에 대해 궁금한 것이 많습니다. 만일 아들에게 증여를 했는데, 아들이 사고로 사망하여 아들이 피상속인이 되어 상속이 진행되었고, 이후 자신이 사망하여 상속이 개시될 때 아들에게 증여했던 것이 사전증여재산으로 상속재산에 합산되어 상속세로 과세되는지 궁금합니다.

나부자 씨는 너무 궁금하여 정셈에게 이를 문의했습니다. 정셈은 다음과 같이 설명했습니다.

1) 사전증여재산

상속개시일 전 10년 이내에 피상속인이 상속인에게 증여한 재산가액과 상속개시일 전 5년 이내에 피상속인이 상속인이 아닌 자에게 증여한 재산가액은 상속세 과세가액에 가산합니다.

창업자금 과세특례와 가업승계 주식 등의 과세특례를 적용받은 증여재산은 증여시기에 관계없이 상속세 과세가액에 가산합니다.

2) 수증자인 형이 증여자인 아버지보다 먼저 사망하고 아버지가 사망한 경우 사전증여재산이 상속재산에 합산되는지요?

상속재산에 합산하는 사전증여재산은 증여자의 사망으로 상속이 개시되는 경우에 적용하는 제도입니다. 위 1)에 해당하지 않는 경우에는 상속재산에 합산하지 않습니다.

증여자인 아버지보다 수증자인 아들이 먼저 사망하여 상속이 개시되었습니다. 이후에 아버지가 사망한 경우에는 아들은 상속인이 아니어서, 아버지로부터 10년 이내에 증여받은 재산이어도 사전증여재산으로 합산하지 않습니다.

● 상속증여세 집행기준 13-0-6(사전증여재산가액을 상속세 과세가액에 합산하지 않는 경우)
① 상속개시일 이전에 수증자(상속인·상속인 아닌 자)가 피상속인으로부터 재산을 증여받고 피상속인의 사망(상속개시일) 전에 사망한 경우에는 상속인 등에 해당하지 아니하므로 피상속인의 상속에 과세가액에 사전증여재산가액을 합산하지 아니한다.
② 피상속인이 상속인에게 증여한 재산을 증여세 신고기한을 경과해 반환받고 사망하여 증여세가 부과된 경우로서, 반환받은 재산이 상속재산에 포함되어 상속세가 과세되는 때에는 사전증여재산에 해당하지 않는다.

● 사전법령해석재산2019-613, 2020. 11. 03
[제목] 부(父)의 상속세 신고기간 내 모(母)가 사망한 경우 상속세 과세방법 등
[요약] 부(父)의 상속세 신고기간 내 모(母)가 사망하고 모(母)가 부(父)에게 사전에 증여한 재산이 있는 경우, 모(母)의 상속세 과세가액 산정 시 모(母)가 부(父)에게 사전에 증여한 재산은 사전증여재산가액으로 가산하지 않음

21

아버지가 사망하기 전에 아들이 사고로 먼저 사망했습니다. 아들은 결혼하여 아내와 딸이 있습니다. 아버지가 사망하여 상속이 개시되면 아들의 아내와 자녀는 피상속인(아버지)의 재산을 상속받을 수 있는지요?

나부자 씨는 어느 날 CEO모임에서 일산에서 회사를 운영하는 김 대표 얘기를 들었습니다. 김 대표에게 딸이 있는데 결혼을 하여 쌍둥이를 낳았다고 합니다. 이런 기쁨도 잠시 딸이 교통사고로 사망했다고 합니다. 사위는 재혼하지 않고 홀로 쌍둥이 자식을 키우고 있었는데, 김 대표가 사망했다는 것입니다.

나부자 씨는 이 얘기를 들으면서 궁금한 것이 있습니다. 김 대표의 사망으로 상속이 개시되면 유가족이 상속을 받을 텐데, 원래 딸이 살아 있으면 자기가 받을 상속재산 지분은 어떻게 되는 것인지, 이에 따른 상속세는 어떻게 되는지 궁금합니다.

나부자 씨는 이 궁금증을 정셈에게 문의했습니다. 정셈은 다음과 같이 설명했습니다.

정셈의 상속 · 증여를 위한 절세 이야기

1) 상속순위

상속순위에 대해서는 많은 분들이 잘 알고 있습니다. 상속인의 상속순위는 아래와 같습니다.

① 피상속인의 직계비속
② 피상속인의 직계존속
③ 피상속인의 형제자매
④ 피상속인의 4촌 이내의 방계혈족

2) 대습상속 - 가족이 있는 자녀

자녀가 2명이 있는데 첫째 자녀가 결혼을 하여 가정을 꾸렸습니다. 상속인이 될 첫째 자녀가 상속개시 전에 사망한 경우 첫째 자녀의 배우자와 직계비속은 첫째 자녀를 대신하여 상속재산을 분배받을 수 있습니다.

예를 들어 딸이 결혼하여 쌍둥이로 손주를 출산하여 4인 가족이 되었습니다. 그런데 딸이 교통사고로 사망하여 사위가 쌍둥이를 키우며 살고 있습니다. 딸의 아버지가 사망한 경우 원래 딸이 상속인이지만 사망했기 때문에 딸의 배우자(사위)와 쌍둥이(손자녀)가 딸을 대신해서 상속인이 됩니다. 즉, 딸의 가족은 딸 대신 상속재산 협의분할에 참여하여 상속재산을 분배받을 수 있습니다.

3) 딸의 가족이 대습상속을 받은 경우 딸의 재산분할은?

아버지의 사망으로 상속이 개시되는 경우 딸이 상속으로 받을 몫을 딸의 가족인 남편(사위)과 쌍둥이(손자녀)가 대습상속을 받습니다. 대습상

속으로 받은 상속재산은 사위와 쌍둥이 조카가 협의해서 나눠 갖는 것이
아니라 1.5:1:1의 비율로 상속재산을 분배합니다.

4) 딸의 배우자인 사위가 아버지 사망 전에 재혼을 했다면 대습상속을 받을 수 있을까?

사위가 쌍둥이 자녀를 키우다가 장인이 사망하기 전에 이미 재혼을 한
경우에는 인척관계은 소멸하게 됩니다. 재혼한 사위는 대습상속권을 갖
지 못하기에 딸을 대신해서 대습상속을 하지 못하고, 딸의 자녀인 쌍둥
이만 대습상속을 합니다. 대습상속으로 받은 상속재산은 쌍둥이가 1:1의
비율로 분배를 합니다.

정셈의 상속·증여를 위한 절세 이야기

법인을 설립하여 운영하고 있는데, 가지급금이 있으면 나중에 상속세에 안 좋은 영향을 끼친다고 합니다.

나부자 씨가 참석하는 CEO모임은 가입한 지가 오래되었습니다. 이 모임의 공통적인 관심사 중의 하나는 임시지급금과 가수금입니다. 가입 초기부터 가지급금과 가수금에 대한 관심이 끊이지 않습니다.

나부자 씨도 회사를 운영하고 있으니 가지급금과 가수금에 대해 너무 많이 들어서 잘 알고 있습니다. 가지급금 때문에 회사에 경비 불인정 문제나 대표이사의 종합소득세에 문제를 일으킬 수 있으니 조심해야 한다는 얘기는 귀가 따갑도록 많이 들었습니다. 그런데 가지급금과 가수금이 상속세에 어떤 영향을 미치는지는 모르겠습니다.

나부자 씨는 이 문제가 너무나 궁금해서 정셈에게 문의했습니다. 정셈은 다음과 같이 설명했습니다.

가지급금은 많은 문제를 발생시킵니다. 생전에는 법인세 문제를, 상속이 개시되면 상속세, 소득세 등 여러 문제를 일으키므로 평소에 주의가 필요합니다.

1) 법인은 법적으로 권리의무의 주체가 된다

법인과 개인사업자의 큰 차이점이 있습니다. 법인은 설립등기를 하면 법적으로 권리의무의 주체가 된다는 것입니다.

법인을 설립해서 운영하는 경우 반드시 주의해야 하는 것은 법인은 개인소유가 아니라는 것입니다. 대표이사가 지분을 100% 소유하고 있어도, 법인의 재산은 대표이사 것이 아닌 법인 것입니다. 그래서 법인 재산을 개인재산인 것처럼 사용하면 큰 문제가 발생합니다.

회사 자금을 개인목적으로 사용하면 가지급금 문제가 발생합니다. 가지급금은 법인 입장에서 자산에 해당하고, 대표이사 입장에서는 채무에 해당합니다. 회사 자금을 개인목적으로 사용하는 것에 자칫 잘못하면 횡령·배임 문제로 형사처벌을 받을 수도 있으니 주의해야 합니다.

2) 가지급금이란

회계에서 가지급금이란 법인에서 현금 지출이 있었지만, 거래 내용이 명확하지 않거나 거래가 완전히 종결되지 않아 계정과목이나 금액이 미확정인 경우, 임시계정으로 처리하는 것을 말합니다.

세법에서 가지급금은 보통 대표이사 또는 주주가 회사의 자금을 임의로 사용하여 채권채무 관계가 발생한 금액을 말합니다.

가지급금은 법인자금을 대표이사나 임원이 적절한 절차 없이 임의로 인출한 경우 발생하지만, 각 부서의 업무상 필요한 자금을 지출한 후 지출증빙서류를 정리하지 않은 경우, 납품이나 입찰에서 유리한 조건을 만들기 위해 실물 자산은 이동하지 않고 가공매출이나 경비축소 등으로 장기미회수 매출 채권을 만드는 경우 등의 상황에서 발생합니다.

대부분의 비상장법인은 가지급금을 보유하고 있으며, 이로 인해 세금문제를 발생시킵니다. 회사의 가지급금이 있는 경우 세무상 아래의 불이익이 있습니다.

① 지급이자 비용 불인정
② 가지급금 인정이자와 소득처분
③ 대손충당금 설정대상 채권에서 제외
④ 대손금으로 인정 제외

3) 상속채무와 가지급금은?

상속채무란 상속개시일 현재 피상속인이 부담하여야 할 확정된 채무로서 공과금 이외의 모든 부채를 말합니다. 그리고 상속인이 실제로 부담하는 사실을 입증하여야 합니다.

회사에 가지급금이 계상되어 있는 경우 해당 가지급금은 회사입장에서 자산에 해당합니다. 회사는 해당 가지급금을 상환받을 권리가 있고, 회수해야 합니다.

가지급금은 채무에 해당하니 피상속인이 회사에 가지급금이 있는 경우 상속채무에 해당할까요?

4) 가지급금을 상속채무로 보는 경우

피상속인의 가지급금이 상속채무에 해당한다는 것은 회사와 채권·채무 관계에 있다는 것입니다. 이는 피상속인이 회사로부터 가지급금에 해당하는 금전을 빌렸다는 것이고, 상속인은 이 가지급금에 대해 상속세 신고를 할 때 입증을 해야 합니다.

피상속인이 회사와 작성한 금전소비대차계약서(또는 차용증), 가지급금에 해당하는 금액이 피상속인 계좌에 입금된 내역, 피상속인이 회사에 이자를 지급한 내역, 상속인이 가지급금을 승계했다는 사실을 회사에 확인하는 서류, 상속인이 회사에 이자를 지급한 내역 등 사실을 입증할 수 있는 서류들이 있어야 합니다.

만일 피상속인의 가지급금이 상속채무에 해당하지 않으면 이 가지급금은 어떻게 되는지요?

5) 가지급금을 상속채무로 볼 수 없는 경우에는?

해당 가지급금이 회사와 채권·채무의 관계로 인정되지 않는 경우 해당 가지급금은 피상속인의 상속채무로 볼 수 없습니다. 회사의 가지급금은 피상속인에게 자금을 대여한 것이 인정되지 않기 때문에 회사가 피상속인에게 상여금을 지급한 것으로 됩니다. 해당 상여금에 대한 소득세를 상속인이 부담해야 합니다.

이때 부과되는 상여금은 상속세처럼 연부연납이 없으므로 가지급금의 금액이 많을수록 상속인에게 상여금의 부담이 급격히 증가하므로 주의해야 합니다.

6) 가지급금은 가업상속공제에 문제를 일으킬 수 있다

법인을 경영하는 피상속인은 가업상속공제를 생전에 준비해서 요건을 충족합니다. 피상속인의 사망으로 상속이 개시되었는데, 상속인은 가업상속공제를 적용받아 상속세를 크게 절세할 것으로 생각했습니다.

그런데 가업상속재산 전체가 공제대상에 해당하는 것이 아닙니다. 사업관련 자산만 공제대상에 해당하고 사업무관자산은 공제대상이 아닙니다. 가지급금은 사업무관자산으로 공제대상에 제외됩니다. 즉, 가지급금은 상속세를 부담시킵니다.

7) 가지급금은 추정상속재산에 해당할 수 있다

상속개시일 전 재산을 처분하거나 예금을 인출 또는 채무를 부담한 경우로서 사용처가 객관적으로 명백하지 아니한 금액은 이를 상속인이 상속받은 것으로 추정하여 상속세 과세가액에 산입합니다. 이를 '추정상속재산'이라 합니다.

가지급금이 추정상속재산 규정과 관련이 있을 수 있는데, 피상속인이 대표이사로 있는 법인의 장부상 계상되어 있는 피상속인의 가수금 채권이 회사로부터 차입한 가지급금의 사용처가 불분명한 경우 미입증금액 전체를 추정상속재산으로 상속세 과세가액에 합산을 합니다. 그렇게 되면 상속세 부담이 증가하게 됩니다.

23

피상속인의 재산을 정리하던 중에 법인의 운영자금 목적으로 여러 차례 돈을 법인에 이체했던 내역을 발견했습니다. 혹시 이것이 상속세에 영향이 있을까요?

회사를 설립해서 운영할 때 대표이사의 큰 고민 중 한 가지는 운영자금일 것입니다. 설립 초기 회사매출은 미비해서 적자가 발생하는 것은 당연합니다. 회사의 자본금이 충분하면 매출이 일어날 때까지 버틸 수 있지만, 부족하다면 자금조달을 해야 합니다.

나부자 씨는 회사를 설립해서 운영하는 동안 회사에 자금이 필요할 때마다 자기 돈을 회사 통장에 입금했습니다. 지금까지 그렇게 해서 큰 금액으로 쌓여 있습니다. 그런데 회사에서 이 가수금을 인출할 자금이 부족합니다. 코로나 19 펜데믹 기간 중에 사업이 많이 힘들어서 그나마 있는 현금자산으로 간신히 버틸 수 있었기 때문입니다.

어느 날 CEO모임에서 오 대표가 회사의 가수금 때문에 고민이라고 합니다. 이 가수금 때문에 나중에 가족이 상속세에 영향을 줄 수 있어 걱정된다는 것입니다.

모임 후에 나부자 씨는 정셈에게 이 고민에 대해 문의했습니다. 정셈은 다음과 같이 설명했습니다.

1) 가수금이란

가수금이란 회사에 수입으로 현금 유입이 있었지만, 그 원인이나 출처가 불분명한 경우 그 금액이 명확하게 구분되기까지 일시적으로 사용하는 임시계정입니다.

세법상으로는 특수관계자 등 개인이 기업에 자금을 대여한 것으로 부채에 해당합니다. 거래가 매우 빈번한 회사의 경우 입금된 자금 출처를 파악하지 못해 이 금액을 가수금으로 계상하는 경우도 있습니다.

보통 가수금이 발생하는 이유는 일시적인 사업부진 등의 이유로 인하여 결제 대금, 인건비 지급 등 부족한 운영비를 위하여 대표자의 개인 자금을 회사에 입금할 경우 발생하게 됩니다.

2) 가수금은 상속재산에 해당될까?

피상속인이 생전 회사에 대여한 가수금은 회사로부터 상환받아야 하는 채권에 해당합니다. 상속이 개시되는 경우 피상속인이 대표이사로 있는 법인의 장부상 계상되어 있는 피상속인의 가수금은 상속재산에 해당합니다.

정셈의 상속·증여를 위한 절세 이야기

3) 가수금이 추정상속재산에 해당이 될까?

피상속인이 대표이사로 있는 법인의 장부상에 가수금이 계상되어 있는 상황에서 피상속인의 사망으로 상속이 개시되었습니다. 상속인은 가수금이 존재하는지 알 수 없어서 상속세 신고를 할 때 제외했습니다. 관할 세무서는 상속세 세무조사를 하면서 상속인에게 해당 가수금에 대한 소명을 요청할 수 있습니다. 상속인이 해당 가수금에 대한 입증이 불가능한 경우, 해당 가수금은 상속개시 전 처분 재산의 상속재산 추정 규정에 따라 피상속인의 상속재산에 포함되어 상속세가 부과될 수 있습니다.

4) 피상속인의 가수금은 금융재산 상속공제 대상에 해당할까?

상속공제 중에 금융재산 상속공제가 있습니다. 상속개시일을 기준으로 피상속인의 상속재산 중에 예금 등 금융재산이 있는 경우 상속세 과세가액에서 최대 2,000만 원 한도 이내로 공제를 적용받을 수가 있습니다.

피상속인의 가수금은 법인으로부터 상환받아야 하는 채권에 해당합니다. 법인 입장에서는 대표이사(또는 상속인)에게 상환해야 하는 채무에 해당합니다. 상환은 금전으로 이루어져야 하므로 채권과 비슷하다고 생각해서 금융재산 상속공제 대상에 해당한다고 생각할 수 있습니다.

그러나 피상속인의 가수금이 법인과 계약서를 작성하고 이체내역 등이 객관적으로 입증이 돼도 금융재산상속공제 대상에 해당하지 않습니다. 금융재산상속공제는 금융기관이 취급하는 금융재산가액에 대하여 적용합니다.

24

부동산을 상속으로 받을 때 감정평가를 꼭 받아야 하나요?

어느 날 CEO모임에서 장 대표가 몇 달 전에 큰아버지가 돌아가셨는데 상속재산 중에 서울에 상가건물과 아파트가 있다고 하면서, 상속세 신고 때문에 감정평가를 받아서 신고했더니 유가족이 상속세가 너무 커서 불만이 많았다고 합니다.

나부자 씨의 재산은 예금, 종신보험, 주식, 상가건물, 아파트, 토지, 미술품 등이 있습니다. CEO모임에서 장 대표가 한 말을 떠올리며 만일 자기가 사망해서 가족이 상속을 받을 때 이 재산들이 감정평가를 받으면 상속세가 많이 나올 것으로 예상합니다. 특히 부동산은 구입한 지 10년도 넘었고 재개발과 재건축 얘기가 나오기도 해서 나중에 부동산의 가치가 크게 증가할 것으로 기대되는 자산입니다.

그래서 나부자 씨는 정셈에게 이 고민에 대해 문의했습니다. 이에 정셈은 다음과 같이 설명했습니다.

1) 상속재산은 시가평가가 원칙

상속이 개시되는 경우 상속재산은 상속개시일(사망일 또는 실종선고일) 현재의 시가로 평가합니다. 시가로 평가하는 것이 원칙입니다.

다만, 시가를 산정하기 어려운 경우에는 당해 재산의 종류·규모·거래상황 등을 감안하여 규정된 방법(이하 '보충적 평가방법')에 따라 평가한 가액을 시가로 봅니다.

2) 시가란?

시가란 불특정 다수인 사이에 자유로이 거래가 이루어지는 경우에 통상 성립된다고 인정되는 가액을 말합니다. 상속개시일 전후 6개월 이내의 기간 중 매매·감정·수용·경매 또는 공매가 있는 경우에는 그 확인되는 가액을 포함합니다.

위 시가의 정의는 추상적인 느낌입니다. 세법은 재산 종류마다 시가 평가 기준을 규정하고 있습니다. 예를 들어 예·적금과 같은 금전재산은 상속개시일의 잔액 자체가 시가입니다.

3) 시가 적용 시 판단기준일은?

상속개시일 전후 6월 이내에 해당하는지 여부는 다음에 해당하는 날을 기준으로 하여 판단합니다.
- 거래가액 : 매매계약일
- 감정가액 : 감정가액평가서의 작성일(가격산정기준일과 감정가액평

가서 작성일이 모두 평가기간 이내이어야 함)

- 수용 · 보상 · 경매가액 : 가액 결정일

시가로 보는 가액이 2 이상인 경우에는 평가기준일로부터 가장 가까운 날에 해당하는 가액을 시가로 합니다.

4) 재산평가심의위원회를 통한 시가 인정

재산평가심의위원회를 통해 매매 등의 가액을 시가를 인정받을 수 있습니다. 그러기 위해서는 상속세 법정신고기한 만료 4개월 전까지 피상속인의 납세지 관할 재산평가심의위원회에 신청서 등의 서류들을 첨부하여 피상속인의 납세지 관할 지방국세청장에게 서면 및 인터넷(국세청 홈택스)를 통해 신청하여야 합니다.

5) 보충적 평가방법

상속재산의 시가가 확인되지 않는 경우 세법에서 규정한 보충적 평가방법을 적용합니다. 보충적 평가방법은 재산 종류에 따라 다릅니다. 토지, 주택, 일반건물, 오피스텔에 대한 보충적 평가방법은 아래와 같습니다.

부동산 유형	평가방식
토지	〈부동산 가격공시에 관한 법률〉에 의한 개별공시지가로 평가
주택	〈부동산 가격공시에 관한 법률〉에 의한 개별주택가격 및 공동주택가격으로 평가
일반건물	일반건물은 신축가격기준액 · 구조 · 용도 · 위치 · 신축연도 · 개별건물의 특성 등을 참작하여 매년 1회 이상 국세청장이 산정 · 고시하는 가액으로 평가

오피스텔 및 상업용 건물	국세청장이 지정하는 지역에 소재하면서 국세청장이 토지와 건물에 대하여 일괄하여 산정·고시한 가액이 있는 경우 그 고시한 가액으로 평가
	국세청장이 일괄하여 산정·고시한 가액이 없는 경우에는 토지와 건 물을 별도로 평가한 가액으로 평가

6) 주의할 점

상속인 입장에서 부동산을 시가 대신 기준시가(보충적 평가방법)로 평가하여 상속세를 절세하고 싶을 것입니다. 부동산을 기준시가로 평가하는 것은 시가를 확인할 수 없는 경우에 기준시가로 평가할 수 있고, 토지나 아파트, 상가 등의 경우에는 기준시가로 상속세를 신고납부한 후에 관할 세무서에서 해당 부동산을 감정평가를 의뢰하여 시가를 확인할 수 있으니 주의해야 합니다.

25

오랫동안 딸이 아버지의 간병을 하며 간병비로 적지 않은 지출을 부담했는데, 상속세에서 혜택을 받을 수 있을까요?

간병비에 대한 문제가 사회적으로 이슈가 되고 있습니다. 간병인의 하루 일당은 보통 10만 원에서 15만 원 정도 합니다. 하루 간병비를 15만 원으로 책정한 경우 한 달(30일)에 지출하는 간병비는 450만 원이나 됩니다. 간병을 하는 시간을 고려하면 최저시급에도 못 미친다는 주장도 있고, 한 달 간병비를 고려하면 현실적으로 가족이 부담할 수 있는 금액을 넘어선다는 주장도 있어 간병비에 대한 사회적으로 논란이 많습니다.

나부자 씨가 참석하고 있는 CEO모임에서 대표들이 최근 관심을 크게 갖고 있는 것 중의 하나는 간병비에 관한 것입니다. 홍 대표는 평소에 지병이 있어 건강에 관한 관심이 남달랐습니다. 몇 년 전부터 지병이 심해져서 병원에 입원하여 치료를 받는 중에 결국 사망했습니다. 가족이 병원비와 간병비를 부담하느라 경제적으로 힘들었는데 이 때문에 다툼도 있었다고 합니다.

정셈의 상속·증여를 위한 절세 이야기

나부자 씨는 예전에 부모님의 병원비와 간병비를 부담하느라 경제적으로 힘들었습니다. 지금 나부자 씨의 건강 상태가 좋지만, 건강이 나빠져 간병인이 필요하게 되면 간병을 가족이나 간병인을 고용해서 해야 합니다.

만일 나부자 씨의 몸이 불편해져 딸 서아가 나부자 씨를 간병하는 경우 딸은 경제활동을 하면서 간병을 병행하기가 무척 어려울 것입니다. 간병인을 고용해서 나부자 씨의 간병을 한다면 가족은 간병비를 매달 부담해야 합니다. 만일 가족이 나부자 씨를 위해 지출한 간병비가 나중에 나부자 씨가 사망하여 상속이 개시될 때 상속세에서 혜택을 볼 수 있을까요?

나부자 씨는 정셈에게 이에 대해 문의했습니다. 정셈은 다음과 같이 설명했습니다.

1) 가족을 위해 지출한 비용이 증여(또는 사전증여재산)에 해당하는지

가족을 위해 비용을 대신 지출한 것은 가족으로서는 그 비용에 대해 경제적 이득을 얻은 것이기 때문에 증여에 해당합니다. 자녀의 교육비나 부모의 병원비를 지출한 것도 증여에 해당하여 증여세를 부과한다면 아마 말이 안된다고 생각할 것입니다.

세법은 생활비나 교육비, 병원비, 생활비 등에 대해 사회통념상 인정되는 금품 범위 내에 금액은 증여세를 비과세하고 있습니다. 예를 들어 가족을 위해 치료비, 피부양자의 생활비를 지출한 것은 증여세를 비과세합니다.

2) 가족이 생전 피상속인의 계좌에서 가족계좌로 금전을 이체해서 병원비 등으로 지출한 것이 사전증여에 해당할까?

피상속인이 생전에 거동이 불편해서 병원 진료와 가족 돌봄이 필요한 경우 비용을 피상속인 계좌에서 부담하는 경우가 있습니다. 병원비와 돌봄 비용을 지급할 때마다 매번 피상속인 계좌에서 지급하는 것은 불편할 수 있습니다. 그래서 가족의 계좌로 금전을 이체해서 비용 지출이 필요할 때마다 이체하면 편리합니다.

그런데 피상속인의 상속개시일 이전에 상속인의 계좌로 병원비와 돌봄 비용을 이체한 것을 관할 세무서는 사전증여로 볼 여지가 있습니다. 상속인이 사전증여로 상속재산에 합산되지 않으려면 상속인이 생전 이 금액을 피상속인의 병원비와 돌봄 비용으로 지출했다는 것을 입증해야 사전증여로 상속재산에 합산되지 않을 수 있습니다.

3) 피상속인을 위해 지출한 간병비는 상속재산에서 공제가 가능할까?

가족이 피상속인을 지출한 간병비가 상속재산에서 공제받기 위해서는 상속개시일 기준으로 피상속인의 채무에 해당해야 합니다.

간병비는 은행의 담보대출처럼 계약서를 작성, 담보권을 설정, 계좌로 대출금 지급, 이자비용 지급 등 이러한 내역이 존재하지 않습니다. 간병비는 수당을 지급하는 것이기 때문에 월 단위나 주 단위 또는 일당으로 지급하기 때문에 이를 연 단위로 지급하는 것은 비현실적입니다. 그래서 간병비 채무가 존재할 수 없습니다.

정셈의 상속·증여를 위한 절세 이야기

간병비를 지급한 것에 대해 상속세에서 혜택을 받으려면 피상속인 계좌에서 직접 이체를 하여 피상속인의 상속재산을 줄이는 것이 필요합니다.

26

자녀가 부모 소유 집에서 같이 살고 있습니다. 나중에 가족이 이 집을 상속받을 때 상속세에서 혜택을 받을 수 있을까요?

나부자 씨는 아내와 함께 본인 소유의 아파트의 살고 있습니다. 딸과 아들은 취업 후 독립해서 오피스텔에 월세를 얻어 각자 살고 있습니다. 나부자 씨는 평소 지병이 있었는데 10년 전부터 심해져서 딸 서아가 합가를 하여 회사 퇴근 후 간병을 해오고 있습니다. 나부자 씨의 딸 서아는 어렸을 때부터 효성이 지극했습니다.

그래서 나부자 씨는 자신이 사망했을 때 아파트를 딸 서아에게 상속으로 물려주고 싶습니다.

나부자 씨는 이 고민에 대해 정셈에게 문의했습니다. 정셈은 다음과 같이 설명했습니다.

1) 동거주택상속공제

상속공제 중에 동거주택상속공제 제도가 있습니다. 피상속인 소유 주

정셈의 상속·증여를 위한 절세 이야기

택에서 상속인과 세대를 구성하여 장기간 거주한 경우 상속재산에서 공
제를 하여 상속세 혜택을 주는 제도입니다.

오랫동안 피상속인을 부양한 무주택 상속인에게 상속세 혜택을 주기
위한 목적입니다.

2) 동거주택상속공제 요건

상속세에서 혜택을 받기 위해서는 해당 요건을 충족해야 합니다. 동거
주택상속공제를 받기 위해서는 다음의 요건을 모두 갖춘 경우에 동거주
택 상속공제액(6억 원 한도)을 상속세 과세가액에서 공제합니다.

① 피상속인이 거주자일 것
② 피상속인과 상속인(직계비속)이 상속개시일부터 소급하여 10년 이
   상 계속하여 동거할 것
③ 피상속인과 상속인이 상속개시일부터 소급하여 10년 이상 1세대를
   구성하면서 1주택(고가주택 포함)에 소유할 것
   - 피상속인의 일시적 2주택, 혼인 합가, 등록문화재 주택, 이농·귀
     농 주택, 직계존속 동거봉양한 경우에는 1세대가 1주택을 소유한
     것으로 봅니다.
④ 상속개시일 현재 무주택자로서 피상속인과 동거한 상속인(직계비
   속)이 상속받은 주택일 것

3) 동거 기간에 부득이하게 전출했다가 다시 전입을 했습니다

동거주택상속공제를 받기 위해서는 상속개시일로부터 소급해서 10년 이상을 계속해서 피상속인과 동거해야 합니다. 상속인이 20년을 피상속인과 동거를 했어도 중간에 다른 곳으로 전출을 했다가 전입을 하는 바람에 동거 기간이 상속개시일로부터 소급해서 10년이 안 되는 경우가 있습니다.

세법은 피상속인과 상속인이 다음의 사유에 해당하여 동거하지 못한 경우에는 계속하여 동거한 것으로 보지만, 그 동거하지 못한 기간은 동거 기간에서 제외합니다.

① 징집
② 취학, 근무상 형편 또는 질병 요양의 사유로서 기획재정부령으로 정하는 사유
③ 〈초·중등교육법〉에 따른 학교(유치원·초등학교 및 중학교는 제외) 및 〈고등교육법〉에 따른 학교에의 취학
④ 직장의 변경이나 전근 등 근무상의 형편
⑤ 1년 이상의 치료나 요양이 필요한 질병의 치료 또는 요양

4) 공제금액 한도

동거주택 상속공제 금액은 상속주택가액(해당 주택에 담보된 피상속인의 채무액을 뺀 가액)의 100%를 공제하며 6억 원을 한도로 합니다.

정샘의 상속·증여를 위한 절세 이야기

5) 상속인 무주택자이면 주택을 상속받을 때 취득세 특례를 받을 수 있다

주택을 유상이나 무상으로 취득할 때 취득세를 부과합니다. 취득세에서 상속으로 취득하는 것은 무상승계 취득에 해당합니다. 상속으로 주택을 취득할 때 취득세 과세표준은 시가표준액입니다. 주택의 시가표준액은 공동주택가격 또는 개별주택가격입니다.

상속으로 주택을 취득하면 취득세 2.8%, 지방교육세 0.16%가 부과됩니다. 상속주택의 전용면적이 국민주택규모(85㎡)를 초과하는 경우 농어촌특별세 0.2%가 부과됩니다.

피상속인과 상속인이 1가구 1주택으로서 무주택자 상속인이 피상속인 소유의 해당 주택을 상속받는 경우 상속주택 취득세 특례가 적용됩니다. 이 경우 취득세율 2%가 감면되어, 취득세 0.8%, 지방교육세 0.16%가 부과됩니다. 상속주택의 전용면적이 국민주택규모(85㎡)를 초과하는 경우 농어촌특별세 0.2%가 부과됩니다.

6) 기타

동거주택상속공제의 주의점이 있습니다. 동거주택상속공제 요건으로서 피상속인의 배우자가 해당 주택을 누가 상속받느냐에 따라 동거주택상속공제를 받을 수도 있고 못 받을 수도 있습니다. 동거주택을 피상속인의 배우자가 상속받는 경우에는 동거주택상속공제를 적용하지 않습니다. 그러므로 피상속인과 동거한 자녀가 해당 주택을 상속받아야 동거주택상속공제를 받을 수 있습니다.

피상속인과 해당 주택에서 가장 많은 시간을 보낸 가족은 배우자입니다. 부부가 결혼생활을 하면서 많은 시간을 보냈고 해당 주택을 취득하면서 일정 부분을 기여한 점도 있지만, 상속세 절세를 위해서는 자녀가 상속을 받아야 합니다.

27

상속인 중에 장애인과 미성년자인 자녀가 있는데, 상속세에서 혜택을 받을 수 있을까요?

나부자 씨가 참석하고 있는 CEO모임에서 주 대표의 친척이 한밤중에 교통사고로 사망했습니다. 유족으로는 아내와 자녀 2명이 있는데, 첫째는 성인이지만 장애가 있고, 둘째는 초등학생으로 어리다고 합니다. 무척 안타까운 상황인데 이와 관련해서 상속세에서 혜택을 받을 수 있을지 궁금합니다.

나부자 씨는 정셈에게 이에 대해 문의했습니다. 정셈은 다음과 같이 설명했습니다.

1) 기초공제와 일괄공제

상속세에서 기본적으로 적용되는 공제는 기초공제와 일괄공제입니다. 거주자의 사망으로 상속이 개시되는 경우 기본적으로 기초공제 2억 원이 적용됩니다.

추가로 상속인이 미성년자이거나 장애인 등에 해당이 되면 추가로 공제 적용을 받을 수 있습니다.

기초공제와 그 밖의 인적공제를 합산한 금액이 5억 원 미만이면 일괄공제로 5억 원을 적용합니다. 상속인으로 자녀만 있고 상속세 과세가액이 5억 원 이하이면 일괄공제를 적용하면 상속세가 없습니다.

2) 그 밖의 인적공제

상속인이 아래에 해당하는 경우 상속세 과세가액에서 해당 금액을 공제합니다.

구분	공제액
자녀공제	자녀수 × 1인당 5천만 원
미성년자	미성년자수 × 1천만 원 × 19세까지의 잔여연수
연장자공제	연로자수 × 1인당 5천만 원
장애인공제	장애인수 × 1인당 1천만 원 × 기대여명 연수

3) 직계비속인 상속인이 미성년자이면

상속인이 직계비속인데 미성년자인 경우 자녀공제와 미성년자 공제를 같이 받을 수 있습니다. 자녀공제 5천만 원과 19세까지의 잔여연수에 따른 미성년자 공제를 상속세 과세가액에서 공제를 합니다. 미성년자 공제에서 잔여연수가 1년 미만이면 1년으로 합니다.

4) 상속인이 장애인이면

상속인이 장애인인 경우 기대여명 연수에 따른 장애인 공제 1천만 원 상속세 과세가액에서 공제를 합니다. 장애인 기대여명 연수가 1년 미만이면 1년으로 합니다.

장애인 기대여명은 통계청장이 승인하여 고시하는 통계표에 따른 성별·연령별 기대여명을 적용합니다.

5) 상속인이 미성년자이면서 장애인이면

상속인이 직계비속인데 장애인인 경우 자녀공제와 장애인 공제를 같이 받을 수 있을까요? 미성년자 공제와 장애인 공제를 적용받을 수 있습니다.

자녀공제 5천만 원과 기대여명 연수에 따른 장애인 공제를 상속세 과세가액에서 공제를 합니다.

6) 일괄공제 5억 원

세법은 기초공제와 그 밖의 인적공제를 합산한 금액이 5억 원 미만이면 일괄공제로 5억 원을 적용합니다. 위의 공제 금액을 일일이 계산하는 것은 쉽지 않습니다.

인적공제가 3억 원을 초과하는 경우는 흔치 않습니다. 보통 5억 원이 안되기 때문에 일괄공제를 적용합니다.

만일 기초공제와 그 밖의 인적공제를 합산한 금액이 5억 원을 초과하면 이를 상속세 신고에 반영하여 상속공제를 적용받아야 합니다.

28

아버지께서 돌아가신 지 2년도 안 되었는데 어머니께서 갑자기 돌아가셨습니다. 어머니의 상속재산은 아버지로부터 상속받은 것이 전부 다인데 상속세를 또 내야 하나요?

　세금의 특징이 세금은 강제성이 있고, 반대급부가 없는 것입니다. 납세자가 세금을 많이 납부한다고 해서 정부에서 특별한 혜택을 주는 것도 아니고, 세금을 적게 내거나 납부할 것이 없다고 해서 정부의 공공서비스를 받지 못하는 것도 아닙니다. 그래서 가능하다면 세금을 최대한 적게 내고 싶어 합니다.

　납세자가 납부하기 싫은 대표적인 세금이 상속세입니다. 생전에 피상속인이 벌어들인 소득으로 재산을 형성한 것인데, 사망으로 피상속인의 재산에 대해 국가가 상속세로 세금을 부과하는 것에 대해 상속인은 큰 저항감이 있습니다. 왜냐하면 피상속인의 상속재산은 소득에서 이미 세금이 부과되고 남은 재산으로 형성된 것인데, 상속인에게 추가로 상속세를 부과하는 것은 세금을 2번 내야 하는 것으로 받아들이기 때문입니다.

　예를 들어 아버지의 사망으로 장례를 치르고 1년도 지나지 않아 갑자기 어머니도 사망하는 경우가 있습니다. 부모님 두 분이 돌아가신 슬픔도 잠시 어머니는 전업주부여서 재산이 아버지로부터 상속을 받은 것이 전부 다인데, 어머니의 상속재산에 대해 상속세를 또 부담해야 하는 것은 상속세를 2번 내는 거 같습니다. 나부자 씨는 문제가 크다고 생각합니다.

나부자 씨는 이에 대해 정셈에게 문의했습니다. 정셈은 다음과 같이 설명했습니다.

1) 단기재상속이란

단기재상속이란 상속세가 부과된 재산에 대하여 10년 이내에 재상속이 되는 것을 말합니다.

예를 들어 할아버지가 사망하여 상속이 개시되어 아버지가 상속인으로 상속을 받았습니다. 10년이 안 되어 피상속인의 상속인이었던 아버지가 사망해서 상속이 개시되는 경우가 단기재상속에 해당합니다.

2) 단기재상속에 해당 되면 세액공제를 받을 수 있다

피상속인의 사망으로 상속이 개시되었는데, 단기재상속에 해당이 되는 경우 상속세에서 세액공제를 적용합니다. 단기재상속에 해당이 돼도 10년이 경과된 경우에는 세액공제를 적용하지 않습니다.

단기재상속에 해당하는 경우 재상속기간에 따라 전(前)의 상속세가 부과된 상속재산 중 재상속분에 대한 전(前)의 상속세 상당액을 상속세 산출세액에서 공제합니다. 단기재상속 공제세액 계산은 다음과 같습니다.

$$\text{전(前)의 상속세 산출세액} \times \frac{\text{재상속분의 재산가액} \times \dfrac{\text{전(前)의 상속세 과세가액}}{\text{전(前)의 상속재산가액}}}{\text{전(전)의 상속세 과세가액}} \times \text{공제율}$$

단기재상속 공제세액 계산 시 적용하는 공제율은 재상속기간에 따라 10%에서 100%까지 공제하는데 아래와 같습니다.

재상속 기간	1년 내	2년 내	3년 내	4년 내	5년 내	6년 내	7년 내	8년 내	9년 내	10년 내
공제율 (%)	100	90	80	70	60	50	40	30	20	10

3) 단기재상속에 대한 세액공제액이 상속세산출세액을 초과하는 경우

단기재상속에 대한 세액공제액의 합계가 상속세 산출세액을 초과하는 경우 그 초과 하는 부분은 없는 것으로 합니다. 즉 상속세 환급 없이 상속세가 '0'입니다.

4) 단기재상속이 되기 전에 피상속인이 상속받은 재산 일부를 자녀에게 증여한 경우

피상속인이 상속받은 재산을 그대로 갖고 있는 경우는 드물 것입니다. 피상속인이 상속받은 재산 중에 일부를 배우자나 자녀에게 증여한 경우도 있을 것입니다. 이 경우는 단기재상속 기간에 피상속인이 상속인에게 사전증여한 상황입니다.

예를 들어 7년 전에 아버지의 사망으로 상속이 있었습니다. 아들이 3년 전에 어머니로부터 증여를 받았습니다. 지난달에 어머니가 교통사고로 갑자기 돌아가셨습니다. 상속인으로 자녀 2명이 있습니다. 피상속인인 어머니의 상속재산에 대해 상속세를 신고납부해야 합니다.

상속인(아들)은 피상속인(어머니)으로부터 10년 이내에 재산을 증여받 았기 때문에 증여재산은 사전증여재산으로 상속재산에 합산합니다. 사 전증여재산은 본래 어머니가 아버지로부터 받은 상속재산 중에서 증여한 재산입니다. 상속세 신고에서 사전증여재산을 포함해야 하나요? 그러면 단기재상속에 대한 세액공제를 적용할 때 사전증여재산을 포함하나요?

상속세 신고에서 사전증여재산을 총상속재산에 포함합니다. 아버지의 사망으로부터 10년 이내에 어머니가 사망한 것이기 때문에 단기재상속 에 대한 세액공제 적용할 때 사전증여재산을 포함합니다.

정샘의 상속·증여를 위한 절세 이야기

29

피상속인이 신용불량자인데 빚이 많습니다. 피상속인의 빚으로부터 상속인이 보호받을 방법이 있는지요?

한국 경제가 IMF사태 이후 장기 저성장으로 경제사정이 좋지 않고 양질의 일자리는 줄어들고 있습니다. 정부는 창업에 대해 적극적으로 지원 및 장려하고 있습니다. 이제는 창업 외에는 일자리 창출이 어렵기 때문입니다. 사업을 시작해서 잘 되면 좋지만, 사업에 성공할 확률은 그렇지가 않습니다. 사업에 실패하면 빚을 지게 돼서 다시 재기하기가 매우 어렵습니다.

사업에 거듭된 실패로 큰 빚을 지게 되고 신용불량자가 되어 소식이 끊기거나 하는 경우가 있습니다. 그러다 갑자기 사망했다는 소식을 접하고 유가족이 슬피 장례를 치르고 나서 예상치 못한 피상속인의 빚을 짊어지게 되는 경우가 있습니다.

이런 일이 나부자 씨의 지인의 가족에게 일어났습니다. 나부자 씨의 지인 중에 김창업 씨가 사업을 여러 번 했는데 잘되지 않아 가족이 매우 힘든 상황입니다. 김창업 씨는 결국 큰 빚을 지고 신용불량자가 되었다는 소식을 마지막으로 소식이 두절 되었습니다. 얼마 전 친한 지인으로부터 김창업 씨가 사망했다는 소식을 들었습니다. 안타까운 마음도 잠시 김창업 씨의 빚 때문에 유가족이 걱정됩니다.

나부자 씨는 너무나 딱한 마음에 도울 방법이 없어 마음이 괴롭습니다. 혹시나 모를 유가족이 피상속인의 빚으로부터 보호를 받을 방법이 없는지 궁금해서 정셈에게 이런 고민에 대해 문의했습니다. 정셈은 다음과 같이 설명했습니다.

1) 상속이 개시되면 피상속인의 재산을 처분하거나 금전을 인출하면 안 된다

피상속인의 사망으로 상속이 개시되는 경우 상속재산을 조회하는 것은 너무나 중요하고 반드시 해야 합니다. 또한, 상속재산이 조회되어 재산내용을 파악하고 정리가 될 때까지 피상속인의 재산을 처분하면 안 됩니다.

현실적으로 이렇게 하기가 쉽지 않습니다. 피상속인의 사망으로 유가족은 경황이 없는 상태에서 장례를 치러야 합니다. 유가족이 장례를 치르는 데 상속인의 재산이 충분하면 문제가 없는데, 당장 장례비용으로 현금이 부족한 경우 급한 대로 피상속인의 계좌에서 현금을 인출하는 경우가 있습니다. 그렇게 하면 상속인이 단순승인한 것으로 의제되어 상속인은 상속포기 등의 선택을 할 수 없게 됩니다.

정셈의 상속·증여를 위한 절세 이야기

2) 피상속인의 상속재산 조회

상속이 개시되면 피상속인의 재산을 정확히 파악해야 하는 무척 중요합니다. 인근 주민센터 또는 정부24 사이트에서 '안심상속 원스톱서비스'를 이용하여 피상속인의 재산현황을 조회하여, 피상속인의 자산뿐만 아니라 부채도 파악해야 합니다. 그래야 피상속인의 자산이 부채보다 많은지 또는 부채가 자산보다 많은지 알 수 있습니다.

3) 상속의 승인·포기의 결정

상속인이 상속재산을 조사한 뒤 상속으로 인하여 물려받을 재산과 채무를 비교하여 다음과 같이 상속의 승인·포기 등을 결정하는 것이 좋습니다.

상속재산의 조사 결과	상속의 승인·포기의 결정
자산 > 채무	상속의 단순승인
자산 ? 채무	상속의 한정승인
자산 < 채무	상속의 포기

(1) 자산이 채무보다 큰 경우

피상속인의 자산이 채무보다 크면 상속인 입장에서 이익이기 때문에 당연히 상속을 받는 것이 유리합니다. 이 경우에는 상속인이 단순승인을 하며, 상속인 간의 협의분할을 하여 재산을 어떻게 분배할지 결정합니다.

(2) 채무가 자산보다 큰 경우

피상속인의 채무가 재산보다 큰 경우 즉, 빚이 더 많은 경우입니다. 상속인 입장에서 상속을 받으면 오히려 손해입니다. 피상속인의 빚 때문에 상속인이 오랫동안 빚을 갚으며 힘들게 살 수 있습니다.

만일 상속인이 단순승인으로 상속을 받았다면 승계한 피상속인의 채무를 꼭 상환해야 합니다. 그래서 이 경우에 상속인은 상속포기와 한정승인을 신청해야 하고, 피상속인의 상속재산을 처분하거나 계좌에서 인출 등을 해서는 절대로 안 됩니다.

4) 한정승인과 상속포기

① 상속의 한정승인이란 상속인이 상속으로 취득하게 될 재산의 한도에서 피상속인의 채무와 유증을 변제할 것을 조건으로 상속을 승인하려는 의사표시를 말합니다.

상속인이 상속의 한정승인을 한 때에는 상속채무가 상속으로 얻게 되는 적극재산을 초과하는 경우에도 상속인 본인의 재산으로 이를 변제할 의무가 없습니다.

② 상속의 포기란 상속개시에 따라 피상속인에게 속하던 재산상의 권리·의무의 일체가 상속인에게 당연히 이전되는 상속의 효과를 거부하는 행위를 말합니다.

상속인이 상속의 포기를 한 때에는 그는 처음부터 상속인이 아니었던 것이 됩니다.

정셈의 상속·증여를 위한 절세 이야기

5) 한정승인과 상속포기의 차이

상속의 한정승인이 되면 상속재산의 한도에서 상속채무 또는 유증을 변제하면 되지만, 상속인은 여전히 상속인으로 남습니다. 따라서 한정승인자도 단순승인을 한 상속인과 마찬가지로 상속세를 부담합니다.

그러나 한정승인자가 상속재산의 한도에서 상속채무 또는 유증을 변제하고 나면 변제하지 못한 채무가 있다 하더라도 그 청산절차의 종료로 한정승인자는 상속채무에 대해서 더 이상 책임지지 않아도 됩니다.

반면에 상속을 포기하면 그 상속인은 더 이상 상속인이 되지 않습니다. 그러나 상속재산은 다음 순위의 상속인에게 넘어가게 됩니다. 따라서 자신이 상속을 포기했다고 해서 피상속인의 채무가 모두 소멸하는 것은 아니고, 후순위의 상속인이 되는 자신의 어린 자녀가 이를 상속받을 수 있음을 주의해야 합니다. 즉, 상속을 포기할 때에는 후순위 상속인까지 모두 상속을 포기하는 것이 좋습니다.

한정승인과 상속포기에 대해서는 변호사나 법무사와 상의를 하시기 바랍니다.

30

상속인 중에 빚이 많은 상속인이 자기 몫으로 상속받은 재산이 채무변제 되는 것이 싫어 상속을 받지 않기로 했는데 괜찮을까요?

나부자 씨가 참석하고 있는 CEO모임에서 이 대표의 아버지께서 사망하여 장례를 치렀습니다. 유가족이 모여 피상속인의 재산을 어떻게 나눌지 상의를 했는데, 이 대표의 동생이 빚이 많다고 합니다. 동생은 아버지가 생전 힘들게 모은 재산인데 자기 빚으로 변제되는 것이 싫다고 합니다. 그래서 동생은 상속을 받지 않겠다고 합니다.

이 대표의 얘기를 들은 나부자 씨는 상속을 받을 수 있는데 채무 상환으로 쓰이는 게 싫어 상속을 포기해도 되는지 궁금해서 정셈에게 이 상황을 얘기했습니다. 또한, 유가족의 빚으로부터 피상속인인 아버지의 재산을 보호할 방법이 있는지도 문의했습니다. 정셈은 다음과 같이 설명했습니다.

1) 상속재산을 포기하는 방법

상속인이 상속재산을 포기하는 방법은 2가지가 있습니다. 첫째는 상속

정셈의 상속·증여를 위한 절세 이야기

인이 상속재산 협의분할을 할 때 자기 몫을 포기하는 방법입니다. 둘째는 자기 몫의 상속재산을 포기하려는 상속인이 가정법원에 상속포기 신청을 하여 결정을 받는 방법입니다.

2) 상속재산 협의분할 방법

상속이 개시되면 상속인은 피상속인의 자산과 부채를 포괄승계 합니다. 상속인은 피상속인의 재산을 어떻게 나눌지 협의를 해서 결정을 합니다. 이때 상속재산을 받지 않기로 결정한 상속인은 상속재산 협의분할에서 자기 몫을 포기할 수 있습니다.

3) 가정법원에 상속포기 신청을 하는 방법

상속의 포기란 상속인이 상속의 효력을 소멸하게 할 목적으로 하는 의사표시를 말합니다. 상속의 포기는 상속인으로서의 자격을 포기하는 것으로, 상속재산 전부의 포기만이 인정됩니다. 따라서 일부 또는 조건부 포기는 허용되지 않습니다.

상속의 포기를 하려면 상속개시 있음을 안 날로부터 3개월 이내에 상속개시지의 가정법원에 포기의 신고를 해야 합니다.

4) 채권자사해행위란?

"사해행위"란 채무자가 채권자의 이익을 해침을 알면서도 자신의 재산권 방어를 목적으로 하는 법률행위를 말합니다.

채무자는 채권자에게 채무를 변제할 의무가 있습니다. 그런데 채무자가 채무를 변제하기 싫어 재산을 빼돌리는 즉, 사행행위를 하면 채권자는 채권추심을 하기가 어려워집니다. 이러한 행위는 불법으로 채권자는 법원에 소를 제기하여 채무자의 사해행위를 중단시킬 수 있습니다. 채무자의 사해행위 악의에 대한 입증책임은 취소를 주장하는 채권자에게 있습니다.

혹시 빚이 많은 상속인이 자기 몫의 상속재산을 포기하는 것이 사해행위와 연관이 있을까요?

5) 빚이 많은 상속인이 상속을 포기하는 것이 채권자사해행위와 관련이 있을까요?

상속인이 협의분할로 자기 몫으로 받을 수 있는 상속재산을 포기하는 것과 가정법원에 상속을 포기하는 것은 결과가 같기 때문에 같은 것으로 생각할 수 있습니다. 그런데 대법원 판례에 따르면 채권자사해행위와 관련해서 큰 차이점이 있습니다.

대법원 판례에 따르면 상속인이 상속재산분할협의로 상속을 포기하는 것과 가정법원에 상속포기 신청을 하는 것을 다르게 보고 있습니다.

(1) 상속인이 상속재산 협의분할로 상속을 포기하면 사해행위에 해당

● 대법원 2007. 07. 26. 선고 2007다29119판결

대법원 판례에 따르면 채무초과 상태에 있는 채무자가 상속재산의 분

할협의를 하면서 자신의 상속분에 관한 권리를 포기함으로써 일반 채권자에 대한 공동담보가 감소한 경우에도 원칙적으로 채권자에 대한 사해행위에 해당한다고 판결하고 있습니다.

(2) 가정법원에 상속포기 신청을 한 경우 사해행위에 해당하지 아니함

● 대법원 2011. 06. 09. 선고 2011다29307판결

상속의 포기는 비록 포기자의 재산에 영향을 미치는 바가 없지 아니하나 종합적으로 고려하여 보면, 상속의 포기는 민법 제406조 제1항에서 정하는 "재산권에 관한 법률행위"에 해당하지 아니하여 사해행위취소의 대상이 되지 못하는 것으로 판결하고 있습니다.

31

미술품을 이용하면 상속세를 절세할 수 있다고 하는데 사실인가요?

새로운 투자처로 미술품이 주목을 받고 있습니다. 과거에는 부자들 중에서도 최상위 부자들의 영역으로 여겨졌지만, 이제는 미술품시장이 일반인도 참여할 수 있도록 대중화되어 가고 있습니다. 아트와 재테크를 결합한 아트테크라는 신조어도 낯설지가 않습니다.

어느 날 나부자 씨가 참석하고 있는 CEO모임에서 지인들이 미술품에 투자해서 큰 수익을 얻었고 세금도 절세할 수 있어서 좋았다는 얘기를 들었습니다. 그래서 나부자 씨도 미술품 재테크에 큰 관심을 두기 시작했습니다.

거래처의 김 대표와 식사를 하면서 대화 중에 미술품투자에 대한 얘기를 나왔습니다. 김 대표는 미술품을 이용하면 상속세를 안 낼 수도 있다고 해서 나부자 씨는 사실인지 몹시 궁금했습니다.

나부자 씨는 김 대표와 식사를 마치고 회사로 돌아와 정셈에게 전화해서 이에 대해 문의했습니다. 정셈은 다음과 같이 설명했습니다.

1) 상속재산으로서의 미술품의 시가 평가

피상속인의 사망으로 상속이 개시되면 상속재산은 상속개시일을 기준으로 시가를 평가하는 것이 원칙입니다.

피상속인의 상속재산에 미술품이 있는 경우에는 세법에 따라 미술품도 시가로 평가해야 합니다. 만일 시가가 없는 경우에는 보충적 평가방법을 적용합니다.

시가는 상속개시일 전·후 6개월 이내의 매매사례가액, 수용가격, 공매가격 및 감정가격 등이 존재하는 경우의 해당 가격을 시가로 합니다.

2) 미술품의 보충적 평가방법

미술품의 시가를 알 수 없는 경우 세법 규정에 따라 보충적 평가방법으로 평가해야 합니다. 미술품은 전문분야별로 2인 이상의 전문가가 감정한 가액의 평균액으로 합니다. 미술품 분류는 다음과 같습니다.

① 서화·전적
② 도자기·토기·철물
③ 목공예·민속장신구
④ 선사유물
⑤ 석공예

⑥ 기타 골동품

⑦ ①부터 ②까지에 해당하지 아니하는 미술품

다만, 해당 미술품의 보충적 평가방법으로 평가한 가액이 국세청장이 위촉한 3인 이상의 전문가로 구성된 감정평가심의회에서 감정한 감정가액보다 작은 경우에는 감정평가심의회에서 감정한 감정가액으로 합니다.

3) 미술품의 상속세 물납제도

미술품 중에 금액이 작은 것도 있지만 역사적 가치가 있는 미술품은 그 가치가 매우 커서 금액이 천차만별입니다. 상속재산으로 역사적 가치가 있는 미술품을 상속받는 경우 상속세 부담이 급격히 증가하게 되어 상속인이 상속세를 납부하기가 곤란할 수 있습니다.

세법은 역사적·학술적·예술적 가치가 있는 문화재 또는 미술품 등에 대한 상속세 물납을 허용하는 상속세 물납 규정을 두고 있습니다. 미술품 물납의 요건은 다음과 같습니다.

(1) 물납신청 요건

① 상속세 납부세액이 2천만 원을 초과할 것

② 상속세 납부세액이 상속재산가액 중 금융재산의 가액을 초과할 것

③ 문화재·미술품에 대한 상속세 납부세액을 한도로 물납 가능함

(2) 물납대상 요건

① 문화재보호법에 따른 유형문화재 또는 민속문화재로서 같은 법에
   따라 지정 또는 등록된 문화재
② 미술품: 회화, 판화, 조각, 공예, 서예 등 미술품
③ 부동산은 제외함

(3) 물납 절차

① 납세지 관할 세무서장은 물납 신청이 있는 경우 그 신청을 받은 날
   부터 2주 이내에 물납 신청서 사본 및 관련 자료를 첨부하여 문화체
   육관광부장관에게 물납 신청 사실을 통보해야 합니다.
② 물납 신청을 받은 납세지 관할 세무서장은 해당 문화유산 등이 국고
   손실의 위험이 크지 않다고 판단되는 경우, 문체부 평가 등을 거쳐
   상속세 결정기한까지 물납 허가여부 결정·통지하여야 합니다.

4) 미술품과 상속세 제척기간 특례

세금에 대해서는 정부가 결정이나 경정을 할 수 있는 권리가 있습니다.
이를 제척기간이라 합니다. 상속세와 증여세의 제척기간은 다른 세금과
달리 기본적으로 10년이고, 상속세를 신고할 때 상속재산 일부를 누락하
거나 상속세를 신고하지 않은 경우 제척기간이 15년으로 기간이 깁니다.

또한 상속세는 일반적인 제척기간 외에 제척기간 특례가 있습니다. 상
속인이 부정행위로 상속세를 포탈하는 경우 해당 재산의 상속이 있음을
안 날부터 1년 이내에 상속세를 부과할 수 있습니다. 즉 이는 제척기간이

없는 것입니다.

다만, 상속인이나 증여자 및 수증자(受贈者)가 사망한 경우와 포탈세액 산출의 기준이 되는 재산가액이 50억 원 이하인 경우에는 그러하지 않습니다.

5) 주의할 점

총 50억 원이 넘는 미술품 등을 상속이나 증여받으면서 신고를 하지 않았다가 관할 세무서에 적발이 되는 경우, 미술품 등을 처분한 금액으로 아파트나 상가 또는 토지 등의 부동산을 취득할 때 자금 출처로 적발이 될 수 있습니다. 그러면 제척기간 특례로 상속세나 증여세가 추징될 수 있습니다.

32

피상속인이 외국 영주권자입니다. 상속세 신고를 할 때 주의할 것이 있을까요?

해외여행이 자유화되고, IMF사태 이후 해외에 거주하는 사람이 많이 증가했습니다. 취업을 위해 해외로 출국하는 청년들뿐만 아니라 노후 목적으로 해외에 거주하는 중년과 노인도 증가하고 있는 상황입니다.

해외에 거주하면서 한국에 오고 가는 사람도 있지만, 해외로 이민을 온 사람과 해외영주권을 취득해서 현지에 정착한 사람 등 다양합니다.

나부자 씨가 참석하고 있는 CEO모임에서 지난주에 유 대표가 한 얘기입니다. 유 대표의 부모님은 20년 전에 미국에 이민 가신 후 LA에 거주하고 계십니다. 10년 전에 미국영주권도 취득했다고 합니다. 유 대표와 형제자매들은 한국에 살고 있습니다. 그런데 며칠 전 어머니로부터 아버지가 돌아가셨다는 연락을 받았다고 합니다. 아버지는 미국에 오랫동안 거주를 하며 미국영주권자인 것이 상속세에 어떤 영향을 미치는지 궁금하다고 합니다.

나부자 씨는 유 대표의 사례처럼 해외에 정착해서 살다가 사망하는 경우 상속세에 어떤 영향이 있는지 궁금합니다.

나부자 씨는 이 궁금증에 대해 정셈에게 문의를 했습니다. 정셈은 다음과 같이 설명했습니다.

1) 거주자와 비거주자란?

세법에서 거주자와 비거주자의 관련 규정을 두고 있습니다. 거주자·비거주자로 구분하는 이유는 세금에서 차이가 크기 때문입니다.

"거주자"란 국내에 주소를 두거나 183일 이상 거소를 둔 사람을 말합니다. "비거주자"는 거주자가 아닌 사람을 말합니다.

피상속인을 비거주자에 해당하는지를 판단하는 것이 아니라, 거주자에 해당하지 않기 때문에 비거자주로 판단을 하는 것입니다. 비거주자 여부는 국내에 소재하는 자산의 유무 등 생활관계의 객관적 사실에 따라 판단합니다.

피상속인이 비거주자이면 상속세에서 어떤 차이가 있을까요? 피상속인이 거주자 또는 비거주자 여부에 따라 상속세 계산에서 다음과 같이 차이가 있습니다.

2) 상속재산가액에서의 차이

(1) 피상속인이 거주자인 경우

피상속인이 거주자이면 국내 및 국외에 있는 모든 상속재산이 상속세 과세대상에 해당합니다.

(2) 피상속인이 비거주자인 경우

피상속인이 비거주자인 경우 국내에 있는 모든 상속재산만 상속세 과세대상에 해당합니다. 즉 국내 재산만 상속세가 있고, 해외에 있는 재산은 상속세가 없습니다.

3) 상속세 신고납부 기한에서의 차이

(1) 피상속인이 거주자인 경우

상속개시일이 속하는 달의 말일부터 6월 이내 상속세를 신고납부해야 합니다.

(2) 피상속인이 비거주자인 경우

피상속인이나 상속인 전원이 비거주자인 경우 신고납부 기한은 상속개시일이 속하는 달의 말일부터 9월 이내 상속세를 신고납부 합니다. 피상속인의 상속뿐만 아니라 상속세 신고에 필요한 서류들을 준비하는 데 시간이 많이 필요하므로 3개월의 기간을 추가로 분여를 하는 것입니다.

4) 장례비용 공제에서의 차이

상속이 개시되면 상속세에서 기본적으로 장례비로 500만 원을 공제합니다. 영수증 증빙이 있으면 장례비로 1,000만 원까지, 봉양시설로 500만 원까지 공제를 받을 수가 있습니다.

그러나 피상속인이 비거주자인 경우 위의 장례비용을 공제하지 않습니다. 피상속인의 장례는 미풍양속으로 당연히 해야 하지만, 피상속인이 비거주자인 경우에는 장례비용을 상속세 과세가액에서 공제하지 않습니다.

5) 상속공제에서의 차이

상속세에서 공제가 가장 큰 것이 상속공제입니다. 기본적으로 일괄공제로 5억 원을, 피상속인의 배우자가 생존해 있으면 일괄공제로 10억 원의 상속공제를 받을 수 있습니다.

그런데 피상속인이 비거주자인 경우에는 상속공제 중에서 기초공제 2억 원만 적용합니다. 일괄공제뿐만 아니라 그 밖의 인적공제, 배우자 공제, 일괄공제, 가업상속공제, 금융재산상속공제, 동거주택상속공제, 재해손실공제 등의 상속세 절세와 관련된 공제는 적용받을 수 없습니다.

6) 상속세 과세관할에서의 차이

상속세의 관할세무서는 피상속인의 주소지입니다. 상속인의 주소지 관할 세무서가 아니고 피상속인의 주소지 관할 세무서입니다.

정셈의 상속·증여를 위한 절세 이야기

그러나 피상속인이 비거주자인 경우 상속세 과세관할은 주된 상속재산의 소재지를 관할하는 세무서입니다.

33

사전증여를 하려고 합니다. 자녀에게 재산을 미리 나눠줄 때 사위와 며느리에게도 재산을 같이 나눠주면 나중에 상속세를 절세하는 데 도움이 될까요?

나부자 씨는 CEO모임에서 지인들과 대화를 하던 중에 박 대표가 상속세 절세와 관련된 얘기를 하면서, 자녀에게 재산을 미리 나눠줄 때 사위와 며느리에게도 재산을 같이 나눠주면 상속세 절세효과를 크게 얻을 수 있다고 귀띔해 주는 것입니다.

나부자 씨는 이 얘기를 듣고 몹시 궁금했습니다. 과연 정말 상속세에 절세가 크게 될 수 있는지, 모임이 끝나고 돌아가는 길에 정셈 사무실에 들러 위의 얘기를 하면서 상속세 절세 효과가 큰지 문의했습니다. 정셈은 다음과 같이 설명했습니다.

1) 생전 증여와 상속세 절세와의 관계

상속세 절세 전략 중에 가장 효과가 큰 것은 생전에 미리 가족에게 증여를 하는 사전증여전략입니다. 상속세는 누진율이 적용되는데 과세표준에 따라 10%에서 최대 50%의 세율이 적용되는 세금입니다.

예를 들어 피상속인의 상속재산이 많아 과세표준이 300억 원인 경우 30억 원을 초과하는 270억 원에 대해서는 최대세율 50%가 적용되어 절반인 135억 원이 상속세로 부과됩니다. 피상속인이 생전에 아내와 자녀에게 재산을 미리 증여를 했다면 상속세를 크게 절세했을 수 있었을 것입니다.

피상속인이 생전에 증여하면 무조건 상속세 절세가 될까요?

2) 상속재산에 합산하는 사전증여재산

상속개시일 전 10년 이내에 피상속인이 상속인에게 증여한 재산가액과 5년 이내에 피상속인이 상속인이 아닌 자에게 증여한 재산가액은 상속세 과세가액에 합산을 합니다. 이 규정이 없다면 모든 피상속인이 사망이 임박하기 전에 상속세를 절세하기 위해 증여를 할 것입니다. 세법은 사전증여재산 합산 규정을 두어 규제를 하고 있습니다.

다만, 창업자금 또는 가업승계 주식 등의 증여재산은 증여시기에 관계없이 상속세 과세가액에 가산합니다.

3) 상속인과 상속인 외의 자의 기간 차이를 이용한 절세전략

2)에서 설명한 상속재산에 합산한 사전증여재산 기준은 상속인은 상속개시일 전 10년 이내, 상속인이 아닌 자는 5년 이내 증여한 재산입니다.

피상속인의 사위나 며느리는 상속인이 아닌 자로, 상속개시일 전 5년 이내에 사위나 며느리에게 증여한 재산은 상속재산가액에 합산이 되고, 5년이 경과한 재산은 합산하지 않습니다.

예를 들어 10억 원을 딸에게 증여한다면 증여세는 2억 2천5백만 원입니다. 그런데 혼인신고한 딸과 그 배우자(사위)에게 5억 원씩 나눠서 증여한다면 딸의 증여세는 8천만 원, 사위의 증여세는 9천만 원으로 딸에게 단독증여를 한 경우와 비교하면 증여세 5천5백만 원이 절세됩니다. 상속개시일로부터 7년이 지났다면 딸에게 사전증여한 재산만 상속재산에 합산하고, 상속개시일로부터 10년이 지났다면 상속재산에 합산하지 않습니다.

4) 상속재산에 합산되는 경우 사전증여재산의 평가는?

사전증여재산으로 상속재산에 합산하는 경우 사전증여재산가액은 증여일 현재를 기준으로 평가된 가액으로 합니다. 상속개시일 현재의 재산가액으로 재평가를 하지 않습니다.

사전증여재산을 재평가하지 않는다는 점이 중요합니다. 피상속인이 상속인에게 생전 증여한 재산이 상속개시일로부터 10년 이내여서 상속재산에 합산은 하지만, 이 재산을 재평가하지 않아 증여일로부터 가치가 증가한 것에 대해서는 상속세로 과세하지 않기 때문입니다.

5) 사전증여재산이 상속재산에 합산되는 경우 상속공제를 받을 수 있는지

상속재산에서 상속공제를 적용하는데, 상속재산에 사전증여재산이 합산된 것도 상속공제를 적용하나요? 상속재산에 합산되는 사전증여재산이 상속인에게 사전증여를 했는지, 상속인 외의 자에게 사전증여를 했는지에 따라 다릅니다.

상속개시일 전 피상속인으로부터 10년 이내 상속인이 증여받은 재산은 상속재산에 합산하고 상속공제를 받을 수가 있습니다. 상속인 외의 자가 상속개시일 전 피상속인으로부터 5년 이내 증여받은 재산은 상속재산에 합산하지만 상속공제를 받을 수가 없습니다.

6) 사위나 며느리에게 사전 증여할 때 절세효과와 주의할 점

(1) 사위나 며느리에게 사전 증여할 때 절세효과

결혼(법률혼)한 자녀의 배우자에게 사전증여를 하면 상속세나 증여세를 크게 절세할 수 있습니다.

증여세는 과세표준에 따라 10~50%의 누진세율이 적용됩니다. 최고세율은 50%나 됩니다. 자녀부부에게 증여를 하면 증여재산이 분산되기 때문에 증여세를 크게 절세할 수 있습니다.

피상속인의 사위나 며느리는 상속인이 아닌 자로, 상속개시일 전 5년 이내에 증여한 것만 피상속인의 상속재산에 합산이 됩니다. 미리 사전증여를 하면 상속세를 크게 절세할 수 있습니다.

(2) 사위나 며느리에게 사전 증여할 때 주의할 점

사위나 며느리에게 증여한 재산은 사위나 며느리의 소유가 됩니다. 자녀 내외가 별거 중이거나 부부 사이가 나쁜 경우에는 증여하지 않는 것이 유리합니다. 자녀에게만 증여하였는데, 얼마 지나지 않아 이혼하는 경우 자녀가 증여받은 재산이 재산분할 대상이 될 수 있기 때문입니다.

정셈의 상속·증여를 위한 절세 이야기

34

아버지께서 빌딩을 소유하고 있는데, 생전에 빌딩을 처분해서 현금화하여 매달 돈을 인출해서 사용하려고 합니다. 이렇게 해도 상속세에 괜찮을까요?

사회가 발전함에 따라 달라지는 것 중의 하나는 결제방법이 다양해지고 있다는 것입니다. 신용(체크)카드가 대중화되면서 카드 사용이 많이 증가했습니다. 스마트폰이 보급되면서 전 국민이 사용하다시피 합니다. 스마트폰을 통한 모바일 결제가 젊은 층을 중심으로 대중화되었고, 모바일을 통한 계좌이체도 보편화하고 있습니다. 커피숍 중에는 현금결제를 사용할 수 없는 곳도 있고, 시내버스 중에 현금 없는 버스도 있습니다.

사회가 변해도 현금은 여전히 많이 사용되고 있습니다. 노인 중에 신용카드 대신 현금을 사용하시는 분이 많습니다. 여러 가지 이유가 있겠지만 현금은 지금도 많이 사용되고 있습니다.

나부자 씨의 아버지께서 연세가 많으시고, 지병이 있으십니다. 최근 지병이 악화하여 생전에 재산을 미리 정리하고 싶으십니다. 빌딩을 소유하고 있는데, 생전에 빌딩을 처분해서 매달 몇백만 원씩 인출해서 생활비로 사용하려고 합니다.

나부자 씨는 아버지 소유의 재산이니 나부자 씨가 간여할 것은 아니지만, 혹시나 나중에 상속세에 어떤 영향이 있을지 걱정이 됩니다. 나부자 씨는 이 고민에 대해 정셈에게 문의했습니다. 정셈은 다음과 같이 설명했습니다.

1) 생전 재산 처분과 상속재산 추정 규정의 관계

상속개시일 전 재산을 처분하거나 예금을 인출 또는 채무를 부담한 경우로서 사용처가 객관적으로 명백하지 아니한 금액은 이를 상속인이 상속받은 것으로 추정하여 상속세 과세가액에 가산하게 되는데, 이를 '추정상속재산'이라고 합니다. 이는 피상속인이 상속개시 전에 재산을 처분하여 과세자료의 노출이 쉽지 않은 현금 등으로 상속인에게 증여 또는 상속함으로써 상속세를 부당하게 경감시키는 것을 방지하기 위한 제도입니다.

사실, 부부 사이에도 각자의 재산을 어디에 썼는지 모르는 경우가 상당히 많습니다. 그런 상황에서 부모님이 인출하셔서 사용하는 현금을 어디다 쓰셨는지 상속인은 모두 알기는 어려운 것이 현실입니다. 그럼, 이런 경우 상속인인 자녀가 모른다는 사유로 인하여 세금 부담 없이 넘어갈 수 있을까요?

안타깝게도 그렇지 않습니다. 심지어 가족이 실제로 받지 않았다 하더라도 일정금액 이상의 금액이 인출되었고, 그 사용내역에 대해 상속인들이 소명하지 못한다면 결국 상속받은 것으로 판단하여 세금을 부과하는 것이 현실입니다.

2) 상속이 임박한 경우 빌딩을 팔면 안 되는 이유

상속이 개시되기 전에 아버지가 소유하고 있는 빌딩을 매각하는 경우 매각금액 자체가 상속재산인 빌딩의 시가가 됩니다. 빌딩을 매매한 사실은 숨길 수가 없습니다. 부동산거래신고, 부동산등기, 매매대금의 이체 등으로 관할 세무서는 정보를 이미 파악하고 있기 때문입니다.

피상속인이 건강하고 평소에도 건강관리에 신경 쓰고 있다면 큰 문제는 없겠지만 상속이 몇 년 이내로 곧 임박할 것으로 생각이 되면 재산 처분을 하는 것을 신중하게 고민해야 합니다.

상속개시 전에 빌딩을 매각한 경우 상속개시일 기준으로 2년 이내에 매각금액을 사용한 내역이 분명해야 합니다. 일부 금액의 불분명한 사용 내역이 있는 경우 이 불분명한 금액은 상속재산 추정 규정에 따라 상속재산에 포함되어 상속세 부담이 증가할 수 있습니다.

3) 빌딩을 매각하지 말고 감정평가를 받자

일반적으로 매매가액보다는 감정평가액이 낮습니다. 빌딩을 매각하여 매매가액이 시가로 적용되는 것보다 빌딩을 감정평가 받는 것이 상속재산가액을 낮출 수가 있습니다.

피상속인이 상속개시가 임박하여 빌딩을 매각하였는데 매매대금이 피
상속인이 통장에 보관이 되어 있으면 상속인에게 다행입니다. 피상속인
이 빌딩 매매대금 중에 일부를 사용하였는데, 사용 출처가 불분명하여 추
정상속재산 규정이 적용되어 상속인에게 오히려 상속세 부담을 증가시
킬 수가 있습니다. 상속이 임박한 경우에는 피상속인이 재산을 처분하는
것에 주의할 필요가 있습니다.

35

친척이나 주위의 지인들을 보면 갑작스러운 상속으로 상속세를 납부할 자금이 부족해서 상속인들이 무척 곤란한 경우를 많이 봅니다. 이를 대비할 방법이 있을까요?

요즘 나부자 씨는 친척이나 특히 지인의 부고 소식을 많이 접합니다. 소중한 사람이 사망했다는 것은 슬픈 일입니다. 그런데 납부할 상속세가 크면 이 문제로 상속인들이 힘들어합니다. 고인과의 추억이 묻어 있는 주택을 처분해야 할 수도 있는데, 이 일은 대비하거나 피할 방법이 없을지 궁금합니다. 사전에 상속세 재원을 준비할 방법이 없을까요?

나부자 씨는 이 고민에 대해 정셈에게 문의했습니다. 정셈은 다음과 같이 설명했습니다.

피상속인의 상속재산이 많은 경우 상속세 부담이 클 수밖에 없습니다. 상속인이 상속세 납부여력이 있으면 문제 되지 않습니다. 그렇지 않은 경우 담보대출을 받거나 연부연납 또는 물납을 해야 합니다. 이 방법으로 상속세를 납부하기 어려우면 상속받은 재산을 처분해서 납부해야 하는데, 제값을 받지 못할 가능성이 있습니다.

가장 좋은 방법은 미리 대비하는 것입니다. 어떤 방법이 있을까요?

1) 예금

피상속인이 재산 중에 금융재산을 갖고 있는 것입니다. 재산 구성 중에 일정 비율을 금융재산으로 형성하는 것입니다. 예금으로 보유하거나 현금화가 바로 가능한 금융상품으로 구성하는 것이 좋습니다.

현실적으로 자산 대부분이 부동산으로 묶여 있어 이 방법은 쉽지가 않습니다. 그러면 다른 방법은 없을까요?

2) 보장성보험

보험상품으로 상속세 재원을 마련하는 방법이 있습니다. 피상속인을 피보험자로 상속인을 수익자로 지정하여 종신보험이나 정기보험에 가입합니다. 피상속인의 사망으로 보험금을 지급받아 상속세 납부재원으로 사용하는 전략입니다.

이 방법은 적은 비용으로 큰 효과를 얻을 수 있는 방법입니다. 보험료 납부액보다 보험금이 크기 때문에 수익자 입장에서는 이익입니다. 계약자는 보장성보험에 가입하여 상속개시일까지 유지해야 합니다. 보험가입기간 중에 보험사고가 언제 발생할지 모르기 때문에 보험을 해지할 생각이 있을 수 있는데, 보험을 계속 유지하는 것이 중요합니다.

3) 피상속인의 퇴직금

상속재원 방법으로 피상속인의 퇴직금을 이용하는 방법이 있습니다. 이 방법은 피상속인이 임직원으로 재직하다가 사망하는 경우 회사로부터 상속인이 퇴직금을 수령하여 상속세로 납부하는 방법입니다. 피상속인의 퇴직금은 상속재산에 포함합니다. 그러나 피상속인이 개인사업자인 경우에는 사용할 수 없는 전략입니다.

4) 담보대출 받아 상속세 납부하기

상속재원을 준비하지 못하고 상속이 개시된 경우의 방법입니다. 이 경우에는 어쩔 수 없이 상속인이 자기 재산이나 상속받은 재산으로 담보대출을 받아 상속세를 납부합니다.

5) 연부연납제도 이용하기

피상속인이 부동산임대업을 영위하다가 상속이 개시되는 경우 상속재산이 부동산으로만 구성되어 있습니다. 상속인은 거액의 상속세를 납부하기가 힘듭니다. 세법은 상속세를 연납으로 납부하도록 규정을 두어 상속인이 상속세를 납부하도록 지원하고 있습니다. 상속인은 연부연납 제도를 신청하여 상속세를 납부할 수 있습니다.

36

피상속인이 생전에 상가건물의 매매계약을 체결하고 잔금을 수령하기 전에 사망했습니다. 이런 경우 상속세를 신고할 때 어떻게 해야 하나요?

나부자 씨의 아버지는 오래전에 상가건물을 신축해서 임대하다가 처분을 하려고 인근 공인중개사사무실에 매물로 내놨습니다. 그런데 몇 년 전부터 경기가 많이 침체 돼서 그런지 매매가 성사되지 못했습니다.

올해 들어 상가건물에 관심을 보이는 매수인이 있어 매매가를 조금 낮추어 매매계약을 체결했습니다. 계약금을 수령하고, 중도금도 수령했습니다. 잔금일을 한 달 정도 앞두고 아버지께서 갑자기 돌아가셨습니다. 나부자 씨는 아버지 장례를 치르고 상속세를 신고해야 하는데, 이 상가건물을 상속세 신고에 어떻게 반영해야 할지 모르겠습니다.

나부자 씨는 이에 대해 정셈에게 문의했습니다. 정셈은 다음과 같이 설명했습니다.

정셈의 상속·증여를 위한 절세 이야기

1) 부동산매매의 특징

부동산을 매매하는 것은 다른 자산을 매매하는 것과 다르게 매매대금을 일시불로 지급하는 경우가 매우 드물다는 것입니다. 거래할 때도 공인중개사의 중개를 통해서 합니다. 요즘은 플랫폼이 발달하여 플랫폼을 통해 공인중개사 없이 거래 당사자끼리의 거래도 증가하고 있습니다.

부동산 중에 매매가액이 큰 것은 거래가 성사되기가 쉽지 않습니다. 거래가 이루어진다 해도 매매가액이 커서 계약금·중도금·잔금을 지급할 때 중도금을 2회 이상 분할해서 지급하는 경우가 많습니다. 계약금 지급 시점부터 잔금 지급까지 기간이 큽니다.

2) 부동산 매매계약이 이행 중에 피상속인의 사망으로 상속이 개시된 경우

피상속인은 보유하고 있던 부동산을 매수인과 매매계약 체결을 하고 매매대금은 계약금, 중도금 1차·2차·3차, 잔금 이렇게 나눠서 받기로 계약을 했습니다. 계약한 날에 계약금을 수취하고 중도금 1차와 2차를 수취하고 중도금 3차를 수취하기 전에 피상속인이 사망하여 상속이 개시되었습니다.

이 경우 두 가지가 고민입니다. 첫째는 해당 부동산의 평가이고, 둘째는 상속재산으로 반영해야 하는 해당 부동산의 실제 금액입니다.

3) 상속개시일 전에 거래된 부동산의 평가기준은?

상속재산의 평가는 시가가 원칙입니다. 피상속인의 해당 부동산이 매매계약 진행 중에 상속이 개시되는 경우에는 매매가액이 있으므로 매매가액이 시가가 됩니다.

나부자 씨의 아버지께서 상속개시일 전에 상가건물을 매매하고 이행 중이었으므로 매매가액이 존재합니다. 이 매매가액이 시가입니다.

그러면 이 상가건물의 매매가액이 시가이므로 부동산으로서 반영하면 될까요?

4) 상속재산으로 반영해야 하는 금액은?

피상속인이 생전에 매매계약을 이행하면서 상속개시일 현재 매매대금 중에 계약금과 중도금 1·2차는 수취했고 중도금 3차와 잔금은 수취하지 않은 상태입니다.

즉 상속개시일을 기준으로 매매대금 중 수취한 금액은 현금자산이고, 매매대금 중 미수취한 금액은 해당 부동산의 잔여가치에 해당합니다.

예를 들어 피상속인 부동산을 50억 원에 양도하기로 매매계약을 체결하고 계약금으로 5억 원을 수령했습니다. 중도금 30억 원을 3번에 나눠서 지급받고, 잔금 15억 원을 지급받는 계약조건입니다. 피상속인은 계약금과 중도금 1, 2차를 수령하고 사망하여 상속이 개시되었습니다.

이 경우 해당 부동산의 시가는 50억 원으로, 기수령한 계약금과 1, 2차 중도금 25억 원은 현금자산이고, 매매대금 중 미수령한 25억 원이 해당

정셈의 상속·증여를 위한 절세 이야기

부동산의 상속재산가액이 됩니다.

5) 생전 해당 부동산의 매매대금 중 수취한 금액에 대해 추정상속재산 규정이 적용될 수 있다

피상속인의 부동산 매매계약이 이행 중에 사망으로 상속이 개시되는 경우 해당 부동산의 매매가액이 시가로 특정됩니다. 매매대금 중 생전 수취한 금액은 현금자산이고, 미수취한 나머지 금액은 부동산 가액이 됩니다. 재산이 둘로 나뉘게 됩니다.

여기서 피상속인이 생전 해당 부동산의 매매대금 중 계약금 등으로 수취한 금액에 대해서는 추정상속재산 규정이 적용되기 때문에 사용내역에 대한 관리가 필요합니다. 피상속인이 생전 수취한 금액이 통장에 그대로 남아 있으면 아무 문제가 없습니다. 그러나 피상속인이 이 금액을 사용하면서 사용내역을 증빙할 수 없다면 문제가 됩니다. 앞에서도 설명한 추정상속재산 규정이 적용되어 상속인에게 상속세 부담이 있을 수 있기 때문입니다.

37

15년 전에 아버지로부터 주식을 증여받아 '가업승계 주식 등 과세특례'로 증여세 신고를 하고 세금을 납부했습니다. 올해 아버지께서 돌아가셨는데 아버지 회사 주식을 증여받은 것을 합산해서 상속세를 신고해야 한다고 합니다.

나부자 씨는 아버지 회사에 입사해서 경영수업을 받아 오다가, 15년 전쯤에 아버지로부터 회사 주식을 증여받았습니다. 미리 증여세 특례를 적용받을 수 있게 요건을 충족해서 증여세를 절세했습니다. 아버지는 건강이 좋지 않아 병원에 입원 중인데 최근에 많이 안 좋아지셨습니다. 의료진으로부터 올해 힘들 수 있다는 말을 들었습니다. 가족이 모여 아버지의 재산을 어떻게 나눌지 상의를 했습니다.

그런데 나부자 씨는 예전에 CEO모임에서 상속세 신고를 할 때 과거에 아버지 회사 주식을 증여받은 것을 상속재산에 합산해서 상속세를 신고해야 한다는 얘기를 들었던 것이 기억났습니다. 나부자 씨는 증여를 받은 지가 이미 10년이 넘었는데 상속세 신고를 할 때 합산을 해야 하는지 궁금합니다.

그래서 나부자 씨는 정셈에게 이 말이 사실인지 문의했습니다. 정셈은 다음과 같이 설명했습니다.

1) 정부의 가업승계 지원제도

원할한 가업승계를 지원하기 위한 조세지원 제도로는 증여단계에서 증여세 혜택을 통해 가업승계를 지원하는 것과 상속단계에서 가업재산에 상속공제를 적용하여 가업승계를 지원하는 제도가 있습니다.

두 가지 제도를 이용하면 증여세와 상속세를 절세할 수 있다는 장점이 있지만, 혜택을 받기 위해 요건을 충족해야 하고 사후관리 기간을 지켜야 한다는 단점도 있습니다.

첫 번째로 증여단계에서 가업승계를 지원하는 제도 있고 두 번째로 상속단계에서 가업승계를 지원하는 제도가 있습니다.

2) 가업승계 주식 등 과세특례 - 증여단계

증여단계에서 가업승계를 지원하는 제도가 있는데, 이 제도는 법인만 해당이 됩니다. 개인사업자의 사업장을 증여하는 경우에는 이 제도의 혜택을 받을 수가 없습니다.

세금혜택을 받기 위해서는 요건을 충족해야 합니다. 아버지 회사의 주식을 증여받을 때 증여세 혜택을 받기 위해서는 어떤 요건을 충족해야 할까요?

① 거주자가 증여일 현재 중소기업 등인 가업을 10년 이상 계속하여 경영하는 60세 이상의 부모(조부 사망 시 조부모)여야 합니다.

② 가업승계 주식 등을 증여받은 자 또는 그 배우자가 증여세 과세표준 신고기한까지 가업에 종사하고, 증여일로부터 5년 이내에 대표이사에 취임하여야 합니다.

3) 증여세 혜택의 한도가 있다

아버지의 회사의 주식을 증여받으려고 하는데, 가업승계 주식 등 과세특례 요건을 충족합니다. 그러면 증여세 면제를 받아 증여세가 없을까요?

가업의 승계를 목적으로 주식 또는 출자지분을 증여받고 가업을 승계하는 경우에는 그 주식 등의 가액 중 가업자산상당액에 대한 증여세 과세가액(100억 원 한도)에서 5억 원을 공제하고 10%(과세표준이 30억 원을 초과 시 그 초과금액은 20%) 세율을 적용합니다.

예를 들어 50억 원 상담의 주식을 증여받으면 50억 원에서 5억 원을 공제하면 과세표준이 45억 원입니다. 30억 원까지는 세율이 10%, 30억 원을 초과하는 15억 원은 20%의 세율이 적용됩니다. 증여세는 세율 10%가 적용된 3억 원과 20%가 적용된 3억 원을 합산하여 6억 원입니다.

아버지로부터 주식 150억 원을 증여받으면 세금 특례를 어떻게 적용할까요? 100억 원까지는 가업승계 주식 등 과세특례를 적용하여 증여세를 계산하고, 특례를 적용받지 못하는 50억 원은 일반 증여세로 계산합니다.

2인 이상이 가업을 승계하는 경우 가업승계자 모두에게 특례가 적용되나, 개인사업체는 적용되지 않습니다(2009. 12. 31. 이전 증여받는 경우에는 1인만 특례 적용 가능).

가업승계 주식 등 과세특례를 적용받기 위해서는 증여세 신고기한까지 증여세 과세표준신고서와 함께 〈주식 등 특례신청서〉를 납세지 관할 세무서장에게 제출하여야 합니다.

4) 증여세 혜택을 받으면 사후관리가 있다

세법은 납세자가 세금 혜택을 받는 경우 사후관리를 합니다. 납세자가 세금 혜택을 받고 의무를 이행하지 않으면 사실 세금만 적게 내는 결과만 발생하기 때문입니다. 정부가 세금 혜택을 주는 이유는 목적이 있기 때문입니다.

다음에 해당하는 경우에는 기본세율 적용 증여재산으로 보아 증여 당시의 가액에 누진세율을 적용하여 증여세를 부과할 뿐만 아니라, 1일 22/100,000으로 계산한 이자상당액도 증여세에 가산하여 부과합니다.

① 신고기한까지 가업에 종사하지 않거나 증여일로부터 5년 이내에 대표이사에 취임하지 않는 경우
② 가업승계 주식 등을 증여받고 가업을 승계한 자가 정당한 사유 없이 증여일로부터 7년 이내에 정당한 사유없이 가업에 종사하지 않거나 해당 가업을 휴업·폐업하는 경우 또는 가업승계 주식 등을 증여받은 수증자의 지분이 감소하는 경우

5) 2)의 특례를 받으면 상속세에서 정산해야 한다

납세자가 가업승계 주식 등 과세특례를 받은 경우 해당 증여재산가액은 기간에 상관없이 증여자가 사망하여 상속이 개시될 때 상속재산에 합산합니다.

나부자 씨가 과거에 아버지로부터 회사 주식을 증여받으면서 가업승계 주식 등 과세특례를 받아 증여세 혜택을 받았습니다. 이후에 아버지의 사망으로 상속이 개시되면 과거에 아버지 회사의 주식을 증여받은 것이 10년이 넘었어도 상속재산에 합산해야 합니다.

실질적으로 상속재산이 없는데 아버지 회사의 주식을 증여받은 것을 상속재산에 합산이 되는 바람에 상속세가 부담됩니다. 상속세 부담이 줄일 방법이 없을까요?

6) 가업상속공제를 받을 수 있다

가업승계 주식 등을 증여받은 후 상속이 개시되는 경우 상속개시일 현재 가업상속 요건을 모두 갖춘 경우에는 가업상속공제도 받을 수 있습니다.

증여자인 피상속인으로부터 가업승계 주식 등 과세특례를 적용받아 증여세를 신고납부하고, 시간이 흘러 증여자인 피상속인의 사망으로 상속이 개시될 때 회사 주식은 가업상속공제를 적용받을 수 있습니다. 과거의 아버지 회사의 주식을 증여받은 것도 가업상속공제 대상에 해당하여 공제 적용을 받을 수 있습니다.

정셈의 상속·증여를 위한 절세 이야기

가업상속공제를 받고 5년 지나면 상속세 추징이 안 되니 이제 걱정할 게 없을까요?

아버지의 사망으로 상속이 개시되어 회사를 물려받을 때 상속세 부담이 큽니다. 이때 가업상속공제를 받을 수 있으면 상속세 부담을 크게 낮출 수 있습니다. 가업상속공제를 받기 위해서는 세법에서 규정한 요건을 충족해야 합니다. 피상속인의 자격 및 대표이사 재직 요건, 중소기업 등 업종 요건, 가업 영위 요건, 상속인의 요건, 사후관리기간 및 사후관리 요건 등 요건을 충족하기가 쉽지 않습니다. 그래서 가업상속공제를 받기 위해서는 미리 충분한 시간을 들어서 준비해야 합니다.

나부자 씨는 아버지 회사를 물려받으면서 사전에 가업상속공제 요건을 충족하기 위한 준비를 해서 가업을 상속받을 때 가업상속공제로 상속세 절세를 했습니다. 그리고 사후관리기간도 다 지켰습니다. 이제 세금 문제는 다 끝났으니 마음이 홀가분합니다.

어느 날 정셈과의 식사 자리에서 이 얘기를 했습니다. 그러자 정셈은 다음과 같이 설명하며 다른 문제가 있을 수 있다고 합니다.

1) 가업상속공제와 사후관리

가업상속공제를 받기 위한 요건과 혜택을 받고 나서 일정기간 유지해야 하는 사후관리 요건으로 구분할 수 있습니다.

세법 개정으로 사후관리 기간은 5년으로 완화되었습니다. 가업상속공제를 받고 5년이 경과하면 사후관리 기간이 지났으니, 이제 상속세 문제는 괜찮을까요?

세금 혜택을 받은 경우 사후관리 규정을 두어 납세자가 사후관리 기간 이내에 의무위반을 하면 혜택을 받은 세금을 추징합니다.

상속인이 가업상속공제를 받아 상속세 혜택을 받은 경우 5년 동안 사후관리 규정을 준수해야 합니다. 사후관리 규정을 위반하는 경우 혜택을 받은 상속세 상당액 추징과 가산세 부과합니다.

2) 상속과 양도소득세 취득가액 관계

부동산과 주식 같은 양도소득세 과세대상 자산은 상속·증여와도 관련이 있습니다. 부동산을 매매로 취득하면 매매가액이 취득가액이 되고, 상속으로 취득하면 상속재산가액이 취득가액이 됩니다.

부동산을 상속받는 경우 부동산 가격에 따라 상속세와 양도소득세가 달라집니다. 부동산 시가가 높아지면 상속세 부담은 높아지고, 양도소득세는 낮아집니다. 반대로 부동산 시가가 낮아지면 상속세는 줄어들고, 양도소득세가 높아집니다.

3) 가업상속공제와 양도소득세 취득가액의 관계

상속세에서 가업상속공제를 적용받은 자산은 취득가액이 피상속인의 취득가액으로 적용한다는 것을 주의해야 합니다.

예를 들어 피상속인이 제조업을 창업할 때 공장과 토지를 10억 원에 취득했고, 딸이 상속을 받을 때 가업상속재산이 100억 원으로 가업상속공제 요건을 충족하여 가업상속공제 100억 원을 받았습니다. 가업상속공제를 받은 후 사후관리 기간 5년을 다 지켰습니다. 사업 전망이 좋지 않고 앞으로 더 힘들어질 것으로 예측이 됩니다. 건강도 좋지 않습니다.

이 사업을 인수하겠다는 사람이 있어 공장과 토지를 200억 원에 처분을 했습니다. 양도소득세를 계산하는데, 100상속을 받을 때 100억 원에 받았으니 양도가액 200억 원 해서 양도차익이 100억 원으로 계산해서 양도소득세를 신고하면 될까요?

가업상속공제를 받은 자산을 처분할 때는 피상속인이 취득했던 가액이 취득가액으로 합니다. 피상속인이 공장과 토지를 10억 원에 취득한 것이 상속인의 취득가액이 되어 10억 원을 200억 원에 처분한 것으로 양도차익 190억 원으로 계산하여 양도소득세를 신고해야 합니다.

4) 주의할 점은?

가업상속공제로 받은 재산은 당장은 상속세가 나오지 않더라도 향후 재산 매각 시점에 정산하여 양도소득세 등으로 부과됩니다. 과세를 이연하는 효과가 있는 제도입니다.

이는 상속인이 원래 상속을 받을 때 상속세를 부담해야 하는데, 가업상속공제를 적용해서 상속세 부담을 줄이는 대신에, 가업상속재산을 처분할 때 양도소득세로 세부담을 하는 것입니다.

가업을 2대, 3대, 4대 등에 거쳐 계속해서 가업을 이어간다면 가업재산의 처분 없이 가업승계가 지속하니 양도소득세로 과세되는 일은 없을 것입니다.

정쌤의 상속·증여를 위한 절세 이야기

39

아버지 명의로 계약한 보험이 있습니다. 아버지의 사망으로 사망보험금과 연금보험을 상속인이 상속하면 상속세를 내야 하나요? 연금보험은 어떻게 평가를 하나요?

많은 사람들이 보험에 가입하고 있습니다. 보장을 받기 위해, 국민연금 등이 부족한 부분을 보완하기 위해, 건강을 지키기 위해서 등 다양한 이유로 보험에 가입합니다.

보험은 계약자, 피보험자, 수익자로 구분을 하고, 보통 계약자와 피보험자가 동일인입니다. 예를 들어 본인이 사망할 경우 가족을 위해 가입하는 종신보험의 경우 계약자와 피보험자가 본인이고, 수익자가 가족입니다.

나부자 씨는 참석하고 있는 CEO모임에서 추 대표가 자기 친척이 상속세를 신고하면서 보험금 때문에 생각 이상으로 상속세가 많이 나와서 억울해했다는 얘기를 했습니다.

모임 후에 나부자 씨는 보험은 예상치 않은 사고를 대비해서 가입하는 것인데 왜 보험금 때문에 상속세를 많이 낸다고 하는지 궁금했습니다.

정셈에서 연락해서 이에 대해 문의를 했습니다. 정셈은 다음과 같이 설명했습니다.

1) 의제상속재산으로서의 보험금

상속세 과세대상인 재산은 본래의 상속재산과 의제상속재산 및 추정 상속재산을 포함합니다.

본래의 상속재산은 상속개시일 현재 피상속인이 소유하고 있던 재산으로서 금전으로서 재산적 가치가 있는 법률상 또는 사실상 권리를 말합니다.

의제상속재산에는 보험금, 신탁재산, 퇴직금을 포함하는데, 보험금은 의제상속재산으로 상속재산에 포함합니다.

세법에서 상속재산에 의제상속재산을 포함하는 이유는 피상속인이 생전에는 재산으로서 갖고 있지 않지만, 피상속인이 사망할 때 지급되기 때문입니다. 신탁재산도 위탁자인 피상속인의 본래 재산이지만, 수탁자 명의로 이전이 되어 대외적으로는 수탁자 소유로 되어 있습니다. 위탁자의 사망으로 상속이 개시되면 신탁재산은 상속인에게 상속이 되기 때문에 상속재산에 포함합니다.

정셈의 상속·증여를 위한 절세 이야기

피상속인의 사망으로 보험금이 지급되면 무조건 의제상속재산으로 상속재산에 포함해야 하나요?

2) 보험금과 상속세 과세

피상속인이 생명보험 또는 손해보험에 가입하고 보험료를 납부하면 보험계약의 효력이 발생합니다. 피상속인이 사망한 경우 보험수익자인 상속인은 보험금을 수령하는데, 이는 보험계약에 따른 보험금지급청구권으로 수령하는 것입니다. 해당 보험금은 보험수익자인 상속인의 고유재산으로, 피상속인의 본래의 상속재산은 아닙니다. 하지만 상속인이 해당 보험금에 대해 무상으로 경제적 이득을 얻는 것이므로 상속재산으로 의제하여 상속세를 부과합니다.

상속재산에 포함하는 보험금은 다음과 같습니다.
① 피상속인의 사망으로 인하여 받는 생명보험 또는 손해보험의 보험금
② 보험계약자가 피상속인. 피상속인이 보험계약자가 아니라도 실질적으로 보험료를 납부한 경우에는 피상속인을 보험계약자로 봅니다.
③ 새마을금고가 취급하는 생명공제금, 손해공제금 또는 수협공제의 공제금도 상속재산으로 보는 보험금에 포함합니다.

3) 상속인 등이 보험료를 납부한 보험금도 상속재산에 포함하나요?

피상속인이 보험계약자 및 피보험자이고 상속인이 보험수익자라 할지라도 실질적으로 상속인이 보험료를 부담한 경우 당해 보험금은 상속재산으로 보지 않습니다.

보험계약자가 보험에 가입하고 보험료를 납부하고 나중에 보험사고가
발생하면 수익자가 보험금을 지급받는데, 상속인이 보험계약자로 보험
료를 납부하고, 또한 수익자로서 보험금을 수령하는 것은 해당 보험금을
무상으로 수령하는 것이 아니어서 상속재산에 합산하지 않습니다.

4) 보험금 수령인이 상속인이 아닌 경우

피상속인의 사망으로 인하여 지급받는 생명보험 또는 손해보험의 보
험금으로서 보험계약의 수익자가 상속인이 아닌 경우에는 상속인이 아
닌 자가 유증 등을 받은 것으로 보아 상속재산에 포함합니다.

5) 상속인이 보험료 일부를 부담한 경우 상속재산으로 보는 보험금의 계산

피상속인이 보험에 가입하고 보험료를 피상속인과 상속인이 나눠서
불입한 경우 상속재산에 포함하는 보험금은 다음과 같이 계산합니다.

$$\text{상속재산으로 보는 보험금} = \text{보험금총액} \times \frac{\text{피상속인이 부담한 보험료 합계액}}{\text{피상속인이 사망시까지 불입한 보험료 합계액}}$$

6) 피상속인의 가입한 연금보험을 상속받는 경우

연금보험의 계약자인 피상속인이 사망하여 상속이 개시되는 경우 상
속인은 현금보험을 상속받습니다. 이 경우 상속개시일 현재 피상속인에
게 귀속되는 연금보험의 가액은 현재가치 할인한 금액과 해약환급금 상
당액 중 큰 금액으로 평가하여 상속재산에 합니다.

정샘의 상속·증여를 위한 절세 이야기

7) 보험금을 상속인이 협의분할하여 나눠 갖는 경우

보험수익자인 상속인은 보험계약에 따른 보험금지급청구권으로 해당 보험금을 수령합니다. 해당 보험금은 보험수익자의 고유재산입니다. 그래서 본래의 상속재산이 아니고 상속재산 협의분할 대상도 아닙니다.

만일 상속인이 협의분할을 하여 해당 보험금을 나눠 갖기로 한 경우에는 보험금 수익자인 상속인이 다른 상속인에게 보험금을 증여한 것이 됩니다. 보험금은 분배받은 상속인에게 증여세가 부과되는 것입니다.

8) 가정법원에 상속포기를 신청하고 보험금을 수령한 경우

상속이 개시되면 상속인은 상속재산에 대한 단순승인이나 한정승인 또는 상속포기 신청 중 선택을 합니다.

보험수익자인 상속인은 보험계약에 따른 보험금지급청구권으로 해당 보험금을 수령합니다. 해당 보험금은 보험수익자의 고유재산으로, 상속포기 신청을 해도 해당 보험금은 상속포기와 무관하게 수령을 할 수 있습니다.

상속을 포기했어도 상속재산에 합산하는 의제상속재산인 보험금을 수령하는 경우에는 상속세가 부과되고 연대납세의무가 있습니다.

유류분 소송으로 상속재산을 반환하면 상속세는 어떻게 되나요?

뉴스에서 유가족이 재산문제로 크게 다투는데 생전 증여재산에 대해 유류분반환 소송으로 법정에서 다투다가 유류분을 반환하라는 판결의 뉴스를 볼 수 있습니다.

어느 날 CEO모임에서 성 대표가 고등학교 선배 가족의 유류분 소송 문제로 가족 간 큰 불화가 생겼다는 이야기를 하며, 자기는 미리 혹시나 모를 재산문제로 가족이 다툴까 봐 상속 준비를 하고 있다고 했습니다. 다른 대표들도 성 대표 말에 동의하며 재산으로 가족이 소송으로 다투는 것은 피하고 싶다는 말을 했습니다.

나부자 씨는 모임 후에 집으로 가면서 성 대표가 얘기한 것을 계속 생각했습니다. 혹시나 증여했던 재산 가지고 나중에 상속 관련해서 유류분 소송이 일어나면 세금 문제는 어떻게 되는지 궁금합니다.

정셈의 상속·증여를 위한 절세 이야기

이에 대해 나부자 씨는 정셈에게 문의를 했습니다. 정셈은 다음과 같이 설명했습니다.

1) 유류분이란?

"유류분"이란 상속재산 가운데, 상속을 받은 사람이 마음대로 처리하지 못하고 일정한 상속인을 위하여 법률상 반드시 남겨 두어야 할 일정 부분을 말합니다.

〈민법〉은 유언을 통한 재산 처분의 자유를 인정하고 있으므로 피상속인이 유언으로 타인이나 상속인 일부에게만 유증을 하면 나머지 상속인에게 상속재산이 이전되지 않을 수 있습니다. 상속재산처분의 자유를 제한 없이 인정하게 되면 가족생활의 안정을 해치고, 피상속인 사망 후의 상속인의 생활보장이 침해 될 수 있습니다. 이러한 불합리를 막고 상속인의 생활을 보장하기 위해 우리 유류분 제도를 통해 상속인을 보호하고 있습니다.

2) 유류분 권리자는?

유류분을 가지는 사람은 피상속인의 직계비속, 피상속인의 직계존속, 피상속인의 배우자인 상속인입니다. 태아와 대습상속인도 유류분권이 있습니다.

그러나 법원에 상속을 포기한 사람은 상속인이 아니므로 유류분 반환 청구를 할 수 없습니다.

순서	유류분 권리자	유류분율
1	피상속인의 직계비속	법정상속분 × 1/2
2	피상속인의 직계존속	법정상속분 × 1/3

피상속인의 배우자가 있는 경우에는 1순위 또는 2순위 유류분 권리자와 함께 유류분 권리를 갖게 되며, 그의 유류분율은 법정상속분의 1/2입니다.

※ 2024년 4월 25일부터 피상속인의 형제자매 유류분권에 대한 조항의 효력이 상실됨으로써, 현재 진행 중인 관련 소송은 기각되고 새로운 재판을 시작하는 것도 불가능해졌습니다.

3) 유류분반환청구권

유류분권리자가 피상속인의 증여 및 유증으로 인하여 그 유류분에 부족이 생긴 때에는 부족한 한도에서 그 재산의 반환을 청구할 수 있습니다.

자신의 유류분액을 침해하여 유증 또는 증여를 받은 사람이 유류분청구의 상대방이 됩니다.

반환청구는 재판상 또는 재판 외의 방법으로 할 수 있으며(대법원 2002. 4. 26. 선고 2000다8878 판결), 재판상의 방법으로 하는 경우에는 민사소송절차에 따라 진행됩니다.

4) 상속개시 전에 증여받은 재산을 유류분 권리자에게 반환하면 상속세 와 증여세는 어떻게 되나요?

상속개시 전에 피상속인으로부터 증여받은 재산을 유류분반환 청구에 따라 유류분 권리자에게 반환하는 경우 유류분 권리자에게 상속세가 부과됩니다.

만일 증여받은 재산을 금전으로 환가하여 유류분 권리자에게 반환하는 경우 유류분 권리자는 당해 재산을 상속받아 양도한 것으로 봅니다.

예를 들어 유류분으로 부동산을 받아야 하는데 부동산 대신 금전으로 받은 것은 먼저 부동산을 유류분으로 받았다가 이를 유류분 반환자에게 양도하고 그 대가로 금전을 받은 것이어서, 유류분 권리자에게 각각 상속세와 양도소득세가 부과됩니다.

또한 증여받은 재산을 유류분 권리자에게 반환하게 되면, 반환한 재산가액은 당초부터 증여가 없었던 것으로 돼서 증여세가 없습니다.

5) 상속세 신고기한이 한참 지났는데, 유류분반환이 있으면 상속세 경정 청구가 가능한가요?

상속재산에 대한 상속회복청구소송 등 피상속인 또는 상속인과 그 외의 제3자와의 분쟁으로 인한 상속회복청구소송 또는 유류분반환청구소송의 확정판결이 있는 경우에는 그 사유가 발생한 날부터 6개월 이내에 상속세 경정을 청구할 수 있습니다.

유류분 반환으로 총 상속세 가액이 감소하는 경우에는 경정청구를 할 수 있지만, 총 상속세 가액에 변동이 없는 경우에는 경정청구 대상이 아닙니다. 상속세는 유산세 과세방식으로 피상속인의 상속재산에 대해 과세하는 세금이기 때문입니다. 상속인 각자의 재산이 변동이 있지만, 총 상속재산과 과세표준에 변동이 없으면 상속세는 동일합니다.

유류분 반환자가 유류분 권리자에게 재산을 반환하면 유류분 권리자에게 상속세 납부의무가 있습니다. 반대로 유류분 반환자는 유류분 재산에 해당하는 상속세가 감소합니다. 유류분 반환자가 상속세 연대납세의무에 따라 유류분 권리자의 상속세를 납부한 것이어서 구상권으로 유류분 권리자에게 해당 상속세를 반환받아야 합니다.

6) 유류분 반환소송에 따른 상속세 신고 시 신고불성실가산세 및 연대납세의무가 있는지요?

유류분 반환소송이 제기되어 판결이 내려진 때는 이미 상속세 신고기한이 경과된 때입니다. 재판에 따른 총상속재산 변동 및 신고기한 경과는 불가피하여서, 법원의 확정판결에 따라 유류분으로 반환받은 상속재산에 대한 상속세액을 6개월 이내에 신고·납부하는 경우에는 무신고·과소신고가산세 또는 납부지연가산세를 적용하지 않습니다.

상속세는 상속인 또는 수유자 각자가 받았거나 받을 재산을 한도로 연대하여 납부할 의무를 지기 때문에 유류분 반환소송에 따른 상속세도 연대납세 의무가 있습니다.

7) 피상속인의 증여로 부동산을 수증받은 자가 증여받은 부동산을 금전으로 환가하여 유류분 권리자에게 반환하는 경우 양도소득세는?

피상속인에게 부동산을 사전증여받은 재산에 대해 유류분반환 소송을 제기되어 유류분 권리자에게 해당 부동산의 지분을 반환해야 하는데, 지분 대신 금전으로 환가하여 유류분 권리자에게 반환하는 경우에는 양도소득세가 과세됩니다. 이때 취득시기는 상속개시일이고, 양도소득세 납세의무자는 유류분 권리자입니다.

8) 출연한 재산을 유류분청구로 반환받아 다른 공익법인에 출연하는 경우 출연받았던 공익법인에 증여세가 과세되는지 여부

피상속인의 재산을 공익법인에 출연하는 경우 재산을 출연받은 공익법인은 증여세를 비과세합니다. 대신 출연받은 재산을 고유목적사업에 사용하지 않는 경우 증여세를 부과합니다.

피상속인의 재산을 출연받은 공익법인이 유류분반환 소송에 따른 판결에 따라 출연받은 재산을 유류분청구로 유류분권리자에게 반환가게 됩니다. 이 경우에는 처음부터 그 재산을 출연하지 않은 것으로 보기 때문에 공익법인에게 증여세를 부과하지 않습니다.

상속부동산 협의 중 발생한 재산세·종부세, 누가 낼까?

아버지의 사망으로 상속이 개시되었는데, 상속인 간의 상속재산 다툼으로 상속재산 협의분할을 하지 못했습니다. 그래서 상속등기를 하지 않고 있습니다.

상속재산 중에 부동산이 있습니다. 토지, 주택, 상가 등. 상속재산 협의분할을 하지 못한 채 몇 달이 지났는데, 피상속인 부동산의 재산세와 종합부동산세는 누가 내야 하나요?

1) 재산세의 경우

상속이 개시되었는데 상속인 간의 상속재산 다툼으로 상속등기가 이행되지 않아, 사실상의 소유자를 신고하지 않은 경우 주된 상속자를 재산세 납부자로 합니다.

주된 상속자는 민법상 상속지분이 가장 높은 사람으로 하되, 상속지분이 가장 높은 사람이 두 명 이상이면 그 중 나이가 가장 많은 사람으로 합니다.

즉, 상속인이 어머니와 자녀들인데, 상속재산 협의분할이 되지 않은 경우 어머니가 재산세의 주된 상속자가 됩니다. 상속인이 자녀들인 경우에는 첫째가 주된 상속자가 됩니다.

2) 종합부동산세의 경우

종합부동산세의 납세의무자는 재산세의 납세의무자입니다. 납세의무자가 같습니다.

종합부동산세는 토지에 대한 종합부동산세와 주택에 대한 종합부동산세가 있습니다. 토지에 대한 종합부동산세 납세의무가 있는 경우 그 재산세의 납세의무자에게 종합부동산세 납세의무가 있는 것입니다. 주택에 대한 종합부동산세도 그 재산세의 납세의무자가 종합부동산세를 납부해야 합니다.

상속이 개시되었는데 상속인 간의 상속재산 다툼으로 상속등기가 이행되지 않은 경우 재산세의 납세의무자에게 종합부동산세를 과세합니다.

증여 편

증여의 이해

나부자 씨는 요즘 증여에 대해 관심이 많습니다. 지인들의 얘기를 들어 보면 자녀가 태어날 때부터 10년마다 증여를 하고 있고, 재산 중에 어떤 재산을 증여할지 계획을 세워서 증여하고 있다는 등 다들 증여에 대해 적극적입니다.

지금부터라도 나부자 씨는 가족에게 증여하고 싶은데, 증여를 어떤 것부터 어떻게 해야 절세가 되고 유리한지 잘 모르겠습니다. 증여에 대해 자세히 알고 싶고, 증여를 잘하고 싶습니다.

그래서 나부자 씨는 정셈에게 증여에 대해 문의했습니다. 정셈은 다음과 같이 설명했습니다.

1) 증여의 정의
증여에 대해 민법과 세법에서는 다음과 같이 정의를 하고 있습니다.

① 민법에서 "증여"란 당사자 일방이 무상으로 재산을 상대방에 수여하는 의사를 표시하고 상대방이 이를 승낙함으로써 그 효력이 생기는 계약을 말합니다.

② 세법에서 "증여"란 그 행위 또는 거래의 명칭·형식·목적 등과 관계없이 직접 또는 간접적인 방법으로 타인에게 무상으로 유형·무형의 재산 또는 이익을 이전(移轉)(현저히 낮은 대가를 받고 이전하는 경우를 포함)하거나 타인의 재산가치를 증가시키는 것을 말합니다. 다만, 유증과 사인증여는 제외합니다.

세법에 따른 증여의 정의를 간단하게 정리하면 증여자가 수증자에게 재산을 직접 이전하는 것뿐만 아니라, 여러 형태의 직·간접적인 거래방식으로 수증자가 경제적 이득을 얻는 것도 증여에 해당한다고 말할 수 있습니다.

2) 증여의 특징(민법)

증여의 성질은 무상, 낙성, 편무, 불요식의 계약입니다.

① 증여할 때 계약서는 작성하지 않아도 됩니다. 증여자가 재산을 증여하기로 하고 수증자가 그 재산을 수취하기로 합의를 하면 증여계약은 성립합니다.

② 증여가 성립하면 증여자는 약속한 대로 증여재산을 수증자에게 이전해야 합니다. 수증자는 이 증여재산을 받기만 하면 됩니다. 증여자는 수증자에게 재산을 이전할 의무가 발생하는데, 증여자만 의무가 있습니다.

③ 증여하는 데 어떤 형식이나 방식 등 절차가 필요하지 않습니다. 금전을 증여하기로 했으면 수증자에게 금전을 지급하면 되고, 부동산을 증여하기로 했으면 해당 부동산을 소유권이전등기를 하면 됩니다.

보통 계약서를 작성하는 이유는 거래당사자 간의 다툼이 발생할 수 있는데, 이를 방지하기 위함입니다.

증여에서도 증여자와 수증자 간의 다툼이 발생할 수 있고, 이로 인해 법정까지 갈 수도 있습니다. 이 상황에서 증여계약서를 작성한 경우와 구두로만 합의한 경우는 차이가 큽니다. 증여계약서가 없다면 당사자 간의 다툼이 깊어질 수밖에 없기 때문입니다.

3) 증여재산의 평가방법

금전을 증여하는 경우 금전의 가치는 얼마인지 고민할 필요가 없습니다. 그런데 부동산 같은 재산을 증여하는 경우 기준시가로 증여를 하나요? 아니면 시세 금액으로 증여를 하나요?

증여재산의 평가는 증여일 현재의 시가로 평가합니다. 다만, 시가를 산정하기 어려운 경우에는 당해 재산의 종류·규모·거래상황 등을 고려하여 규정된 방법(이하 '보충적 평가방법')에 따라 평가한 가액을 시가로 봅니다.

4) 증여를 할 때 조건을 붙일 수 있다

증여는 상속과는 다르게 증여자와 수증자 간의 계약으로 이루어집니다. 재산을 무상으로 이전하는 것으로 비슷하지만, 증여는 계약에 따른다는 것이 다릅니다.

증여도 계약이기에 조건을 붙일 수가 있습니다. 대표적인 것이 주택을 증여할 때 담보대출 또는 세입자의 보증금을 수증자가 승계받는 조건의 부담부증여입니다.

43

증여세 세액계산 흐름도

나부자 씨는 증여를 하면 증여세가 어떻게 계산되는지 궁금합니다. 상속세처럼 복잡할지 아니면 금전이나 부동산 등 특정 재산을 증여하는 것이니 간단할지 궁금해서 정셈에게 이에 대해 문의했습니다.

정셈은 다음과 같이 설명했습니다.

증여세는 수증자를 중심으로 수증자가 거주자인지 아닌지, 증여받는 재산이 기본세율 적용대상인지 또는 창업자금이나 가업승계 증여세 특례대상인지에 따라 구분할 수 있습니다.

1) 수증자가 거주자이고 기본세율 적용 증여재산인 경우

수증자가 거주자이고 증여세율이 기본세율을 적용하는 경우 증여세 계산흐름은 다음과 같습니다.

증여재산가액	국내외 소재 모든 재산, 증여일 현재의 시가로 평가

-

비과세 및 과세가액 불산입액	비과세: 사회통념상 인정되는 피부양자의 생활비, 교육비 등 과세가액 불산입: 공익법인 등에 출연한 재산 등

-

채무액	증여재산에 담보된 채무인수액(임대보증금, 금융기관 채무 등)

+

증여재산가산액	해당 증여일 전 동일인으로부터 10년 이내에 증여받은 재산의 과 세가액 합계액이 1천만 원 이상인 경우 그 과세가액을 가산 동일인: 증여자가 직계존속인 경우 그 배우자 포함

=

증여세 과세가액	

-

| 증여공제
증여재산공제
재해손실공제 | (증여재산공제) 수증자가 다음의 증여자로부터 증여받는 경우 적용하며, 증여재산 공제 한도는 10년간의 누계한도액임 |

증여자	배우자	직계존속	직계비속	기타 친족	기타
공제 한도액	6억 원	5천만 원 (수증자가 미성년자 인 경우 2천만 원)	5천만 원	1천만 원	없음

(재해손실공제) 증여세 신고기한 이내 재난으로 멸실·훼손된 경우 그 손실가액을 공제

-

감정평가수수료	

=

증여세 과세표준	아래 유형 이외의 증여: 증여재산 - 증여재산공제·재해손실공제 - 감정평가수수료 명의신탁: 신탁재산 - 감정평가수수료 합산배제(상증법 §45의2내지 §45의4 제외) : 증여재산 - 3천만 원 - 감정평가수수료

×

세율	과세표준	1억 원 이하	5억 원 이하	10억 원 이하	30억 원 이하	30억 원 초과
	세율	10%	20%	30%	40%	50%
	누진공제액	없음	1천만 원	6천만 원	1억 6천만 원	4억 6천만 원

=

증여세 산출세액	(증여세 과세표준 × 세율) - 누진공제액

+

세대생략할증세액	수증자가 증여자의 자녀가 아닌 직계비속이면 30% 할증(단, 미성년자가 20억 원을 초과하여 증여받는 경우에는 40% 할증) 직계비속의 사망으로 최근친 직계비속에 해당하는 경우는 적용 제외

-

세액공제 등	문화재자료 징수유예, 납부세액공제, 외국납부세액공제, 신고세액공제, 그 밖의 공제·감면세액

+

신고불성실·납부지연 가산세 등	

-

분납·연부연납	물납 불가

=

자진납부할 증여세액	

2) 수증자가 거주자이고 특례세율 적용 증여재산인 경우

수증자가 거주자이고 창업자금 등 특례세율이 적용되는 경우 증여세 계산흐름은 다음과 같습니다.

정셈의 상속·증여를 위한 절세 이야기

증여재산가액	해당 창업자금 또는 가업승계 주식 등의 가액 중 가업자산상당액
-	
채무액	
=	
해당 증여세 과세가액	
=	
증여세 과세가액	
+	
기 과세특례 적용된 증여세 과세가액	증여시기와 관계없이 기 과세특례 적용받은 창업자금 또는 가업 승계 주식 등의 과세가액 합산 기본세율 적용 증여재산은 합산하지 않음
=	
특례적용 대상 해당 증여세 과세가액	특례적용 대상 증여세 과세가액 : 해당 증여세 과세가액 + 기 과 세특례적용된 증여세 과세가액 (창업자금) 30억 원 한도, 창업을 통해 10명 이상 신규 고용 시 50억 원 한도 (가업승계 주식 등) 100억 원 한도
-	
증여공제	5억 원
-	
감정평가수수료	
=	
증여세 과세표준	
×	
세율	(창업자금) 10% (가업승계 주식 등) 10%, 가업승계 과세표준 30억 원 초과분은 20%

=	
증여세 산출세액	(증여세 과세표준 × 세율) - 누진공제액

+	
세대생략할증세액	수증자가 증여자의 자녀가 아닌 직계비속이면 30% 할증(단, 미성년자가 20억 원을 초과하여 증여받는 경우에는 40% 할증) 직계비속의 사망으로 최근친 직계비속에 해당하는 경우는 적용 제외

-	
세액공제 등	납부세액공제, 외국납부세액공제 단, 신고세액공제는 적용하지 않음

+	
신고불성실 · 납부지연 가산세 등	

-	
분납 · 연부연납	

=	
자진납부할 증여세액	

3) 수증자가 비거주자이고 기본세율 적용 증여재산인 경우

수증자가 비거주자이고 기본세율 적용 증여재산인 경우 증여세 계산 흐름은 다음과 같습니다.

증여재산가액	국내 소재 모든 재산, 증여일 현재의 시가로 평가

비과세 및 과세가액 불산입액	비과세 : 사회통념상 인정되는 피부양자의 생활비, 교육비 등 과세가액 불산입 : 공익법인 등에 출연한 재산 등

채무액	증여재산에 담보된 채무인수액(임대보증금, 금융기관 채무 등)

+

증여재산가산액	해당 증여일 전 동일인으로부터 10년 이내에 증여받은 재산의 과세가액 합계액이 1천만 원 이상인 경우 그 과세가액을 가산 동일인 : 증여자가 직계존속인 경우 그 배우자 포함

=

증여세 과세가액	

-

증여공제 재해손실공제	(증여재산공제) 적용하지 않음 (재해손실공제) 증여세 신고기한 이내 재난으로 멸실·훼손된 경우 그 손실가액을 공제

-

감정평가수수료	

=

증여세 과세표준	아래 유형 이외의 증여 : 증여재산 - 증여재산공제⊠재해손실공제 - 감정평가수수료 명의신탁 : 신탁재산 - 감정평가수수료 합산배제(상증법 §45의2내지 §45의4 제외) : 증여재산 - 3천만 원 - 감정평가수수료

×

세율	과세표준	1억 원 이하	5억 원 이하	10억 원 이하	30억 원 이하	30억 원 초과
	세율	10%	20%	30%	40%	50%
	누신공제액	없음	1천만 원	6천만 원	1억 6천만 원	4억 6천만 원

=

증여세 산출세액	(증여세 과세표준 × 세율) - 누진공제액

+

세대생략할증세액	수증자가 증여자의 자녀가 아닌 직계비속이면 30% 할증(단, 미성년자가 20억 원을 초과하여 증여받는 경우에는 40% 할증) 직계비속의 사망으로 최근친 직계비속에 해당하는 경우는 적용 제외

-

세액공제 등	납부세액공제, 신고세액공제

+

신고불성실 · 납부지연 가산세 등	

-

분납 · 연부연납	물납 불가

=

자진납부할 증여세액	

정쌤의 상속 · 증여를 위한 절세 이야기

44

증여재산의 평가방법

　나부자 씨는 CEO모임에서 양 대표가 아파트를 딸에게 증여했는데 아파트를 시가로 재산평가 하는 바람에 증여세가 많이 나와 힘들었다며, 아파트 가격이 오르기 전에 증여하는 것을 망설였던 것이 몹시 후회된다고 했습니다.

　모임 후에 나부자 씨는 CEO모임에서 들은 얘기를 정셈에게 하며, 아파트를 기준시가 대신 꼭 시가로 해야 되는지 문의했습니다.

　정셈은 증여재산 평가에 대해 다음과 같이 설명했습니다.

1) 증여재산 평가

　증여재산의 평가는 증여일 현재의 시가로 평가합니다. 이는 상속재산의 평가를 시가를 하는 것과 동일합니다.

다만, 시가를 산정하기 어려운 경우에는 당해 재산의 종류·규모·거래 상황 등을 고려하여 세법에 규정된 방법에 따라 보충적 평가방법으로 평가한 가액을 시가로 봅니다. 흔히 보충적 평가방법은 기준시가로 불리고 있습니다.

증여재산의 시가란 무엇일까요?

2) 증여재산의 시가란?

증여재산의 시가란 불특정 다수인 사이에 자유로이 거래가 이루어지는 경우에 통상 성립된다고 인정되는 가액을 말합니다.

증여일을 기준으로 전 6개월 후 3개월 이내의 기간 중 그 증여재산의 매매·감정·수용·경매 또는 공매가 있는 경우에는 그 확인되는 가액을 시가로 합니다.

3) 시가를 적용할 때 판단기준일

증여일 전 6개월 후 3개월 이내에 해당하는지는 다음에 해당하는 날을 기준으로 하여 판단합니다.

① 거래가액 : 매매계약일
② 감정가액 : 감정가액평가서의 작성일(가격산정기준일과 감정가액평가서 작성일이 모두 평가기간 이내이어야 함)
③ 수용·보상·경매가액 : 가액 결정일

정셈의 상속·증여를 위한 절세 이야기

시가에 해당하는 것이 2개 이상인 경우에는 어떻게 할까요?

시가로 보는 가액이 2 이상인 경우에는 평가기준일로부터 가장 가까운 날에 해당하는 가액을 시가로 합니다.

아파트를 증여할 때 유사매매사례가액이 있는지 신중해야 한다는데, 유사매매사례가액이란 무엇인가요?

4) 유사매매사례가액이란?

유사매매사례가액이란 증여일 전 6개월부터 평가기간 내 증여세 신고 일까지의 기간 중에 증여재산과 면적·위치·용도·종목 및 기준시가가 동일하거나 유사한 다른 재산에 대한 매매사실이 있는 경우에는 그 거래 가액을 시가로 적용하도록 하고 있습니다. 이를 "유사매매사례가액"이라 고 합니다.

보통 부동산 같은 재산의 경우 매매가 빈번하지 않습니다. 그래서 시가 를 확인하기 어렵습니다. 부동산을 증여할 때 매매를 하고 증여를 한다 면 시가가 있겠지만, 그렇게 하는 경우는 없을 것입니다. 이를 보완한 것 이 유사매매사례가액으로 이해하면 됩니다.

유사매매사례가액은 보통 아파트를 증여하는 경우에 적용이 되고 있 습니다. 아파트의 경우 다른 주택과 달리 동일 아파트 단지의 면적·위 치·용도 및 기준시가가 동일하거나 유사하기 때문입니다.

유사매매사례가액은 해당 자산의 매매가액이나 감정·수용·경매가액 또는 공매가액이 있는 경우 매매가액이나 감정·수용·경매가액 또는 공매가액이 유사매매사례가액보다 우선합니다.

5) 재산평가심의위원회를 통한 시가를 인정받는 방법

평가심의위원회란 매매 등의 가액에 대한 시가인정 여부, 비상장주식 가액의 평가 및 평가의 적정성 여부 등을 심의하기 위하여 법에 의해 국세청, 각 지방국세청에 설치한 심의기구를 말합니다.

재산평가심의위원회를 통해 매매 등의 가액을 시가를 인정받기 위해서는 증여세 신고기한 만료 70일 전까지 수증자의 납세지 관할 재산평가심의위원회에 관련 서류를 첨부하여 서면 및 인터넷(홈택스)를 통해 신청하여야 합니다.

평가기간이 경과한 후부터 증여세 신고기한 후 6개월까지의 기간 중에 매매 등의 가액이 있는 경우에는 해당 매매 등이 있는 날부터 6개월 이내에 신청하여야 합니다.

지금까지 시가에 대해서 설명했고, 보충적 평가방법에 대해서는 아래와 같습니다. 세법에서 보충적 평가방법은 증여재산 종류에 따라 평가방법이 다릅니다.

6) 부동산에 대한 보충적 평가는?

증여하려는 부동산의 시가가 없어서 보충적 평가를 하는 경우 세법에서 규정한 평가방식에 따라 평가합니다. 부동산의 유형에 따라 평가방식이 다릅니다.

부동산 유형	평가방식
토지	〈부동산 가격공시에 관한 법률〉에 의한 개별공시지가로 평가
주택	〈부동산 가격공시에 관한 법률〉에 의한 개별주택가격 및 공동주택가격으로 평가
일반건물	일반건물은 신축가격기준액·구조·용도·위치·신축연도·개별건물의 특성 등을 참작하여 매년 1회 이상 국세청장이 산정·고시하는 가액으로 평가 * 국세청 건물 기준시가 계산방법 고시
오피스텔 및 상업용 건물	국세청장이 지정하는 지역에 소재하면서 국세청장이 토지와 건물에 대하여 일괄하여 산정·고시한 가액이 있는 경우 그 고시한 가액으로 평가 국세청장이 일괄하여 산정·고시한 가액이 없는 경우에는 토지와 건물을 별도로 평가한 가액으로 평가 * 오피스텔 및 상업용건물에 대한 기준시가 고시
임대차계약이 체결된 재산	평가기준일 현재 시가에 해당하는 가액이 없는 경우로서 사실상 임대차계약이 체결되거나, 임차권이 등기된 부동산일 경우 토지의 개별공시지가 및 건물의 기준시가와 1년간 임대료를 환산율(12%)로 나눈 금액에 임대보증금을 합계한 금액(토지와 건물의 기준시가로 안분한 금액을 말함)을 토지와 건물별로 비교하여 큰 금액으로 평가한 가액 ※ 임대차 계약이 체결된 재산의 평가액 = MAX(보충적 평가가액, 임대보증금 환산가액) · 보충적 평가가액 : 토지의 개별공시지가 및 건물의 기준시가 · 임대보증금 환산가액 : (임대보증금) + (1년간 임대료 합계액 ÷ 0.12) · '1년간 임대료 합계액' 계산 : 평가기준일이 속하는 월의 임대료에 12월을 곱하여 계산

7) 주식에 대한 평가방법은?

주식에 대한 평가는 어떻게 할까요? 코스피나 코스닥에 상장된 주식은 주식시장에서 거래가 이루어지기에 주식가격을 알 수 있지만, 비상장주식은 주식가격이 없으므로 주식가격을 알 수 없습니다.

세법은 주식 유형에 따라 평가방법을 두어 평가하도록 하고 있습니다. 주식의 시가 평가는 주식 유형에 따라 다음과 같이 평가합니다.

주식 유형	평가방식
코스피 또는 코스닥 상장주식	증여일 이전·이후 각 2월간에 공표된 매일의 최종시세가액(거래실적의 유무를 불문함)의 평균액으로 평가합니다. * 평가기준일 전후의 기간이 4월에 미달하는 경우에는 동 기간에 대한 최종시세가액의 평균액으로 합니다. * 평가기준일이 공휴일, 매매거래정지일, 납회기간 등인 경우에는 그 전일을 기준으로 평균액을 계산합니다.
유가증권시장 상장 추진 중인 주식	아래 평가가액 중 큰 금액으로 평가한 가액을 시가로 보아 평가합니다. 자본시장과 금융투자업에 관한 법률에 따라 금융위원회가 정하는 기준에 따라 결정된 공모가격 코스닥시장 상장법인 주식 등의 평가방법에 따라서 평가한 해당 주식 등의 가액(그 가액이 없으면 비상장주식 평가규정에 따른 평가액)
코스닥시장 상장 추진 중인 주식	아래 평가가액 중 큰 금액으로 평가한 가액을 시가로 보아 평가합니다. 자본시장과 금융투자업에 관한 법률에 따라 금융위원회가 정하는 기준에 따라 결정된 공모가격 비상장주식 평가규정에 따른 평가액
비상장주식	증여일 전 6개월, 후 3개월 이내에 불특정다수인 사이의 객관적 교환가치를 반영한 거래가액 또는 경매·공매가액이 확인되는 경우 이를 시가로 보아 평가합니다. * 비상장주식의 감정가액은 시가로 인정되지 않습니다. 단, 가중평균한 가액이 1주당 순자산가치의 100분의80보다 낮은 경우에는 1주당 순자산 가치에 100분의 80을 곱한 금액으로 합니다.

45

가족에게 증여하고 싶은데, 10년마다 증여세 없이 증여할 수 있다고 합니다. 이 말이 맞는지요?

나부자 씨는 아내와 자녀에게 증여히기로 결심을 했습니다. 그런데 증여세가 걱정이어서 증여를 계속 미루고 있습니다. 어느 날 CEO모임에서 곽 대표가 10년마다 가족에게 증여를 하면 비과세로 증여를 할 수 있다고 말했습니다.

모임 후에 나부자 씨는 곽 대표의 얘기를 생각하며, 10년마다 증여를 하면 정말 비과세 되는지 궁금해서 정셈에게 문의했습니다.

정셈은 다음과 같이 설명했습니다.

1) 증여세의 기본적인 절세방법

증여세 절세의 기본적인 것은 증여재산공제를 받는 것입니다. 이는 누구나 잘 알고 있습니다. 가족이 증여받을 때 증여재산공제를 적용받을 수 있고, 증여재산공제 한도는 증여일로부터 10년간의 누적액을 기준으로 합니다.

배우자의 증여재산공제는 혼인 관계에 있는 배우자만 적용합니다. 사실혼 관계의 있는 배우자는 부부로 살고 있는 기간이 오래되어도 증여재산공제를 적용하지 않습니다.

증여재산공제의 한도 금액은 어떻게 되나요?

2) 증여재산공제 한도

수증자를 기준으로 증여자로부터 증여받는 경우 증여세 과세가액에서 증여재산공제를 적용합니다. 증여재산 공제 한도는 10년간의 누계한도액입니다.

① 배우자로부터 증여를 받는 경우 6억 원
② 직계존속으로부터 증여를 받는 경우 5천만 원(수증자가 미성년자인 경우 2천만 원)
③ 직계비속으로부터 증여를 받는 경우 5천만 원
④ 기타친족으로부터 증여를 받는 경우 1천만 원

기타 친족의 범위는 직계존속과 직계비속을 제외한 6촌 이내의 혈족, 4촌 이내의 인척입니다.

시아버지, 시어머니, 장인, 장모, 사위, 며느리, 고모, 삼촌, 사촌, 외삼촌, 이모, 조카 등은 모두 기타 친족에 해당합니다. 기타 친족들로부터 증

정셈의 상속·증여를 위한 절세 이야기

여를 받을 때 각각 1천만 원 공제를 적용하는 것이 아니라, 기타 친족이 증여한 재산 전체를 합산하여 공제한도를 적용합니다.

3) 10년 이내 동일인으로부터 재차 증여를 받으면 증여재산을 합산한다

증여재산은 증여일로부터 10년 이내에 동일인으로부터 증여를 받는 경우 합산을 하여 증여세를 부과합니다. 기증여재산에 대해 부과된 증여세는 기납부세액으로 산출세액에서 공제합니다. 즉 증여세를 정산하는 것입니다.

아버지와 어머니는 부부로서 동일인으로 봅니다. 예를 들어 성인인 아들이 있는데 작년에 아버지로부터 5천만 원을 증여받을 때 증여재산공제 5천만 원 적용하여 증여세를 비과세 받았습니다. 올해 어머니로부터 5천만 원을 증여받는 경우 작년에 아버지의 증여 5천만 원을 합산하여 총 1억 원을 증여받은 것으로 적용합니다. 증여재산공제 5천만 원을 적용하여 증여세 과세표준은 5천만 원입니다. 증여세율 10%를 곱하여 증여세 산출세액은 500만 원입니다.

4) 미성년자일 때 부모에게 증여받고, 성년이 돼서 부모에게 또 증여받으면?

미성년자가 10년 이내 부모에게 증여받는 경우 증여재산공제 2천만 원을 공제하고, 성인인 자녀는 5천만 원을 공제합니다.

예를 들어 고등학생인 자녀가 부모에게 증여받고 대학생이 되었을 때

부모에게 추가로 증여를 받았습니다. 이 경우 증여재산공제는 어떻게 적용할까요?

고등학생 때는 미성년자로서 증여재산공제 2천만 원을 적용합니다. 성인이 되어 증여받는 경우 증여재산공제 한도는 5천만 원입니다. 10년 이내 증여재산공제 2천만 원이 적용되었으므로, 추가 공제로 3천만 원을 적용할 수 있습니다.

5) 나중에 증여하지 말고 미리 증여하자

가족에 증여하고자 할 때는 10년을 단위로 증여를 하는 것이 절세입니다. 증여 단위는 증여재산공제 한도를 맞춰서 하는 방법이 있고, 증여세율의 가장 낮은 10%의 과세표준 금액을 맞추어서 하는 방법이 있습니다. 전자는 비과세로 증여세부담 없이 하는 것이고, 후자는 증여세부담은 있지만, 가족에게 재산 이전을 더 많이 해서 재산형성을 도모하고자 하는 차이가 있습니다.

46

부모가 자녀에게 증여할 때 효도할 것을 조건으로 하는 증여를 할 수 있다고 들었습니다. 이러한 증여가 가능한가요?

요즘 자녀에게 재산을 미리 다 나눠주면 안 된다는 말을 많이 들어 봤을 것입니다. 대중매체나 포털사이트, 유튜브 등에서 자녀에게 재산을 미리 다 나눠주지 말라고 하면서, 재산을 나눠 줄 때는 자녀가 부모에게 꼭 효도하겠다고 하지만, 재산을 받고 나면 마음이 바뀌어 부모를 찾아뵙는 횟수가 줄어들고, 몇 년 안 되어 1년 한번도 찾아뵙지 않을 수도 있으니 재산을 갖고 있어야 한다고 합니다.

자녀가 효도하는 것을 보고 재산을 일부만 나눠주고 살아 있을 때 다 쓰고 남은 재산은 상속으로 남기고 살아가자는 내용의 주장도 있습니다. 이런 내용의 방송이나 강연을 찾아보기가 어렵지 않습니다.

또한, 요즘 자녀에게 증여할 때 효도계약서를 작성하여 증여하는 사례가 증가하고 있습니다. 효도계약서는 증여에 효도 조건을 부가한 것으로, 효도계약서의 작성방법에 대한 정보도 포털사이트나 유튜브에서 쉽게 찾아볼 수 있습니다.

나부자 씨는 CEO모임에서 대표들이 자녀에게 재산을 함부로 나눠주지 말아야 한다며, 증여한다면 효도 조건으로 증여를 해야 한다고 합니다. 재산을 나눠주고 나면 노후에 쓸쓸할 수 있다고 하며, 죽을 때 상속으로 재산을 물려주는 것이 낫다고 합니다.

모임 후에 나부자 씨는 이 얘기들을 생각해 보며, 효도를 조건으로 하는 증여에 대해 정셈에게 문의했습니다. 정셈은 다음과 같이 설명했습니다.

1) 효도계약을 조건으로 하는 증여의 실제 사례

효도계약에 대해 2015년 판례에서 이 계약의 효력을 인정했습니다. 효도계약의 내용은 자녀가 부모와 같이 살면서 부모를 부양하는 조건의 계약이었습니다. 이러한 조건으로 부모는 20억에 해당하는 주택을 자녀에게 증여했습니다. 그런데 한 10년 정도 시간이 지나자 자녀는 부모를 부양하지 않고 요양원으로 보내려고 했습니다. 이에 부모는 자녀에게 효도계약의 조건을 언급하며, 증여했던 주택을 다시 돌려 달라고 요구했고, 자녀는 이 주택을 돌려주지 않아 법원에 소송하게 되었습니다. 법원은 이 증여계약이 주택을 증여하는 단순증여가 아니고 부모 부양을 조건으로 하는 부담부증여라고 인정을 해서 수증자인 자녀에게 주택의 소유권 반환을 인정하였습니다.

　　　　　정셈의 상속·증여를 위한 절세 이야기

2) 효도계약과 부담부증여

효도를 조건으로 하는 증여는 〈민법〉에 조건이 있는 증여 즉, 부담을 지우는 증여인 부담부증여에 해당합니다.

보통 부담부증여라고 하면 증여자의 은행대출금이나 세입자의 보증금을 수증자가 승계하는 조건의 증여를 생각할 것입니다. 이는 증여자의 채무를 승계하는 것을, 수증자에게 부담을 지게 하는 증여입니다.

증여에 채무 승계 조건 말고 효도를 부담으로 하는 증여도 부담부증여에 해당합니다.

3) 효도 계약은 내용을 구체적으로 하자

효도계약을 조건으로 하는 증여에서 효도 내용이 구체적이어야 합니다. 효도라는 것이 추상적이 개념이어서 자녀에게 바라는 효도를 구체적으로 정해야 합니다.

예를 들어 1달에 4번 방문을 한다. 매달 생활비 200만 원을 지원한다, 해외여행(또는 국내여행)을 1년에 1번 가족과 같이 또는 부모를 보내준다. 병원 치료비를 전액 또는 몇 %를 지원한다. 효도계약으로 증여받은 주택을 언제까지 처분(매매나 손자녀에게 증여 등)을 하지 않는다. 이러한 내용의 조건을 효도 계약에 명시해야 합니다.

4) 자녀가 효도 계약을 위반하면은 어떻게 될까?

자녀가 효도 계약을 위반하면은 어떻게 될까요? 수증자인 자녀가 위 2) 의 효도 계약을 위반하면 증여했던 재산인 주택의 소유권을 반환해야 한 다는 내용이 효도 계약의 기술되어야 합니다.

자녀가 증여받은 주택 반환을 거부하는 경우 부모는 자녀에게 법원에 소를 제기해야 합니다. 자녀가 효도 계약을 위반했다고 해서 부모가 강 제로 주택 소유권을 갖고 갈 수는 없습니다. 방법은 자녀가 순순히 주택 소유권을 반환하거나 부모가 법원에 소를 제기해서 판결을 받아 증여했 던 주택을 반환받아야 합니다.

또한, 자녀가 주택을 제3자에게 이미 처분한 경우에는 제3자는 매수한 주택을 매도인의 부모에게 반환할 의무가 없습니다. 이 효도 계약은 주 택의 매수인과는 관련이 없기 때문입니다. 효도계약은 부모와 자녀만 관 련이 있는 계약입니다. 이 경우에는 자녀가 주택을 처분해서 수취한 해 당 주택의 매매대금을 반환받을 수 있습니다.

5) 신탁계약을 이용한 효도 계약 방법

자녀가 효도 계약을 위반해서 증여한 재산을 반환받으려고 할 때 자녀 가 순순히 반환하는 경우는 드뭅니다. 대부분 법원에 소를 제기해서 이 루어지기 때문에 부모와 자녀와의 관계는 회복하기 힘든 수준으로 발전 하게 되는 안타까운 일이 발생합니다.

정샘의 상속·증여를 위한 절세 이야기

이러한 문제점을 해결할 수 있는 수단이 신탁제도를 이용하는 것입니다. 자산을 증여하면서 신탁계약을 맺는 것을 조건으로 신탁을 말합니다. 자녀(위탁자)와 자산관리회사(금융회사) 또는 부모 자신이 수탁자로 신탁계약을 체결하고, 수탁자가 증여재산의 운용과 관리를 합니다. 자녀가 증여받은 후 효도 계약을 이행하지 않으면 신탁계약 내용에 따라 신탁계약이 해지 되어 신탁재산을 돌려받는 방식입니다.

예를 들어 부모가 보유하고 있는 아파트를 자녀에게 증여하면서 신탁을 맺을 것을 조건으로 하는 증여를 합니다. 위탁자인 자녀는 금융회사와 효도를 조건으로 하는 신탁계약을 맺어 해당 아파트를 수탁자인 금융회사에 이전하고 해당 아파트는 자녀가 수익자로서 사용합니다. 신탁계약에는 자녀가 효도 조건을 이행하지 않는 경우 부모가 신탁계약을 해지할 수 있는 내용을 담고 있습니다.

자녀가 부모에게 효도하는 조건을 이행하는 동안은 신탁계약이 유효하여 해당 아파트에 거주할 수 있지만, 효도 계약을 위반하면 부모가 신탁계약을 해지하여 수탁자는 신탁재산인 해당 아파트를 부모에게 이전합니다. 신탁계약의 위탁자이자 수익자인 자녀는 아파트에 더 이상 거주할 수 없고 퇴거를 해야 합니다. 이는 어디까지나 신탁계약에 따라 이루어지기 때문에 일반 부담부증여처럼 부모가 법원에 소를 제기할 필요가 없습니다.

6) 주택을 반환받을 때 증여세와 취득세가 부과된다

증여에서 세금 문제는 자유로울 수 없습니다. 자녀에게 증여재산공제 한도액 만큼의 재산을 증여하면 증여세가 없지만, 아파트를 증여하는 경우에는 증여세가 당연히 부과될 것입니다. 또한, 증여세 외에 취득세도 부과됩니다.

아파트를 증여받고 증여세 신고기한 이내에 반환하면, 자녀의 증여세와 반환받은 부모의 증여세가 없습니다. 자녀와 부모에게 취득세는 각각 부과됩니다. 증여세는 반환 기간에 따라 아래와 같이 차이가 있습니다.

구분		증여세 신고기한 이내	증여세 신고기한으로부터 3개월 이내	증여세 신고기한으로부터 3개월 후
금전 이외 재산	당초 증여	증여세 ×	증여세 ○	증여세 ○
	반환·재증여	증여세 ×	증여세 ×	증여세 ○
금전	당초 증여	증여세 ○	증여세 ○	증여세 ○
	반환·재증여	증여세 ○	증여세 ○	증여세 ○

부동산의 취득세는 반환 기간에 상관없이 수증자와 반환받은 자에게 취득세가 각각 부과됩니다.

정셈의 상속·증여를 위한 절세 이야기

47

자녀에게 목돈을 주고 싶은데, 한 번에 주지 않고 매달 연금처럼 나눠서 주면 증여세는 어떻게 되나요?

자녀에게 금전을 증여할 때 보통 목돈을 줍니다. 자녀가 이 목돈을 필요한 곳에 잘 사용하면 좋은데, 유흥이나 쇼핑하는 것에 사용하거나 사업을 한다고 하면서 사기를 당해 돈을 다 잃게 되는 것이 아닌지 부모는 걱정이 됩니다.

나부자 씨는 CEO모임에서 변 대표가 작년에 자녀 둘한테 금전을 증여했었는데 알고 보니 명품 구입, 클럽과 여행에 다 써버렸다며 한숨을 푹 쓰는 것입니다. 차라리 자기가 매달 100만 원씩 나눠줄 걸 하며 후회 섞인 말을 했습니다.

모임이 끝나고 나부자 씨는 변 대표의 얘기를 생각하며, 부모 입장에서 자녀에게 목돈으로 한 번에 주기보다 연금처럼 매달 매달 100만 원이나 200만 원씩 나눠서 주면 괜찮지 않을까 생각해 봅니다.

이렇게 일정금액으로 자녀에게 주면 증여세는 어떻게 되는지 궁금해서 정셈에게 이를 문의했습니다. 정셈은 다음과 같이 설명했습니다.

1) 정기금 증여

자녀에게 목돈 대신 매달 200만 원씩 주는 것을 정기금 증여라고 하는데, 일시금으로 증여하는 것이 아니라 매월 분할해서 수증자에게 지급하는 증여를 말합니다.

예를 들어 목돈 3억 6천만 원을 한 번에 증여할 수 있고, 이 금액을 매달 300만 원씩 10년 동안 정기금으로 증여할 수 있습니다. 정기금의 종류는 다음과 같습니다.

① 유기정기금 : 정해진 기간 동안 정기적으로 금전(연금)을 받을 권리
② 무기정기금 : 기한이 정해져 있지 않고 무기한으로 정기적인 금전(연금)을 받을 권리
③ 종신정기금 : 종신까지 정기적으로 금전(연금)을 받을 권리

2) 정기금의 증여일은?

세금은 기준일이 중요합니다. 증여세는 증여한 날이 기준일로 증여재산 평가일, 부과제척기간, 증여재산 합산과세 기준일 등 증여일은 매우 중요합니다.

금전을 증여하면 금전을 수증자에게 증여한 날이 증여일입니다. 정기

금의 증여일은 어느 날일까요? 매달 나눠서 증여를 하는 경우 매달 증여를 했으니 수증자는 매달 증여세를 신고해야 할까요? 매달 지급할 때마다 증여세 신고를 하는 것이 아니라, 증여자가 수증자에게 금전을 첫 번째 지급하는 날이 증여일입니다.

자녀에게 총 매달 300만 원씩 5년 동안 총 1억 8천만 원을 지급할 계획인데, 증여재산을 1억 8천만 원으로 해서 증여세를 계산하나요?

3) 정기금의 증여재산 평가방법

세법은 수증자가 증여를 받을 때 증여재산을 시가로 평가하도록 규정하고 있습니다. 세법은 정기금 형태로 증여하는 경우 증여재산을 어떻게 평가하는지 다음과 같이 규정하고 있습니다.

① 유기정기금 : 각 연도에 받을 정기금액을 기준으로 잔존기간을 고려하여 법정 계산식에 따라 계산한 금액의 합계액을 증여재산으로 합니다. 다만, 평가금액이 1년분 증여기금액의 20배를 초과할 수 없습니다.

$$\frac{각\ 연도에\ 받을\ 정기금액}{(1 + 보험회사의\ 평균공시이율\ 등을\ 고려하여\ 기획재정부령으로\ 정하는\ 이자율)^n}$$

n: 평가기분일부터의 경과연수

현재 정기금을 평가할 때 적용하는 기획재정부령으로 정하는 이자율은 연 3%입니다.

② 무기정기금 : 1년분 정기금액의 20배의 상당하는 금액입니다.
③ 종신정기금 : 통계청장이 고시하는 통계표에 따른 성별 및 연령별 기대여명의 연수까지의 기간에 각 연도에 받을 정기금액을 적용하여 계산한 금액의 합계액을 말합니다.

4) 사례: 부모님이 자녀에게 10년 동안 매달 300만 원을 통장으로 이체해 주기로 한 경우

불입 연차	월 불입액	연간 불입 횟수	연간 불입액	경과 연수	평가액
1년차	3,000,000	12	36,000,000	0	36,000,000
2년차	3,000,000	12	36,000,000	1	34,951,456
3년차	3,000,000	12	36,000,000	2	33,933,452
4년차	3,000,000	12	36,000,000	3	32,945,099
5년차	3,000,000	12	36,000,000	4	31,985,533
6년차	3,000,000	12	36,000,000	5	31,053,916
7년차	3,000,000	12	36,000,000	6	30,149,433
8년차	3,000,000	12	36,000,000	7	29,271,294
9년차	3,000,000	12	36,000,000	8	28,418,732
10년차	3,000,000	12	36,000,000	9	27,591,002

평가액 합계액은 316,299,917원입니다. 3.6억 원을 목돈으로 증여하는 것과 43,700,083원 차액이 발생합니다. 이 차액만큼 증여세 절세효과를 얻을 수 있습니다.

5) 월세를 받는 것과 비교

부모로부터 매달 정기금을 받는 것이 매달 월세 수입을 얻는 것과 유사합니다. 그러나 다음과 같이 차이가 있습니다.

자녀가 월세 수입을 얻으려면 상가나 주택이 있어야 합니다. 즉 부모가 자녀에게 상가나 주택을 증여해야 합니다. 매년 세입자로부터 월세를 받는 것에 대해 종합소득세 신고를 해야 합니다. 상가를 임대하고 받는 월세에 대해서는 매년 2번씩 부가가치세 신고를 해야 하고, 주택을 임대하고 월세를 받는 것은 사업장현황신고를 매년 해야 합니다.

부모로부터 매달 정기금을 받는 것은 첫 지급을 받을 때만 증여세 신고 납부를 하면 됩니다.

현재 보유하고 있는 자산 중에 어떤 자산을 먼저 자녀에게 증여하는 것이 절세에서 유리한가요?

부모가 재산이 많다면 재산을 미리 자녀에게 증여하는 것이 중요하지만, 이와 못지않게 어떤 자산을 증여할지 선택을 잘하는 것도 중요합니다.

재산으로 부동산과 금전 등이 있는데, 5년 뒤에도 부동산의 가치가 동일하면 고민할 것이 없지만, 5년 뒤에 부동산의 가치가 크게 상승할 것이 확실히 예상되면 지금 부동산을 증여하는 것이 당연히 유리합니다. 반대로 부동산의 가치가 하락할 것이 확실히 예상되면 지금 부동산 대신 금전을 증여하는 것이 당연히 유리합니다.

나부자 씨는 딸 서아에게 증여할 계획이 있는데, 어떤 자산을 증여하는 것이 증여세를 절세할 수 있는지 궁금합니다. 고민할 것도 없이 금전을 증여할지 아니면 상가를 증여할지 고민 중인데, 만일 상가를 증여했다가 공실이 상태가 되면 후회가 클 것으로 예상됩니다.

나부자 씨는 이 고민에 대해 정셈에게 문의를 했습니다. 정셈은 다음과 같이 설명했습니다.

1) 증여세 절세 전략의 첫 단계는 10년 단위로 증여하기

증여세 절세에서 가장 중요한 절세 전략은 부모가 보유하고 있는 자산을 미리 자녀에게 증여하는 전략입니다. 너무나 당연하다고 생각하는 것이지만, 절세를 위해 세법 규정을 검토하면서 절세 방안을 검토하는 것보다는 쉽고 절세효과를 확실히 얻을 수 있는 방법입니다.

또한, 증여는 10년 단위로 하는 것이 중요합니다. 해당 증여일 전 동일인으로부터 10년 이내에 증여받은 재산은 증여재산가액을 합산하여 증여세를 계산하기 때문에 증여세율이 높아져 증여세 부담이 증가할 수 있습니다. 10년 이래 증여를 2~3번 하는 것보다 10년마다 증여를 하는 것이 절세입니다.

그러면 어떤 재산을 미리 증여하는 것이 좋을까요?

2) 증여재산 구분

증여재산을 구분하는 기준은 여러 가지가 있지만, 금전자산과 비금전자산으로 구분할 수 있습니다. 금전자산의 대표적인 것은 현금입니다. 금전자산의 특징은 금액이 동일하다는 것입니다. 금융계좌에 있는 1억 원은 10년이 지나도 1억 원으로 동일합니다. 물가를 고려하면 1억 원의 실제 가치는 시간이 지날수록 화폐가치는 하락하지만, 계좌의 있는 1억 원의 금액은 동일합니다.

그러나 상가나 주택 또는 토지 같은 부동산과 주식 같은 자산은 가치가 시간이 지나면 가치가 변동됩니다. 토지를 보유하고 있는데, 인근 지역이 개발되는 경우 토지의 가격은 크게 상승할 것입니다. 서울의 아파트는 특히 강남지역의 경우 공동주택가격이 거의 매년 상승하는 특징이 있습니다.

또한, 주식도 회사의 경영성과나 투자유치 등에 따라 주식가격이 크게 변동을 합니다.

그렇다면 부동산이나 주식 같은 자산을 미리 증여하는 것이 좋을까요? 아니면 안전하게 금전을 미리 증여하는 것이 좋을까요?

3) 재산가격이 앞으로 상승할 것을 먼저 증여하는 것이 절세

자녀에게 미리 재산을 증여하려는 경우 앞으로 그 재산의 가치가 크게 증가할 것으로 예상이 되는 재산을 미리 증여하는 것이 증여세나 상속세의 절세 차원에서 유리합니다.

예를 들어 주택의 현재 10억 원에 거래되고 있는데 앞으로 재건축이나 개발 관련 이슈가 있어서 20억 원으로 거래가 된다면 현재 10억 원 하는 주택을 증여하는 것과 나중에 20억 원 하는 주택을 증여하는 것은 동일한 주택으로 같지만 증여세는 크게 다릅니다.

주식도 가격이 크게 상승할 수도 있고 반대로 크게 하락할 수도 있습니다. 지금 크게 하락한 상태이지만, 이미 주식이 회사의 가치에 비해 하락이 큰 상태이고 앞으로 주식가격이 회복할 것이 예상된다면 주식을 자녀에게 미리 증여하는 것이 증여세 절세에서 크게 유리할 수 있습니다.

49

자녀가 부모님에게 증여받고 조부모님에게도 증여를 받으면 증여재산공제를 각각 받을 수 있나요?

나부자 씨는 2년 전에 딸 서아와 아들 지호에게 각각 5천만 원을 증여했습니다. 증여재산공제 5천만을 적용받아 증여세를 비과세 받을 수 있었습니다. 어제 부모님에게 연락이 왔는데, 손주인 서아와 지호에게 금전을 주시고 싶다고 말씀하셨습니다.

나부자 씨는 자녀가 2년 전에 자기한테 증여를 받았는데, 올해에도 할아버지, 할머니로부터 증여를 받으면 증여재산공제를 적용받아 증여세가 없는지 궁금합니다.

나부자 씨는 이 궁금증에 대해 정셈에게 문의를 했습니다. 정셈은 다음과 같이 설명했습니다.

1) 직계존속으로부터 증여받는 경우 증여재산공제

보통 증여는 부모가 자녀에게 증여하는 경우가 일반적입니다. 경제력이 있는 성인 자녀가 부모에게 증여하는 경우도 있지만, 부모나 조부모 등 직계존속으로부터 증여받는 것이 일반적입니다.

수증자가 직계존속으로부터 증여받는 경우 증여세 과세가액에서 증여재산공제 적용하며, 증여재산 공제 한도는 10년간의 누계한도액입니다.

수증자가 직계존속으로부터 증여를 받는 경우 5천만 원까지 공제를 받을 수 있고, 다만 수증자가 미성년자인 경우 2천만 원까지 증여세 과세가액에서 공제를 합니다.

2) 부모, 조부모, 외조부모와 증여재산공제 관계

부모, 조부모, 외조부모는 증여를 받는 수증자 입장에서 직계존속에 해당합니다. 세법에서는 아버지와 어머니로부터 증여를 받은 경우 아버지와 어머니를 동일인으로 봅니다. 조부모도 할아버지와 할머니를 동일인으로 보고, 외조부모도 외할아버지와 외할머니를 동일인으로 봅니다.

성인 자녀가 직계존속으로부터 10년 이내에 증여를 받는 경우 증여재산공제 5천만 원을 적용합니다.

예를 들어 어머니로부터 3천만 원을 증여받고, 2년 뒤에 할아버지로부터 4천만 원을 증여받고, 또 1년이 지나서 외할머니로부터 3천만 원을 증여받는 경우 증여재산공제는 어떻게 될까요?

어머니한테 증여받은 3천만 원은 증여재산공제 5천만 원 이내로 비과세됩니다. 할아버지로부터 증여받은 4천만 원은 2천만 원(3천만 원은 기공제)만 증여재산공제 적용되어 나머지 2천만 원에 대해 증여세가 부과됩니다. 또한, 외할머니로부터 증여받은 3천만 원은 전부 증여세가 부과됩니다. 어머니, 할아버지, 외할머니는 모두 수증자 입장에서 직계존속이지만 동일인은 아니어서 증여재산가액을 합산하지 않습니다.

3) 사례1: 성인인 자녀가 아버지로부터 1억 원 증여를 받고, 1년 뒤에 어머니로부터 2억 원을 증여받은 경우

구분	금액(원)	계산방법
① 증여재산가액	200,000,000	어머니로부터 증여받은 금액
② 채무액	0	
③ 증여재산가액	100,000,000	• 동일인으로부터 해당 증여 전 10년 이내에 증여받은 재산 가액의 합계액이 1천만 원 이상이면 증여재산을 가산함 • 모(母)와 부(父)는 동일인임
④ 증여세 과세가액	300,000,000	
⑤ 증여재산공제	50,000,000	수증자가 성년이므로 증여재산공제 한도 5천만 원을 적용
⑥ 증여세 과세표준	250,000,000	
⑦ 세율	20%	증여세 과세표준 1~5억 원 이하: 20%, 누진공제 1천만 원
⑧ 증여세 산출세액	40,000,000	
⑨ 세대생략 할증과세액	0	

⑩ 기납부세액공제	5,000,000	• 10년 이내 동일인으로부터 증여받은 재산가액을 가산 시 가산한 증여재산의 산출세액과 한도액을 비교하여 작은 금액을 공제함
		  - 가산한 증여재산의 산출세액 5,000,000원
		  - 한도액 8,000,000원
		• 증여세 산출세액 40,000,000원 × 가산한 증여재산의 과세표준 50,000,000원 ÷ 증여세 과세표준 250,000,000

⑪ 신고세액공제	1,050,000	신고기한 이내 신고하여 신고세액공제 3% 적용 (40,000,000-5,000,000) × 3%
⑫ 차가감납부할세액	33,950,000	

아버지로부터 1억 원 증여를 받은 것에 대해 5천만 원 증여재산공제를 적용하여 증여세 과세표준이 5천만 원으로 증여세율 10%가 적용하여 산출세액은 500만 원입니다.

어머니로부터 2억 원을 증여받을 때, 10년 이내에 아버지로부터 1억 원을 증여받았으므로 증여재산 1억 원을 합산합니다. 아버지와 어머니는 동일인으로 봅니다.

아버지로부터 1억 원을 증여받아 산출세액 5,000,000원, 신고세액공제 150,000원 적용하여 4,850,000원을 신고납부했습니다. 기납부세액(산출세액) 5,000,000원을 산출세액에서 차감합니다.

신고세액공제 1,050,000원을 차감하여 차가감납부할세액 33,950,000
원을 신고납부합니다.

※ 신고세액공제는 증여세 신고납부 기한에 신고한 경우에만 세액공
제를 적용합니다.

4) 사례2: 성인인 자녀가 아버지로부터 1억 원을 증여받은 후 1년 뒤에 할아버지(부)로부터 2억 원을 증여받은 경우

구분	금액(원)	계산방법
① 증여재산가액	200,000,000	할아버지로부터 증여받은 금액
② 채무액	0	
③ 증여재산가액	0	아버지와 할아버지는 직계존속이지만 동일인은 아님
④ 증여세 과세가액	200,000,000	
⑤ 증여재산공제	0	10년 이내에 아버지로부터 증여받을 때 증여재산공제 5천만 원 기적용됨
⑥ 증여세 과세표준	200,000,000	
⑦ 세율	20%	증여세 과세표준 1~5억 원 이하: 20%, 누진공제 1천만 원
⑧ 증여세 산출세액	30,000,000	
⑨ 세대생략 할증과세액	9,000,000	산출세액 30% 적용
⑩ 기납부세액공제	0	③ 증여재산가액으로 합산한 것이 없음
⑪ 신고세액공제	1,170,000	신고기한 이내 신고하여 신고세액공제 3% 적용 (30,000,000 + 9,000,000) × 3%
⑫ 차가감납부할세액	37,830,000	

할아버지와 아버지는 직계존속으로 같지만, 동일인으로 보지 않습니다. 할아버지로부터 증여세 계산 시, 10년 이내에 아버지로부터 증여받은 재산은 합산하지 않습니다.

할아버지로부터 증여받은 것은 세대를 건너뛴 것이기 때문에 산출세액에 30%를 할증합니다.

5) 손주에게 증여하고 싶다면 손주가 태어났을 때 증여를 하자

조부모(또는 외조부모)가 손주에게 증여를 하고 싶다면 손주가 태어났을 때, 증여를 하는 것이 유리할 수도 있습니다. 손주가 돌이 되었을 때 돌잔치 선물로 증여재산공제 이내의 금액인 2,000만 원을 또는 세율 10%의 구간에 해당하는 1억 2천만 원(증여재산공제 2천만 원을 공제하면 과세표준 1억 원 이하로 세율 10%를 적용)을 증여하는 것을 고려해 볼 수 있습니다.

자녀는 부모 기준으로 상속인에 해당하지만, 손주는 상속인에 해당하지 않습니다. 피상속인의 상속개시일 기준으로 손주에게 5년 이내에 증여한 것은 사전증여재산으로 상속재산에 포함하지만, 5년이 지난 것은 사전증여재산에 해당하지 않습니다. 손주에게 미리 증여하는 것은 상속세 절세 목적으로 고래해 볼 수 있습니다.

50

부모님이 외국에 유학 중인 손주에게 유학비용 등을 지원해 주고 싶어 하신데, 혹시 증여세가 있을까요?

부모는 자녀에 대한 양육과 부양의무가 있습니다. 한국에서 자녀 한 명을 양육하는 데 교육비 등 적지 않은 돈이 지출됩니다. 대학입시가 해마다 치열해지고 있어 그에 따른 사교육 지출은 줄어들지 않고 계속해서 증가하고 있는 것이 현실입니다. 또한, 서울을 중심으로 아파트를 비롯한 주택 가격이 몇 년 전부터 크게 상승하고 있어 주거비용 부담도 크게 높아졌습니다.

부부의 수입만으로 주거 비용에 자녀 양육비까지 감당하기는 쉽지 않습니다. 그래서 양가의 부모님이 생활비 및 양육비 일부를 지원해 주는 경우가 많습니다.

나부자 씨의 딸 서아가 낳은 손녀 수진이가 벌써 3살이 되었는데, 딸은 손녀를 조기유학 보내고 싶다고 합니다. 딸은 손녀가 초등학교를 마치면 미국으로 유학을 보낼 것이라고 합니다. 나부자 씨는 손녀의 유학비용을 보태줄 생각인데, 유학비용을 지원해 주는 것에도 증여세가 있을지 궁금합니다.

이에 나부자 씨는 이에 대해 정셈에게 문의했습니다. 정셈은 다음과 같이 설명했습니다.

1) 부모가 자녀의 학비 · 생활비 · 등록금을 지원하는 것은 증여세가 없다

부모는 자녀에 대해 양육의무가 있습니다. 자녀가 성인이 되기 전까지 양육으로 지출하는 것은 증여세가 없습니다.

자녀가 대학생이 되어도 아직 경제력이 없으므로 등록금 등의 학비를 지원이 필요합니다. 타지에서 원룸을 얻어 대학교를 다니는 경우 부모가 월세도 지원해 줘야 합니다. 이와 관련한 부모가 자녀를 위해 지출하는 것도 증여세가 없습니다.

또한 자녀가 취업을 못하거나 실직 상태로 부모에게 신세를 지게 되어 부모가 성인 자녀를 부양하는 경우에도 증여세가 없습니다.

세법에서는 부모가 자녀에게 생활비나 교육비 등에 대해 사회통념상 인정되는 금품 범위 내에 금액은 증여세를 비과세 하고 있습니다.

2) 부모가 자녀의 유학비용을 지원하면 증여세가 비과세 될까요?

자녀가 국내 학교에 재학 중인 경우뿐만 아니라 해외 유학에 따른 생활비·등록금 등을 지원하는 것도 증여세가 없습니다.

다만, 자녀가 별도로 소득이 있어 생활비와 유학비용을 자력으로 충당하는 것이 가능한데, 부모가 생활비와 유학비용을 지원하는 경우에는 증여세가 부과됩니다. 이는 부모에게 자녀를 부양할 의무가 더 이상 없기 때문입니다.

할아버지·할머니가 부모 대신 손주의 유학비용을 지원해도 증여세가 비과세 될까요?

3) 조부모가 부모 대신 유학비용 등을 지원하면 비과세될까?

할아버지나 할머니 또는 외할아버지나 외할머니가 손주의 유학비용을 부모 대신 지원하면은 증여세가 어떻게 될까요?

자녀의 양육의무와 부양의무는 부모에게 있습니다. 부모가 사고 등으로 먼저 사망한 경우 조부모나 친척 등이 대신 양육을 합니다. 조부모가 부양의무에 따라 손주에게 경제적 지원을 하는 것은 사회통념상 인정이 되기 때문에 증여세가 부과되지 않습니다.

부모가 있는데 조부모가 생활비와 유학비용 등을 지원하는 것은 증여세가 부과됩니다. 다만, 부모의 경제적만으로 자녀의 생활비와 유학비용 등을 지원하기 힘든 경우에 조부모가 유학비용 일부분을 지원하는 것은 가능합니다.

정셈의 상속·증여를 위한 절세 이야기

4) 자녀가 부모로부터 지원받은 유학비용 등을 마음대로 사용해도 되나요?

부모로부터 생활비와 유학비용 등을 지원받은 것은 그 목적에 맞게 사용해야 합니다. 생활비 명목 등으로 받은 것을 데이트나 놀이, 쇼핑 등에 사용할 수 있습니다. 그러나 재산을 형성하는 데 사용해서는 안 됩니다. 이 돈을 모아 학국에 귀국해서 부동산을 구입하면 유학비용은 자녀에게 증여한 것이 됩니다.

《참고 예규》

● 서일46014-10621, 2003. 05. 20.

[제목] 유학 중인 자녀의 학비·생활비에 대하여 증여세가 과세되는지 여부

[요약] 부양의무자 상호 간의 생활비·교육비로서 통상 필요하다고 인정되는 현금을 필요시마다 지급하는 경우 증여세가 과세되지 아니하는 것이나, 생활비·교육비의 경우에도 토지·주택 등의 매입자금 등으로 사용하는 경우에는 증여세가 과세되는 것임.

51

자녀에게 아파트를 증여하려고 하는데, 자녀가 증여세 낼 돈이 없다고 합니다. 부모가 자녀의 증여세를 대신 납부하면, 이것도 증여세가 있을까요?

나부자 씨는 딸 서아와 아들 지호에게 서울 소재 아파트를 증여하고 싶습니다. 지난주에 아내 미나와 함께 가족이 모여 증여에 대해 상의를 하면서 증여를 하기로 결정했습니다.

딸은 현재 취업한 지 얼마 되지 않아 모은 돈이 얼마 없고, 아들은 대학교에 다니고 있습니다. 증여세를 낼 수 있는 형편이 안 됩니다. 그래서 나부자 씨는 증여세를 대신 납부해 줄까 고민입니다.

만일 나부자 씨가 자녀의 증여세와 취득세를 대신 내준 거에도 증여세 있는지 궁금합니다. 이에 대해 정셈에게 이를 문의했습니다. 정셈은 다음과 같이 설명했습니다.

부모가 자녀에게 증여할 때 절세를 하는 것이 중요합니다. 절세만 생각해서는 안 되고 증여를 받은 자녀가 증여세를 납부할 수 있는 재원이 있는지도 고민을 같이해야 합니다.

1) 증여세 납부재원의 중요성

증여세 절세에 못지않게 중요한 것이 수증자의 납부재원입니다. 수증자가 증여를 받을 때 증여재산공제 이내 금액을 증여받는 경우에는 증여세 걱정이 없습니다. 그러나 증여재산공제 한도액을 초과해서 증여를 받으면 증여세를 납부해야 합니다.

금전을 증여받으면 증여세는 증여받은 금전에서 납부하면 되므로 문제가 없습니다. 그러나 부동산과 같은 재산을 증여받는 경우 수증자는 증여세를 자기 돈으로 증여세를 납부해야 합니다.

소득이 없거나 학업 중인 자녀가 부모에게 부동산을 증여받은 경우 증여세와 취득세 등을 수증자인 자녀가 납부해야 합니다. 그런데 이 세금을 납부할 돈이 없으면 부모가 자녀를 대신해서 세금을 납부하는 것도 고민할 수밖에 없습니다.

만일 증여자인 부모가 자녀를 대신해서 세금을 납부하면 어떻게 될까요?

2) 채무 면제와 증여의 관계

증여는 증여자가 수증자에게 직접적인 재산 이전뿐만 아니라 간접적인 방법으로 이익을 얻는 것도 증여로 보고 있습니다.

부동산을 증여하는 것은 당연히 증여에 해당하고, 수증자가 증여세를 납부해야 합니다. 수증자는 국가에 증여세를 납부할 의무가 있습니다. 해당 증여세는 수증자가 국가에 납부해야 하는 것으로 조세채무에 해당합니다. 그런데 증여자가 수증자의 해당 증여세를 대신 납부하면 수증자는 이 조세채무를 면제받게 됩니다. 수증자는 증여세의 금액만큼 이익을 얻은 것과 같습니다. 그래서 증여세 대납은 채무면제로 새로운 증여에 해당합니다.

예를 들어 채무자의 채무액이 3억 원인데, 채권자가 해당 금액을 없는 것으로 즉 면제하기로 결정하기로 했습니다. 채무자는 3억 원의 경제적 이득을 얻게 되는 것이기 때문에 증여에 해당합니다. 이와 마찬가지로 증여자가 수증자의 증여세 3억 원을 대납해주면 수증자는 국가에 납부해야 하는 증여세 3억 원을 면제받아 3억 원의 경제적 이득을 얻는 것이기 때문에 증여에 해당합니다.

그러면 증여세를 대납하는 것은 무조건 증여에 해당이 될까요?

3) 연대납세의무에 따라 세금을 대납하면 증여세가 면제된다

증여세를 대납하는 것은 무조건 증여에 해당이 될까요? 세법에는 연대납세의무 규정이 있습니다. 증여세는 재산을 증여받은 수증자가 납부하는 것이 원칙이지만, 수증자가 다음 중 어느 하나에 해당하는 경우에는 수증자가 납부할 증여세에 대하여 증여자가 연대하여 납부할 의무가 있습니다.

정쌤의 상속·증여를 위한 절세 이야기

① 수증자의 주소 또는 거소가 분명하지 아니한 경우로서 조세채권의
    확보가 곤란한 경우
② 수증자가 증여세를 납부할 능력이 없다고 인정되는 경우로서 강제
    징수를 하여도 조세채권의 확보가 곤란한 경우
③ 수증자가 비거주자인 경우

증여자가 연대납세의무자로서 수증자의 증여세를 대신 납부하는 경우
에는 재차증여에 해당하지 않기 때문에 새로운 증여에 해당하지 않습니
다. 증여자가 연대납세의무를 지는 이유는 수증자가 해당 증여세를 납부
하지 않은 경우 국가가 수증자에게 증여세 징수를 하기에는 어려움이 있
기 때문입니다.

외국에 이민을 간 자녀는 비거주자에 해당합니다. 비거주자인 자녀에게
증여하고 증여세를 대납하면, 이는 연대납세의무에 따라 증여자가 증여세
를 대납한 것이어서 대납한 증여세는 자녀에게 증여세가 면제됩니다.

**4) 증여세를 증여자가 대납했는데 과오납으로 환급되었습니다. 증여자
에게 환급금을 돌려주면 증여에 해당할까요?**

수증자가 내야 될 증여세를 증여자가 대신 내주고 이에 따른 증여세가
부과되었습니다. 이후에 증여세 신고가 잘못된 것을 알게 돼서 증여세
경정청구를 통해 증여세 중에 일부금액을 환급 받았습니다. 수증자가 환
급받은 증여세를 증여자에게 돌려주면 어떻게 될까요?

수증자가 환급받은 증여세를 증여자에게 돌려주는 것은 금전을 증여한 것으로 보아 새로운 증여가 되는 것입니다. 그래서 증여자에게는 수증자로부터 돌려받은 환급금 즉, 해당 금전에 대해 증여세가 부과됩니다.

52

최근 딸에게 부동산을 증여했는데, 사정이 생겨 부동산을 증여한 것을 없던 것으로 하려고 합니다. 증여세는 어떻게 되는지요?

나부자 씨는 몇 달 전에 아파트를 딸 서아에게 증여했습니다. 그런데 회사의 자금 사정이 갑자기 안 좋아져서 고민입니다. 나부자 씨는 자기 재산으로 회사의 자금문제를 해결하려고 했지만 부족합니다. 아무래도 딸에게 증여했던 아파트를 팔아서 회사의 부족한 자금에 충당해야 할 거 같습니다.

저녁에 나부자 씨는 딸에게 지금 회사 사정을 얘기했습니다. 그리고 그 아파트를 팔아서 회사의 자금으로 사용해야 할 거 같다고 말했습니다. 딸은 이 얘기를 듣고 무척 화를 냈습니다. 나부자 씨는 딸에게 미안하다고 얘기하며 사정을 했고, 아내 미나도 딸에게 지금 상황이 너무 힘드니 남편 말대로 하자고 설득을 했습니다. 결국, 딸은 이 증여받은 부동산을 반환하는 것에 동의했습니다.

그런데 증여한 부동산을 취소하고 돌려받으면 세금 문제는 어떻게 되는지 궁금합니다. 이에 대해 나부자 씨는 정셈에게 문의를 했습니다. 정셈은 다음과 같이 설명했습니다.

부모와 자녀 간에 사업 관련 거래를 할 수 있고, 돈거래도 할 수 있습니다. 가족 간 거래를 하는 것에 자유롭습니다. 거래했다가 당사자 간의 계약이나 합의에 따라 거래내용 변경 또는 거래를 취소할 수 있습니다. 이는 문제가 되지 않습니다.

다만, 세법에서는 부모와 자녀 간의 거래에 대해 정당하게 거래를 했는지 검증을 합니다.

1) 증여한 것을 취소

증여한 것을 증여자와 수증자가 합의하여 취소할 수 있습니다. 이는 합의해제를 하는 것인데, 당사자 쌍방이 계약을 해제하기로 합의한 새로운 계약을 하는 것입니다. 증여도 당사자 간 증여계약으로 이루어지는 것이고, 당초 증여도 없던 것으로 하는 합의해제도 계약으로 이루어지는 것입니다.

아버지가 딸에게 아파트를 증여하기로 계약을 하고 증여를 한 것이고, 증여 이후 아버지와 딸이 합의하여 당초 증여받은 아파트를 취소하여 증여를 없던 것으로 하는 계약인 합의해제를 하는 것입니다.

나부자 씨와 딸 서아가 합의해제로 증여한 것을 취소하기로 하면 증여세를 어떻게 되나요?

2) 합의해제를 하면 증여세 납세의무는 어떻게 될까?

당초 아파트를 없던 것으로 하는 합의해제를 하여 증여받은 아파트를 아버지에게 반환하는 경우 증여세 문제는 어떻게 되는 것일까요? 증여받은 아파트를 돌려주었으니 증여세는 없는 것일까요? 이는 아래와 같이 합의해제를 한 시점에 따라 다릅니다.

구분		증여세 신고기한 이내	증여세 신고기한으로부터 3개월 이내	증여세 신고기한으로부터 3개월 후
금전 이외 재산	당초 증여	증여세 ×	증여세 ○	증여세 ○
	반환 · 재증여	증여세 ×	증여세 ×	증여세 ○
금전	당초 증여	증여세 ○	증여세 ○	증여세 ○
	반환 · 재증여	증여세 ○	증여세 ○	증여세 ○

(1) 증여세 신고기한 이내에 합의해제를 한 경우

증여세 신고기한은 증여일이 속하는 달의 말일부터 3개월 이내입니다.

예를 들어 딸이 아버지로부터 아파트를 7월에 증여받은 경우 증여세 신고기한은 10월 말일까지입니다. 이 기간에 합의해제를 하여 딸이 증여받은 아파트를 아버지에게 반환하면 증여받은 딸과 반환받은 아버지는 증여세가 없습니다.

(2) 증여세 신고기한으로부터 3개월 이내에 합의해제를 한 경우

이는 증여세 신고기한이 지난 경우인데, 증여세 신고기한 말일로부터 3개월 이내에 합의해제를 하는 경우입니다.

예를 들어 딸이 아버지로부터 아파트를 7월에 증여받은 경우, 증여세 신고기한 말일인 10월이 지나 3개월 이내인 11월부터 내년 1월 사이에 아버지와 딸이 합의해제를 한 경우입니다. 이 경우 딸의 증여세는 취소되지 않고, 아버지의 증여세는 없습니다.

즉 딸은 증여세를 당초 신고납부 기한인 10월 말일까지 납부를 해야 하고, 반환받은 아버지는 증여세가 부과되지 않습니다.

(3) 증여세 신고기한으로부터 3개월이 지나서 합의해제를 한 경우

이는 증여세 신고기한 말일로부터 3개월이 지나서 합의해제를 하는 경우입니다.

예를 들어 딸이 아버지로부터 아파트를 7월에 증여받은 경우, 증여세 신고기한 말일인 10월말일로부터 3개월이 초과한 내년 2월 이후에 아버지와 딸이 합의해제를 한 경우입니다.

이 경우 딸의 증여세는 취소되지 않고, 아버지에게도 증여세가 부과됩니다. 즉 딸은 증여세를 당초 신고납부 기한인 10월 말일까지 납부를 해야 하고, 반환받은 아버지도 반환받은 날이 속한 말일로부터 3개월 이내에 증여세를 신고납부해야 합니다.

3) 합의해제를 하면 당초 취득세도 없던 것이 되나요?

아버지가 딸에게 아파트를 증여한 것을 합의해제하여 당초 증여한 것을 취소했습니다. 이 경우 취득세는 어떻게 될까요? 증여세 신고기한 이내 증여를 취소하면 증여세가 없던 것이 되는 것처럼 취득세도 없던 것이 될까요?

취득세도 증여세처럼 합의해제를 했으니 취소될 것으로 생각할 수 있습니다. 그런데 취득세는 증여세와 다른 세금입니다. 세금마다 규정과 논리가 다릅니다.

아버지와 딸이 합의해제로 증여를 없던 것으로 해도 수증자인 딸이 납부한 취득세는 취소되지 않습니다. 아버지는 합의해제에 따라 아파트의 소유권이 원상태로 복귀하는 것으로 새로운 취득에 해당하지 않아 취득에 해당하지 않습니다.

4) 주의할 점

부동산 증여는 증여계약을 통해 소유권이전등기로 이루어집니다. 증여일은 소유권이전등기 접수일입니다. 이미 등기 처리가 된 것을 취소하는 것은 말소등기를 하여 해당 부동산을 당초 증여자로 소유권이전등기를 하는 것이기 때문에 모든 등기 내용이 기록됩니다. 이러한 등기 내용은 관할 세무서 및 관할 지자체에 전달이 됩니다. 그러므로 부동산을 증여할 때 신중히 생각하고 진행해야 합니다.

증여세 신고기한 이내에 합의해제를 하면 당초 증여세는 없지만, 취득세는 환급이 되지 않습니다. 증여할 때와 합의해제를 할 때 등기비용도 부담해야 합니다.

53

딸이 아버지 명의로 아파트 매매계약을 하고 매매대금은 딸이 다 부담했습니다. 나중에 아파트 명의를 딸 명의로 변경하려고 하는데, 혹시 증여세 문제가 있을까요?

한국을 흔히 아파트 공화국이라고 합니다. 서울·수도권 지역에 아파트 분양신청을 하기 위해 첫날부터 많은 사람이 몰려들어 북새통을 이루는 것은 흔한 일입니다. 요즘은 서울 아파트 가격 고점 논란과 경기침체 및 고금리로 인한 아파트 수요 감소로 가격이 하락 추세가 계속될지는 논란입니다.

아파트를 매매계약할 때 자기 명의로 계약하는 것은 당연합니다. 어떤 사정으로 인해 가족 명의로 계약을 하고 나중에 자기 명의로 갖고 오는 경우가 있습니다.

나부자 씨의 딸 서아가 아파트를 매수하려고 합니다. 딸이 사정상 자기 명의로 계약하지 않고 나부자 씨의 명의로 계약하기로 했습니다. 매매계약의 계약금 등 모든 비용은 딸이 자기 자금으로 지급했습니다. 아파트의 잔금을 지급하고 소유권이전등기도 마쳤습니다. 나중에 아파트 명의를 딸 명의로 변경하려고 하는데, 혹시 세금에 영향이 있을지 궁금합니다.

나부자 씨는 이에 대한 고민을 정샘에게 문의했습니다. 정샘은 다음과 같이 설명했습니다.

부동산을 계약할 때 자기 명의가 아닌 다른 사람의 명의로 계약하는 것은 부동산 명의신탁에 해당합니다.

1) 부동산 명의신탁이란?

아파트 등 부동산을 취득할 때 자기 명의가 아닌 타인 명의로 구입하는 경우가 있습니다. 세금 회피, 채권자의 채권추심, 공직자 재산공개 등 어떤 사유로 인해 해당 부동산 소유자로 자기 이름을 숨겨야 해서 소유자를 타인 명의로 계약하는 것입니다. 이를 부동산 명의신탁이라고 합니다. 부동산 명의신탁은 불법입니다.

부동산 명의신탁은 일반적인 명의신탁인 양자 간 명의신탁, 매매계약 단계에서의 계약명의신탁과 3자 간 등기명의신탁이 있습니다.

2) 부동산 명의신탁 종류

부동산 명의신탁은 일반적인 명의신탁인 양자 간 명의신탁, 매매계약단계에서의 계약명의신탁과 3자 간 등기명의신탁으로 구분할 수 있습니다.

정샘의 상속·증여를 위한 절세 이야기

(1) 양자 간 명의신탁

양자 간 명의신탁이란 원래 자기 앞으로 등기가 되어 있던 자기 소유의 부동산을 다른 사람의 명의로 이전해 놓는 형태의 명의신탁입니다. 부동산 매매계약에서 매수인으로 등기를 하는 것이 아니고, 다른 사람 명의로 등기를 하는 계약명의신탁과는 다른 것입니다.

(2) 계약명의신탁

통상적인 명의신탁이 계약명의신탁입니다. 계약명의신탁은 매매계약을 할 때 실제 매수인이 다른 사람 즉 명의를 빌려주기로 한 사람 통해 계약서에 서명하고 등기도 그 사람 명의로 등기를 하는 것입니다. 실제 매수인이 매매계약서에 서명하는 것이 아니고, 등기도 자기 명의로 하는 않습니다.

(3) 3자 간 등기명의신탁

3자 간 등기명의신탁은 매도인과 실제 매수인이 매매계약을 하면서 부동산 명의는 명의수탁자(명의대여자)의 명의로 등기하는 것을 말합니다. 앞의 계약명의신탁과 차이점은 매매계약에서 실제 매수인이 매도인과 합의를 하여 명의신탁이 이루어진다는 것이 다릅니다.

3) 부동산 명의신탁의 효력과 책임은?

부동산 명의신탁을 한 경우 효력이 없습니다. 법에서 명의신탁약정은 무효로 하고 있습니다. 소유권이전등기를 해도 해당 부동산의 물권변동은 무효가 됩니다. 또한, 부동산 명의신탁을 했을 때 거래대금의 30% 이내의 금액을 명의신탁자와 명의수탁자에게 과징금으로 부과합니다.

4) 가족 명의로 등기한 주택을 자기 명의로 변경하면 증여세가 있을까요?

딸 서아가 주택을 아버지 명의로 계약하면서 계약금부터 잔금까지 딸 서아의 자금으로 납부한 주택을 딸 명의로 전환하는 것은 본래 자기 주택을 찾아오는 것과 같습니다. 딸 서아가 자기의 자금으로 해당 주택의 매매대금을 부담했다는 것을 입증하면 증여세는 부과되지 않습니다.

소유권이전등기를 하는 해당 주택의 시가가 아버지 명의로 취득했을 당시보다 상승한 금액분에 대해서는 증여세를 부과합니다.

5) 부동산명의신탁의 처벌

부동산명의신탁의 처벌에 대해서는 부동산실명법에서 규제를 하고 있어서 세법은 부동산 명의신탁에 대해 규제를 하지 않고, 주식 명의신탁에 대해서는 증여세를 부과하는 것으로 규제를 하고 있습니다.

부동산 명의신탁은 불법이기 때문에 하지 말아야 합니다. 재산 은닉, 조세회피 등의 목적으로 명의신탁을 하는 경우가 있으나, 엄연히 불법이고 과징금 부과 및 형사처벌도 받을 수가 있습니다. 부동산 명의신탁은 하면 안 됩니다.

54

딸이 아파트 분양신청을 아버지 명의로 신청하였는데 당첨이 되었습니다. 분양계약 체결을 하고 계약금은 딸의 돈으로 납부했습니다. 아파트 분양권의 전매제한이 풀려서 딸 명의로 변경하려고 합니다. 혹시 증여세를 내야 하나요?

마음에 드는 아파트 분양상품을 발견해서 분양신청을 하고 싶은데 신청자격 조건이 안되는 경우가 있습니다. 이 경우 분양신청을 포기하고 자격이 될 때까지 기다리거나 가족 중에 분양신청 자격이 되는 가족 명의로 신청하는 경우가 있습니다.

나부자 씨의 딸 서아가 아파트 분양신청을 하고 싶은데 자격이 되지 않습니다. 아파트 분양신청을 아버지 나부자 씨의 명의로 신청하였는데 당첨이 되었습니다. 나부자 씨는 분양계약 체결을 하고 계약금은 딸의 돈으로 납부했습니다. 아파트 분양권의 전매가 가능해서 딸 명의로 변경하려고 합니다.

나부자 씨는 증여세를 내야 하는지 궁금해서 정셈에게 문의를 했습니다. 정셈은 다음과 같이 설명했습니다.

아파트 분양신청에 당첨이 되면 계약금을 납부를 합니다. 분양권은 해당 지역에 따라 전매가 가능한 기간이 다릅니다. 전매가 가능해지면 실제 소유자로 시행사에 권리변경 신청을 합니다.

1) 분양권 명의신탁도 부동산실명법 적용대상인지요?

부동산 명의신탁은 부동산실명법 적용대상입니다. 분양권은 부동산을 취득할 수 있는 권리입니다. 부동산은 아니니까 부동산실명법 규정이 적용되지 않는 것으로 생각할 수 있습니다. 그러나 대법원은 분양권도 분양권 명의신탁 약정에서도 부동산실명법이 적용될 수 있다고 판단하고 있습니다.

● 대법원 2015. 12. 23. 선고 2012다202932 판결

구 부동산 실권리자명의 등기에 관한 법률(2010. 3. 31. 법률 제10203호로 개정되기 전의 것) 제4조 제1항은 "명의신탁약정은 무효로 한다."라고 규정하고, 제2항은 "명의신탁약정에 따라 행하여진 등기에 의한 부동산에 관한 물권변동은 무효로 한다. 다만 부동산에 관한 물권을 취득하기 위한 계약에서 명의수탁자가 그 일방당사자가 되고 그 타방당사자는 명의신탁약정이 있다는 사실을 알지 못한 경우에는 그러하지 아니하다."라고 규정하고 있다. 따라서 명의신탁자와 명의수탁자가 계약명의신탁 약정을 맺고 명의수탁자가 당사자가 되어 명의신탁약정이 있다는 사실을 알지 못하는 소유자와 부동산의 취득에 관한 계약을 체결하면 계약은 유효하다.

2) 분양권 명의신탁 환원

가족 간의 분양권 명의신탁을 하는 경우 분양권 전매금지 기간이 지나 전매가 가능해지면 실제 소유자에게 권리변경을 합니다. 이를 명의신탁 환원이라고 합니다. 명의수탁자가 실제 소유자인 명의신탁자에게 명의 신탁한 재산인 분양권을 돌려주는 것입니다. 해당 분양권은 시행사에 권리변경 요청을 하여 이루어집니다.

해당 분양권을 실제 소유자 명의로 변경을 하면 증여세가 있을까요?

3) 분양권을 실소유자 명의로 변경하면 증여세가 있을까요?

명의수탁자가 분양권의 실제 소유자인 명의신탁자에게 분양권을 돌려주는 명의신탁 환원을 한 경우에는 증여세가 부과되지 않습니다. 실제 소유자인 명의신탁자가 분양권의 계약금 등을 부담했다는 것을 증명할 수 있는 자료가 있어야 소명할 수 있습니다.

4) 명의수탁자에게 양도소득세가 있을 수 있다

분양권에 대해 중도금이 납부된 경우 중도금 대출을 이용해서 납입하는 것이 일반적입니다. 그리고 분양권 프리미엄이 형성되어 있는 상태에서 분양권을 딸에게 환원하면 프리미엄에 대해서는 부담부증여의 해당합니다. 프리미엄에 해당하는 금액이 딸에게 무상이전이 되는 것이어서 증여자(명의자)에게 양도소득세가 부과됩니다.

55

아들이 아파트 분양신청을 하여 당첨이 되었습니다. 그런데 분양대금을 납부할 돈이 부족하여 부모가 분양대금 중 일부를 납부해 주었습니다. 증여세 문제가 있을까요?

대한민국에서 내 집 마련은 모든 사람의 소원일 것입니다. 특히 서울에서는 그 의미가 더욱 특별합니다. 서울에서 내 집 마련의 현실은 부부가 같이 벌어서 집을 마련한다는 것은 너무나 힘든 일입니다. 부부가 최소 20년은 최대한 아껴야 겨우 내 집 마련이 가능할 정도입니다. 서울 아파트를 부모 도움 없이 취득하는 것은 억대 연봉자가 아니면 사실상 불가능한 현실입니다.

나부자 씨의 아들 지호 씨는 자기 집을 마련하고 싶습니다. 분양신청을 했는데 번번이 떨어지다가 이번에 분양신청에 당첨이 되었습니다. 당첨의 기쁨도 잠시 지호 씨는 분양대금을 납부할 여력이 부족한 것입니다. 그래서 아버지에게 도움을 요청했습니다. 아들의 사정을 알게 된 나부자 씨는 아내 박미나 씨와 상의하여 아들을 도와주기로 했습니다.

그런데 아들의 분양대금을 지원해 주는 것이 세금에 영향이 있을까 궁금합니다.

이에 대해 나부자 씨는 정셈에게 문의를 했습니다. 정셈은 다음과 같이 설명했습니다.

부동산을 취득할 때 자금을 어떻게 조달했는지 소명이 가능해야 합니다.

1) 부동산 취득자금과 자금조달 소명

부동산을 취득할 때 지자체에 부동산거래신고를 하고, 등기소에 소유권이전등기를 합니다. 이러한 내역은 관할 세무서에 전달이 됩니다. 즉 매수인이 부동산을 취득했다는 정보를 관할 세무서는 알고 있다는 것입니다.

부동산을 취득내역 등을 제공받은 관할 세무서는 해당 부동산 취득자에게 이 부동산을 취득할 때 자금을 어떻게 조달하였는지 소명할 것을 요청할 수 있습니다.

만일 부동산 취득자금에 대해 소명을 하지 못하는 경우 관할 세무서는 취득자금을 증여받은 것으로 보아 증여세를 부과합니다.

경제력이 부족한 자녀가 분양신청에 당첨되는 경우 부모로부터 분양대금을 지원받는 경우, 증여세 문제로 지원받은 분양대금을 빌린 것으로 하기로 합니다. 돈을 빌린 것이라고 증명하기 위해 차용증을 작성합니다.

2) 아파트 취득자금과 자금조달 계획

아파트 가격이 급상승하던 시기에 신혼부부들이 영끌을 하여 내 집 마련을 했습니다. 아파트 취득자금이 부족한 자금은 금융권에서 대출을 최대한 받았고, 그래도 부족한 금액은 부모로부터 지원을 받을 수밖에 없습니다. 정부는 아파트 가격이 지속적으로 상승하고 투기적 거래가 문제가 되자, 자금조달계획서 제출 의무를 아래와 같이 확대하였습니다.

① 투기과열지구, 조정대상지역 등 규제지역 내 소재한 주택은 금액과 상관없이 자금출처계획서를 제출해야 합니다.

② 비규제지역 내 소재한 주택은 매매가액이 6억 원을 초과하는 경우 자금출처계획서를 제출해야 합니다.

③ 법인이 주택을 취득하는 경우 지역과 매매가액에 상관없이 자금출처계획서를 제출해야 합니다.

서울에서 아파트를 분양받으려면 자금조달계획서는 무조건 제출해야 합니다. 이러한 내용을 자금조달계획서에 기재해야 하고, 증빙자료와 함께 제출해야 합니다. 지자체에 제출한 자료는 관할 세무서에 전달이 되어 담당조사관이 확인을 합니다. 자금조달 내역에 의심되는 것이 있으면 해당 주택의 취득자에게 이에 대한 소명을 요청합니다. 부모로부터 취득자금을 빌린 것이면 차용증(또는 금전소비대차계약서)과 이체내역을 제출하면 됩니다.

아파트 취득자금을 부모로부터 빌리기만 하면 될까요? 현실적으로 자녀가 자신의 소득을 통해 차입금을 상환할 수 있는 금액이어야 합니다. 이러한 문제로 납세자와 관할 세무서와의 다툼이 매년 발생하고 있는 것이 현실입니다.

자녀가 부모로부터 아파트를 구입하는 데 필요한 자금을 빌린 경우 차용증(또는 금전소비대차계약서)을 작성하고 차용증에 기재된 계좌로 이체를 받아야 합니다. 그리고 차용증에 약정한 이자를 실제로 지급해야 합니다.

3) 자금대여와 지급이자의 원천세 신고납부 의무

자녀가 부모로부터 차용증을 작성하고 아파트를 구입하는 데 필요한 자금을 이체 받았습니다. 차용증에 무이자 조건이 아닌 이자를 지급하기로 약정한 경우 이자를 지급해야 합니다.

차용증을 작성할 때 약정이자를 지급하기로 했으면 실제로 이자를 지급할 때 차입자인 자녀는 원천징수(국세 25%, 지방세 2.5%)를 하고, 대부자인 부모에게 차액을 지급해야 합니다. 또한, 이자지급과 원천징수에 대해 관할 세무서와 지자체에 원천세 신고납부를 해야 합니다.

부모로부터 이자지급 조건으로 돈을 빌린다면 부모에게 이자를 지급할 때마다 원천세 신고납부를 해야 하나요? 만일 원천세 신고납부를 하지 않으면 어떻게 되나요?

만일 신고납부를 하지 않으면 원천세를 무신고한 것이 되고, 관할 세무서와 지자체는 원천세 추징 및 가산세를 부과합니다.

4) 지급이자를 약정할 때 무이자나 저리로 하면 증여세가 있을 수 있다

현재 세법은 자금을 차입한 것에 대해 연 4.6%의 이자율을 기준으로 정하고 있습니다. 자녀가 부모로부터 무이자나 저리로 자금을 빌리면 자녀는 이자혜택을 얻게 됩니다. 무이자나 저리로 혜택을 본 금액이 연 1,000만 원까지는 증여세를 부과하지 않습니다.

무이자 조건으로 자녀가 부모에게 돈을 빌린다면 원금 217,391,304원까지는 무이자에 해당하는 증여세가 없습니다.

5) 만일 빌린 돈을 갚지 않으면 어떻게 될까요?

어떤 분은 차용증을 작성해서 세무서에 제출하고 몇 년 지나고 나면 세무서가 이를 기억하고 있을까요? 하고 말씀하시는 분들이 있습니다. 세무서는 제출된 서류에 대해 국세청 전산망에 전부 입력을 해서 관리를 합니다.

자녀가 부모로부터 원금 2억 원을 무이자 조건으로 돈을 빌려서 만기를 연장하는 방식으로 유지하고 있다가 부모가 사망하면 어떻게 될까요? 원금 2억 원은 사망한 부모의 상속재산에 포함합니다.

만일 원금이 자녀의 경제력 등을 고려할 때 현실적으로 상환하기 힘든

정셈의 상속·증여를 위한 절세 이야기

금액인 경우 부모가 자금을 대여한 것으로 인정하지 않을 수 있습니다. 이 경우에는 증여로 볼 수 있으므로 자금을 자녀에게 대여할 때는 자녀의 경제력 등을 고려한 금액을 대여하는 것이 중요합니다. 시간이 지나면 잊어버리지 않겠어요?

56

딸이 결혼하면서 지인과 친척들로부터 혼수용품과 축의금을 받았습니다. 딸에게 증여세가 있을까요?

나부자 씨의 딸 서아가 지난달에 결혼식을 올렸습니다. 많은 이들의 축복 속에서 백년가약을 맺었습니다. 친척과 지인들로부터 축의금과 혼수용품을 받았는데, 값비싼 생활용품과 적지 않은 금액을 받았습니다.

나부자 씨는 뉴스에 축의금과 혼수용품에도 증여세가 있다는 뉴스기사를 읽은 것이 기억이 나서, 혹시 딸 서아에게 증여세가 부과되는 게 아닌지 걱정이 됩니다.

이에 대해 정셈에게 문의했습니다. 정셈은 다음과 같이 설명했습니다.

1) 축의금과 혼수용품은 사회통념상 인정되는 금품의 범위에 해당할까?

무상으로 재산 등을 받는 것은 증여에 해당합니다. 증여에 해당하는 경우 당연히 증여세가 과세됩니다.

정셈의 상속·증여를 위한 절세 이야기

부모나 친·인척 또는 지인으로부터 용돈이나 생활비, 교육비 등을 지원받는 것도 무상으로 받는 것이니 증여에 해당하여 증여세를 부담해야 할까요? 그렇지 않습니다. 사회통념상 인정되는 치료비, 생활비, 교육비 등은 증여세를 비과세합니다.

세법에서는 기념품·축하금·부의금 기타 이와 유사한 금품으로서 통상 필요하다고 인정되는 금품과 혼수용품으로서 통상 필요하다고 인정되는 금품 등 사회통념상 인정되는 금품에 대해서는 증여세를 비과세합니다.

나부자 씨의 딸 서아가 친인척 등으로부터 받은 축의금과 혼수용품도 사회통념상 인정되는 금품에 포함되어 증여세가 비과세됩니다.

그런데 축의금과 혼수용품이 금액에 상관없이 증여세가 비과세될까요?

2) 세법상 인정되는 기념품·축하금·부의금 및 혼수용품이라도 증여세가 부과될 수 있다

세법에서 사회통념상 필요하다고 인정하는 혼수용품은 일상생활에 필요한 가사용품에 한합니다. 혼수용품으로 호화·사치용품이나 주택·차량 등을 선물 받은 경우에는 증여세를 부과합니다.

부모가 자녀의 결혼선물로 서울 소재의 아파트를 선물한다면 이는 누구나 사회통념상 인정되는 금품의 범위를 넘었다고 생각할 것입니다. 축의금으로 어느 정도까지 인정이 되는지는 사람마다 생각이 다릅니다. 집안 경제력에 따라 적절한 축의금의 액수와 선물의 금액을 생각하는 것이 다르기 때문입니다.

사회통념상 인정되는 금품의 범위는 어느 정도일까요? 사실 사회통념상 인정되는 금품의 범위란 추상적인 표현입니다. 그래서 이 금액이 사회통념상 인정 되는지 안 되는지를 알 수가 없습니다.

만일 금액이 정해져 있다면 금액에 약간 낮추어 지급할 것입니다.

3) 주의할 점은?

세법에 축의금이 얼마 이상이면 증여에 해당한다는 기준은 없지만, 상식적인 금액의 범위 내에 축의금이어야 합니다. 결혼식 하객에게 받은 축의금은 생활비로 사용해야 하고, 축의금으로 부동산 구입자금으로 사용하는 등 재산형성을 하는 데 사용하면 안 됩니다. 주택을 구입하는 데 축의금을 사용하면 관할 세무서에서는 축의금을 증여로 봅니다.

그래서 축의금을 부동산 등을 구입하는 데 사용하면 안 됩니다. 하객으로부터 사회통념상 인정되는 금품의 범위 내에 축의금이라고 해서 반드시 비과세되는 증여재산에 해당하는 것은 아닙니다.

57

공무원이셨던 아버지의 장례를 치렀습니다. 공무원연금공단으로부터 부의금을 받았는데, 이 부의금에 증여세가 있을까요?

한국에서 결혼식과 장례식에 하객과 조문객이 내는 부조금은 품앗이로 여겨지고 있습니다. 스몰웨딩과 가족과 친척 및 소수의 지인만으로 하는 장례 등 풍토가 바뀌고 있지만, 아직은 친척과 지인들에게 청첩장과 부고장을 보내고 있습니다.

최근에 나부자 씨는 아버지께서 돌아가셔서 장례를 치렀습니다. 아버지께서 공무원으로 오랫동안 재직하셨다가 정년으로 퇴직하셨습니다. 장례식장에는 예상보다 많은 분들이 조문을 와서 정신없이 바빴지만, 위로를 많이 받았습니다. 조문객이 낸 부의금의 금액도 상당합니다. 부의금 중에 공무원연금공단으로부터 받은 것도 있습니다. 이 부의금에 증여세가 있을지 궁금합니다.

이에 대해 나부자 씨는 정셈에게 문의했습니다. 정셈은 다음과 같이 설명했습니다.

1) 장례식에서 조문객이 낸 부의금이 비과세 증여재산에 해당하나요?

부모님이 돌아가셔서 장례를 치를 때 친·인척과 지인들에게 부고 소식을 전합니다. 부고 소식을 접한 많은 이들이 장례식에 조문을 합니다. 조문을 할 때 부의금도 상주에게 전달합니다.

조문객이 상주에게 전달해 준 부의금은 증여세가 있을까요?

세법에서는 기념품·축하금·부의금 기타 이와 유사한 금품으로서 통상 필요하다고 인정되는 금품으로 사회통념상 인정되는 금품의 범위에 대해 증여세를 비과세합니다. 사회통념상 인정되는 금품의 범위 내의 부의금은 비과세되는 증여재산에 해당합니다.

공무원연금관리공단으로부터 부의금을 받는 것도 비과세 되는 증여재산에 해당하나요?

2) 공단 등으로부터 부의금을 받는 것도 비과세 되는 증여재산에 해당하는지요?

공무원연금관리공단과 같은 공단이나, 공제기금, 협회나 단체 또는 조합, 상조회 등은 내부 규정에 따라 부의금을 지급합니다. 상주가 조문객이 아닌 공단 등으로부터 부의금을 받는 것도 비과세 증여재산에 해당할까요?

국세청의 유권해석에 따르면 증여세를 부과하지 않습니다. 해당 공단 등으로부터 받은 부의금이 〈소득세법〉에 따라 소득세가 비과세되는 경우에는 증여세를 부과하지 않습니다. 다만 해당 부의금은 사회통념상 인정되는 금품의 범위 내의 부의금이어야 합니다.

《관련 예규》

● 서면상속증여2020-3946, 2020. 12. 14.
[제목] 부의금이 증여재산에 해당하는지 여부
[요약] 공무원연금관리공단으로부터 지급받는 부의금이 소득세법에 따라 소득세가 비과세되는 경우에는 증여세를 부과하지 않는 것이며, 직장상조회가 소속 직원으로부터 지급받아 유족 등에게 전달하는 부의금이 사회통념상 통상 필요하다고 인정되는 금품(비과세되는 증여재산)에 해당하는지 여부는 소속 직원 각자로부터 지급받은 금액을 기준으로 판단하는 것임

3) 주의할 점은?

공무원연금관리공단 등으로부터 받는 부의금에 대해서는 관련 규정이 명확하지 않아 논란이 있을 수 있습니다. 국세청의 예규는 공무원연금관리공단에서 유가족에게 부의금을 지급한 것에 대한 증여세 비과세 여부에 대한 답변입니다. 한국에는 수많은 공공기관이 있으므로, 다른 공공기관에서 부의금을 받은 것도 증여세 비과세를 적용받을 수 있다는 보장은 없습니다. 공단과 같은 기관이나 협회 등으로부터 부의금이나 축의금을 받는 것에 대해서는 증여세를 비과세한다는 명확한 법률개정이 필요해 보입니다.

58

평생 모은 재산을 사회에 환원하고 싶어 공익법인 설립을 고민하고 있습니다. 증여세 혜택을 받을 수 있을까요?

요즘 재산을 자녀에게 물려주기보다 사회에 환원하고 싶어 하시는 분들이 많아지고 있습니다. 매스컴에서도 이와 관련된 기사가 종종 보도되고 있고, 기부 문화가 많이 정착되어 가고 있습니다.

나부자 씨가 참석하고 있는 CEO모임에서 공 대표는 평생 일궈온 재산을 사회에 환원하는 것에 관심이 많다며, 장학재단을 직접 설립해서 노년에 원하는 일을 하고 싶다고 합니다. 황 대표도 노년에 사회복지재단을 설립해서 어려운 이들을 돕고 싶다고 합니다.

나부자 씨도 장학사업에 관심이 있어 평소에 생각은 하고 있었지만, 깊게 생각하고 있지는 않았습니다. 그런데 CEO모임에서 대표들의 얘기를 듣고 나서 진지하게 생각하고 싶어졌습니다. 장학재단에 설립을 위해 재산을 출연하면 증여세가 있을지 자녀들에게 나중에 물려줘도 괜찮을지 궁금합니다.

이에 대해 나부자 씨는 정셈에게 문의를 했습니다. 정셈은 다음과 같이 설명했습니다.

1) 일반적인 공익법인

"공익법인"이란 사회복지, 종교, 교육, 장학, 의료 등 사회 일반의 이익 즉 공공의 이익을 목적으로 설립된 비영리법인을 말합니다. 비영리법인 중에 공공의 이익을 목적으로 사업하는 법인이 공익법인입니다.

비영리법인이 넓은 범위이고 공익법인은 비영리법인보다 좁은 범위의 법인입니다. 비영리법인과 공익법인을 구분 없이 사용하는 경우가 있는데, 공익법인은 비영리법인에 포함되지만, 비영리법인은 공익법인일 수도 있고 아닐 수도 있습니다.

2) 세법에서 말하는 공익법인이란

세법에서 말하는 공익법인은 종교·학교 및 유치원·사회복지·의료의 사업을 하는 비영리법인과 기부금단체로 지정을 받은 비영리법인을 말합니다.

세법상 공익법인은 당연 공익법인과 기부금단체로 지정을 받은 공익법인으로 구분할 수 있지만, 보통 기부금영수증을 발급할 수 있는 기부금단체를 말합니다.

공익법인에는 어떤 세금혜택이 있을까요? 대표적인 것이 증여세 비과세입니다.

3) 공익법인 등이 출연받은 재산에 대해서는 과세가액 불산입으로 증여세를 비과세 한다

문화의 향상, 사회복지 및 공익의 증진을 목적으로 하는 공익법인 등이 출연받은 재산에 대해서는 증여세 과세가액에 산입하지 않습니다. 즉 증여세를 비과세합니다.

국민이 공익법인에게 좋은 일에 사용하라고 금전 또는 현물 등을 기부했는데, 국가가 기부를 받은 것에 증여세를 부과하면 공익법인은 사업을 하는 데 어려움이 있을 것입니다. 그래서 국가는 공익법인에게 기부금(또는 출연재산)에 세금을 비과세하는 것으로 세금혜택을 부여하고 있습니다.

기부는 금전 기부뿐만 아니라 현물, 부동산, 주식 등을 기부하는 것도 가능합니다. 최근에는 금전과 같은 물질적인 기부가 아닌 자신의 재능을 기부하는 것도 많이 증가하고 있습니다.

세법은 공익법인이 기부받은 금전 등에 증여세가 비과세 되는 것을 악용하여 증여세 탈세수단으로 이용되는 것을 방지하기 위해 의무를 두어 규제를 하고 있습니다.

정샘의 상속·증여를 위한 절세 이야기

4) 공익법인의 주요 신고의무

공익법인이 기부받은 금전 등에 증여세가 비과세됩니다. 이를 악용하여 증여세 탈세수단으로 이용될 수 있습니다. 그래서 세법에는 공익법인이 매년 서류를 작성하여 제출해야 하는 의무를 두어 규제를 하고 있습니다.

(1) 출연재산 등에 대한 보고서 제출

재산을 출연받은 공익법인은 사업연도 종료일부터 4개월 이내에 공익법인 출연재산 등에 대한 보고서를 제출하여야 합니다.

(2) 외부전문가의 세무확인서 보고

총자산가액이 5억 원 이상이거나 수입금액과 출연받은 재산가액의 합계액이 3억 원 이상인 공익법인은 2명 이상의 외부전문가로부터 세무확인을 받아 사업연도 종료일부터 4개월 이내에 세무확인서를 제출하여야 합니다.

(3) 결산서류 등 공시

공익법인(종교단체은 제외)은 사업연도 종료일부터 4개월 이내에 국세청 홈택스에 결산서류 등을 공시하여야 합니다. 소규모 공익법인은 간편서식으로 공시할 수 있습니다.

(4) 주식보유 관련 의무이행 신고

동일 내국법인 발행주식총수의 5% 초과하여 출연·취득하였거나 특수관계 있는 내국법인 주식을 총재산가액의 30%(50%) 초과하여 보유하는 경우 공익법인은 사업연도 종료일부터 4개월 이내에 의무이행 여부를 신고하여야 합니다.

(5) 기부금 모금액 및 활용실적 공개

기부금단체(종교단체 제외)는 기부금 모금·활용 실적을 사업연도 종료일부터 4개월 이내에 해당 법인의 누리집과 홈택스에 게시하는 방법으로 각각 공개하여야 합니다.

(6) 주기적 감사인 지정제도 관련 기초자료 제출

총자산가액이 1,000억 원 이상인 공익법인 중 감사인 지정대상인 경우, 사업연도 개시일부터 9개월째 되는 달의 초일부터 2주 이내에 지정에 필요한 자료를 제출하여야 합니다.

위의 의무를 위반하면 비과세했던 증여세를 추징 및 가산세를 부과합니다.

정쌤의 상속·증여를 위한 절세 이야기

태어날 때 장애를 갖고 태어난 자녀가 있습니다. 생전에 재산을 미리 나눠주고, 이 재산을 누가 잘 관리를 해줬으면 합니다. 증여세 혜택이 있을까요?

나부자 씨에게는 동생이 2명 있습니다. 막내 동생은 결혼해서 슬하에 1남 1녀를 낳았습니다. 그런데 둘째인 딸이 태어날 때 장애를 갖고 태어나서 동생은 늘 마음이 안쓰럽기만 합니다.

어느 날 가족 모임에서 막내 동생은 자기 딸에게 생전에 재산을 미리 나눠주고, 이 재산을 누가 잘 관리를 해줬으면 좋겠다고 합니다. 나부자 씨도 그렇게 하는 것이 좋겠다고 생각했습니다. 이 경우 증여세 혜택을 받을 수 있는지 궁금합니다.

가족 모임이 끝나고 나부자 씨는 정샘에게 이에 대해 문의했습니다. 정샘은 다음과 같이 설명했습니다.

장애인에게 증여하는 재산에 대해 증여세 혜택이 있을까요?

1) 장애인이 증여받은 재산에 대해 증여세를 비과세 받을 수 있다.

세법에는 장애인에게 증여하는 재산에 대해 증여세 혜택을 주는 규정이 있습니다.

장애인이 타인으로부터 증여받은 재산(금전, 유가증권, 부동산)을 신탁업자에게 신탁하여 그 신탁의 이익을 전부 지급받는 경우에는 그 증여받은 재산가액(당해 장애인이 생존기간 동안 증여받은 재산가액 합계액으로 5억 원 한도)은 과세가액에 산입하지 않습니다.

일반적으로 자녀가 증여받은 재산에 증여세를 비과세하는 것과 다릅니다. 증여세를 비과세 받기 위한 요건은 어떻게 될까요?

2) 증여세를 비과세 받기 위한 요건은?

장애인이 자녀가 증여세 특례를 비과세 받기 위한 요건은 다음과 같습니다.

① 증여받은 재산 전부를 자본시장과 금융투자업에 관한 법률에 따른 신탁회사에 신탁할 것
② 그 장애인이 신탁의 이익 전부를 받는 수익자일 것
③ 신탁기간이 그 장애인이 사망할 때까지로 되어 있을 것

부모가 자녀에게 직접 증여를 하는 것이 아니고, 금융회사의 신탁상품을 이용하는 것입니다. 금융회사 상품에는 장애인 신탁 상품이 있습니

다. 신탁의 수익자는 자녀로 합니다.

장애인이 사망하기 전에 신탁기간이 끝나는 경우에는 신탁기간을 장애인 사망할 때까지 계속 연장해야 합니다.

3) 장단점은?

일반적인 증여처럼 부모가 자녀에게 증여를 하고, 자녀는 증여받은 재산을 원하는 것에 사용할 수 있는 형태의 증여가 아닙니다.

부모가 증여재산(한도 5억 원)을 금융회사인 신탁업자에게 위탁을 해야 하고, 신탁재산(위탁된 증여재산)에서 파생되는 이익을 수익자인 장애인 자녀가 받는 구조입니다.

이런 구조가 불편해 보일 수 있지만, 안정적으로 장애인 자녀가 혜택을 받을 수 있는 장점이 있습니다. 이와 관련된 금융상품이 많이 활성화되어 있습니다.

60

재산 중에 토지가 있는데, 현재 나대지 상태로 있습니다. 자녀가 이 토지에다 건물을 신축해서 부동산임대를 하고 싶다고 합니다. 자녀에게 이 토지를 무료로 사용하게 해도 될까요?

나부자 씨 재산 중에 토지가 있습니다. 토지 중에 현재 나대지 상태인 것이 있습니다. 딸 서아가 예전부터 건물을 신축해서 건물주가 되고 싶다고 말하곤 했습니다.

딸은 현재 회사에 취직해서 착실하게 회사를 다니며, 저축으로 돈을 모으고 있습니다. 건물을 지을 공사비는 거의 다 모아 갑니다. 그런데 토지를 구입할 비용을 모으려면 매달 저축하는 돈으로 20년은 더 모아야 할 거 같습니다.

나부자 씨는 현재 나대지 상태인 토지에다 딸이 건물을 지으면 좋겠다고 생각합니다. 딸에게 이 토지를 무료로 사용하게 하면 세금이 어떻게 될지 궁금합니다.

이에 대해 나부자 씨는 정셈에게 문의를 했습니다. 정셈은 다음과 같이 설명했습니다.

정셈의 상속·증여를 위한 절세 이야기

부모가 주택, 토지, 상가 등 부동산을 소유하고 있는 경우 자녀에게 부동산을 무상으로 사용하게 하는 경우가 많습니다.

1) 자녀에게 부동산을 무상으로 사용하는 형태들

부모가 주택, 토지, 상가 등 부동산을 소유하고 있는 경우 자녀에게 부동산을 무상으로 사용하게 하는 경우가 있습니다.

결혼한 자녀에게 여유 주택을 무상으로 사용하게 하는 경우, 건물 중에 유휴 공간을 창업하려는 자녀에게 무상으로 사용하게 하는 경우, 나대지 상태로 있는 토지를 자녀에게 무상으로 사용하게 하는 경우 등. 이처럼 자녀에게 부동산을 무상으로 사용하는 여러 형태가 있습니다.

그러면 부모가 소유하고 있는 부동산을 자녀에게 무상으로 사용하게 하면 증여세가 있을까요?

2) 부동산 무상사용과 증여세의 관계

자녀가 주택을 신축하여 임대하는 사업을 구상 중입니다. 토지를 구입하여 건물을 신축해야 하는데, 토지를 구입할 자금이 없습니다. 마침 부모님이 소유하고 있는 토지 중에 나대지 상태로 있는 토지를 빌려서 신축하려고 합니다. 부모님은 이 나대지를 자녀에게 무상으로 빌려주기로 했습니다. 혹시 이렇게 하면 증여세 문제가 있을까요?

세법은 부모의 부동산을 무상으로 사용함으로써 1억 원 이상의 이익을 얻은 경우, 그 이익에 상당하는 금액을 자녀의 증여재산가액으로 보아 증여세를 부과합니다.

그러면 부동산 무상사용에 따른 이익은 어떻게 계산하나요?

3) 부동산 무상사용 이익 계산

부동산 무상사용에 따른 이익은 다음의 계산식에 따라 계산하는데, 각 연도의 부동산 무상사용이익을 세법 규정에 따라 환산한 가액으로 합니다.

① 각 연도의 부동산 무상사용이익 = 해당 부동산가액 × 2%(1년간 부동산 사용료율)

② 증여재산가액 = Σ[각 연도의 부동산 무상사용이익 ÷ $(1 + 10\%)^n$]
이자율 10% 시 5년간 연금의 현재가치할인율 3.7908

부동산에 대한 무상사용 기간은 5년으로 합니다. 무상사용 기간이 5년을 초과하면, 해당 부동산을 무상사용을 새로 개시한 것으로 봅니다.

이때 부동산 무상사용자의 증여재산가액이 1억 원 미만인 경우 제외합니다. 즉 증여세를 부과하지 않습니다. 5년 동안 부동산 무상사용으로 얻은 이익 1억 원을 기준으로 하므로, 1년 기준으로 2천만 원 미만이면 이 규정을 적용하지 않습니다.

정셈의 상속·증여를 위한 절세 이야기

4) 부동산 무상사용 이익 계산 사례

아버지 소유의 토지(시가 15억 원)에 둘째 아들이 건물을 신축하여 임대하려고 합니다. 둘째 아들이 해당 토지를 무상사용하는 경우 증여재산가액은 얼마인가요?

1차 연도: 15억 원×2%/$(1+0.1)^1$=27,272,727원

2차 연도: 15억 원×2%/$(1+0.1)^2$=24,793,388원

3차 연도: 15억 원×2%/$(1+0.1)^3$=22,539,444원

4차 연도: 15억 원×2%/$(1+0.1)^4$=20,490,403원

5차 연도: 15억 원×2%/$(1+0.1)^5$=18,627,639원

→ 증여재산가액 113,723,601원(1차+2차+3차+4차+5차)

아들이 10년 이내에 증여를 받은 적이 없다면 증여재산공제 5천만 원을 공제하면 과세표준은 63,723,601원입니다. 과세표준이 1억 원 이하여서 세율 10%를 적용하고, 증여세 산출세액은 6,372,360원입니다.

61

임대 중인 상가건물이 있는데, 1층을 딸에게 무료로 사용하도록 할 생각입니다. 혹시 세금 문제가 있을까요?

커피숍 같은 자영업을 시작하려는 경우 가장 크게 부담되는 것이 인건비와 월세입니다. 월세와 인건비는 사업장의 고정비로 비용에서 큰 비중을 차지하고 있습니다. 월세와 인건비와의 차이점은 월세는 금액이 고정되어 있고 인건비는 직원을 해고나 권고사직으로 인건비 부담을 줄일 수 있습니다. 월세는 임대차계약이 끝나기 전까지는 중간에 폐업해도 월세 부담을 피할 수가 없다는 것입니다. 그리고 커피숍은 보통 건물 1층이나 2층에 위치하고 있어 월세가 비쌉니다.

나부자 씨의 딸 서아가 커피숍을 창업하려는데, 인테리어공사 · 집기구입 · 가게의 권리금 · 월세 · 인건비 등 들어가는 비용이 만만치 않습니다. 꼼꼼하게 계획을 세워서 진행하고 있습니다. 상가 자리를 알아보고 있는데 좋은 자리는 월세가 비싸고, 저렴한 곳은 유동인구가 적어서 커피숍 창업의 고민이 큽니다. 딸은 매일 상가 자리를 알아보느라 바쁩니다.

정셈의 상속 · 증여를 위한 절세 이야기

나부자 씨가 임대하고 있는 건물 1층에 현재 몇 달째 공실인 곳이 있습니다. 이 호실을 딸에게 무료로 사용하게 하면 어떨까 생각합니다. 딸이 커피숍을 운영하는 데 매달 월세를 아낄 수가 있어 큰 도움이 되리라 생각합니다.

나부자 씨는 이렇게 했을 때 세금이 어떻게 될지 궁금해서 정셈에게 문의를 했습니다. 정셈은 다음과 같이 설명했습니다.

상가를 가족에게 무상으로 사용하게 하면 어떤 세금 문제가 있을까요? 상가를 가족이 무상으로 사용하면 증여세, 부가가치세, 소득세(또는 법인세) 등의 문제가 발생합니다.

1) 상가 무상 사용과 증여세

상가(오피스)를 무상으로 사용하는 것도 증여세 과세대상에 해당합니다. 이는 주택을 무상으로 사용하는 것과 같습니다.

딸이 부동산을 무상으로 사용하면 월세 비용만큼 경제적 이득을 얻기 때문입니다. 그래서 세법은 부동산을 무상으로 사용하여 얻은 이익에 대해 증여세를 부과합니다.

5년간 부동산을 무상으로 사용하여 얻은 이익이 1억 원 이상이면 증여재산가액으로 보아 딸에게 증여세를 부과합니다.

2) 상가 무상 사용과 부가가치세

상가(오피스) 임대는 부가가치세 과세대상에 해당합니다. 월세에 10%를 부가가치세로 과세합니다.

아버지와 딸은 특수관계에 해당합니다. 상가(오피스)를 특수관계인에게 무상으로 임대하는 경우 임대사업자에게 부가가치세를 부과합니다. 왜냐하면, 자녀가 부동산을 무상으로 사용하면 정부는 그만큼 부가가치세 수입이 줄어들기 때문에, 임대사업자에게 무상에 따른 부가가치세를 부과합니다.

예를 들어 상가 월세가 500만 원인 경우 부가가치세는 50만 원입니다. 딸이 4월부터 무상사용을 한다면 상반기에는 3개월분 부가가치세 150만 원을, 하반기에는 6개월분 부가가치세 300만 원을 상가임대사업자인 아버지는 신고납부 해야 합니다.

3) 상가 무상임대와 소득세 또는 법인세

상가(오피스) 임대사업자가 특수관계자인 딸에게 무상임대한 경우 세법은 부당행위계산부인 규정을 적용합니다. 월세에 해당하는 금액은 임대사업자의 부동산수입금액으로 매출에 해당합니다.

무상임대로 임대사업자는 임대로 얻을 수 있는 매출액만큼 손실을 보게 되고 이는 세금 감소로 이어지게 됩니다. 그래서 세법은 무상임대의 월세를 부동산수입금액에 합산하여 소득세 또는 법인세를 부과합니다.

4) 상가를 자녀에게 무상으로 사용하게 한다면 세금 문제는 꼭 발생한다

부모 소유의 상가(또는 오피스)를 자녀에게 무상으로 사용하게 하면, 부모에게 부가가치세와 소득세(또는 법인세)의 부당행위계산 부인 규정이 적용됩니다. 월세에 해당하는 부가가치세와 소득세가 부과됩니다.

상가를 무상으로 사용하는 자녀에게는 앞에서의 부동산 무사사용에 따른 증여이익 규정이 적용되어 증여세가 부과될 수 있습니다.

이러한 세금 문제들은 피할 수가 없습니다. 대신에 자녀는 월세 비용을 절약할 수 있으므로, 경제적 부담을 덜 수 있습니다.

62

동생 부부가 이혼하기로 했다고 합니다. 여동생은 남편에게 위자료를 지급받고, 재산분할을 하는 것으로 결혼생활을 정리하려고 합니다. 여동생이 위자료와 재산분할로 재산을 받으면 증여세가 있을까요?

한국이 IMF의 외환위기를 겪으면서 이혼율이 많이 증가했습니다. 이혼율은 낮아지지 않는 것이 현실입니다. 사실혼 관계의 부부도 많이 증가했습니다. 이혼과 동거 및 사실혼 그리고 재혼에 대한 사회 인식이 크게 바뀌었습니다.

나부자 씨의 여동생은 결혼을 한 지 20년이 되어갑니다. 결혼 초기에는 잉꼬부부로 사이가 무척 좋았지만, 몇 년 전부터 매제와 사이가 좋지 않았는데, 알고 보니 매제가 바람을 피웠다고 합니다. 서로 별거를 하고 있다가, 지난달에 이혼하기로 최종합의를 했습니다. 매제가 여동생에게 위자료를 지급하고, 재산분할을 하는 것으로 결혼생활을 정리하려고 합니다. 여동생이 받은 위자료와 재산분할로 재산을 받은 것에도 세금 문제가 있는지 궁금합니다.

나부자 씨는 여동생이 받은 위자료와 재산분할의 세금 문제가 어떻게 되는지 궁금해서 정셈에게 문의를 했습니다. 정셈은 다음과 같이 설명했습니다.

1) 위자료와 재산분할이란?

"위자료"란 이혼을 할 경우 혼인관계를 파탄상태에 이르게 한 유책배우자로 인하여 입게 된 정신적 고통에 대한 손해배상금을 말합니다.

"재산분할"이란 혼인 중 부부가 공동으로 모은 재산에 대해 본인의 기여도에 따른 상환을 청구하는 것입니다. 재산분할은 이혼의 책임 여부와 무관한 것이 위자료와는 다릅니다.

재산분할청구의 권리는 이혼이 성립한 때 발생하며, 이혼 전에 재산분할청구권을 협의로 포기하는 것은 허용되지 않습니다.

2) 위자료와 재산분할에도 증여세가 있을까?

이혼으로 지급 받는 위자료는 혼인관계를 파탄상태에 이르게 한 유책배우자로부터 지급받는 손해배상 성격의 금액으로 증여세를 부과하지 않습니다.

재산분할로 지급 받은 재산은 부부가 공동으로 모은 재산에 대해 본인의 기여도에 따른 재산을 분할하는 것입니다. 즉, 원래 자기 재산인데 배우자의 명의로 되어 있는 것을 재산분할로 찾아오는 것입니다. 재산분할로 받은 재산에 대해 증여세를 부과하지 않습니다.

3) 위자료를 금전 대신 부동산으로 받으면 어떻게 될까?

아내가 위자료를 금전 대신 부동산으로 받아도 증여세는 없습니다. 반면에 위자료를 금전 대신 부동산으로 지급하면 양도소득세가 있습니다.

남편이 위자료를 금전 대신 부동산으로 지급하는 경우에는 남편에게 양도소득세를 부과합니다. 양도소득세를 부과하는 이유는 위자료를 금전으로 지급하는 대신 부동산으로 지급하는 것은 대물변제에 해당하기 때문입니다.

예를 들어 지급하기로 한 위자료 금액이 1억 원이고, 5천만 원에 취득한 부동산이 시세 1억 원으로, 해당 부동산으로 위자료를 대신하기로 합의하여 변제를 하면 남편은 5천만 원의 양도차익을 얻게 됩니다. 양도차익을 얻기 때문에 양도소득세를 부과하는 것입니다. 이를 표로 정리하면 다음과 같습니다.

구분	지급자에 대한 과세	지급받는 자에 대한 과세
재산분할	양도소득세×	증여세×
위자료	양도소득세○ (1세대1주택: 비과세)	증여세×

아내가 해당 부동산을 양도하여 양도소득세를 계산할 때 위자료로 부동산을 받은 것과 재산분할로 부동산을 받은 것에 취득가액과 취득시기의 차이가 있습니다.

구분	취득가액	취득시기
재산분할	당초 배우자의 취득가액	당초 배우자의 취득일
위 자 료	위자료 금액	이혼에 따른 소유권이전등기접수일

또한, 아내에게는 위자료로 취득한 부동산에는 유상승계에 따른 취득세가 부과됩니다. 재산분할로 취득한 부동산에는 종전 취득세가 부과됩니다.

4) 위자료와 재산분할을 어떤 재산으로 받는 것이 세금에서 유리할까요?

위자료와 재산분할로 금전을 받는 것과 부동산으로 받는 것을 비교하면 나중에 부동산을 양도할 때 양도소득세에서 차이가 있습니다.

위자료는 손해배상 성격으로 받는 것이고, 재산분할은 본래 자기 몫의 재산을 찾아오는 것입니다.

나중에 해당 부동산을 양도하게 될 경우 양도소득세를 고려하면, 위자료로 금전 대신 부동산을 받는 것이 유리합니다. 재산분할로는 부동산 대신 금전을 받는 것이 유리합니다.

63

사실혼 관계인 아내에게 생전에 재산을 미리 나눠주려고 합니다. 증여세 혜택을 받을 수 있을까요?

요즘 20-30대 부부 중에 사실혼 부부가 증가하고 있습니다. 40대 중에도 사실혼 부부가 증가하고 있습니다. 결혼에 대한 인식이 과거에 비해 크게 바뀌었습니다.

과거에는 부부가 결혼식을 올리고 혼인신고를 바로 하지 않고 시간이 어느 정도 지난 후에 혼인신고를 하였지만, 현재는 혼인신고를 미루기보다 사실혼으로 결혼생활을 하는 것에 거부감이 느껴지지 않는 시대가 되어 가고 있습니다.

나부자 씨가 참석하고 있는 CEO모임에서 박 대표는 아내와 혼인신고는 하지 않고, 결혼식만 올리고 같이 산 지 30년 정도 되었습니다. 박 대표의 건강이 많이 좋지 않아 만일을 위해 대비하려고 합니다. 그래서 박 대표는 미리 아내에게 재산을 나눠줄까 고민하고 있다고 합니다.

CEO모임 후에 나부자 씨는 박 대표 부부가 오랫동안 부부 관계를 유지해 온 부부이니 혼인신고한 부부인 것과 별 차이가 없으니, 박 대표가 아내에게 증여하는 것에 당연히 증여재산공제를 적용받을 수 있다고 생각했습니다. 호기심에 포털사이트에 검색했더니 증여재산공제가 안 된다는 글들이 있어 이해가 안 됩니다.

나부자 씨는 이에 대해 정셈에게 문의를 했습니다. 정셈은 다음과 같이 설명했습니다.

사실혼 부부도 배우자공제를 받을 수 있을까요?

1) 증여재산공제 중 배우자공제

세법은 부부가 배우자에게 증여하는 경우 증여일로부터 10년 이내 6억 원 증여세 과세가액에서 공제를 합니다.

사회변화에 대해 세법은 매우 보수적인 특색을 갖고 있습니다. 대표적인 것이 상속과 증여에서 배우자 공제에 관한 것입니다.

증여에서 가장 큰 절세는 배우자공제 6억 원을 적용받는 것입니다. 부부가 배우자에게 증여할 때, 배우자공제에서 법률혼인 것과 사실혼인 것의 차이가 있을까요?

2) 배우자공제에서 법률혼과 사실혼의 차이

"사실혼"이란 결혼의 형식적 요건을 갖추지 않고 부부공동생활을 하는 것을 말합니다. 반면 "법률혼"이란 결혼의 실질적 요건과 형식적 요건을 모두 갖추어 법에 의해 인정된 결혼을 의미합니다.

우리나라는 혼인신고를 통해 부부관계를 인정하는 법률혼주의를 채택하고 있습니다. 사실혼 상태의 부부에게는 법률혼에서 인정되는 권리와 의무가 일부 제한됩니다.

배우자의 증여재산공제는 수증자가 거주자이고 법률혼 관계의 배우자여야 적용받을 수 있습니다. 사실혼 관계의 배우자는 증여재산공제를 적용받을 수 없습니다.

한국이 아닌 외국에서 결혼한 부부의 경우 배우자공제를 받을 수 있을까요?

3) 외국에서 혼인한 부부의 경우

배우자의 증여재산공제는 수증자가 거주자이고 법률혼 관계의 배우자여야 합니다. 즉 거주자 요건과 법률혼 요건 2가지를 충족해야 합니다.

한국에서 혼인신고한 거주자인 부부는 증여재산공제 요건을 충족하는지는 문제되지 않습니다.

외국에서 결혼한 부부가 한국에 입국해서 거주하고 있는 경우 배우자 증여재산공제가 적용이 가능한가요? 이 경우는 거주자 요건은 충족하는데 법률혼 요건을 충족하는지가 문제입니다.

외국은 한국과 다른 결혼제도를 갖고 경우가 있기 때문에 한국의 규정을 적용하여 법률혼 결혼인지 판단하기에는 무리가 있습니다. 외국에서 적법하게 혼인절차를 한 부부가 한국에서 혼인신고를 하지 않은 경우에도 법률혼 요건은 충족한 것으로 보고 있습니다.

4) 주의할 점은

증여세 절세 전략 중에 가장 효과적인 것은 10년 단위로 증여를 하는 것입니다. 생전 가족에게 증여하는 것은 증여세 절세보다 상속세 절세 효과를 크게 볼 수 있어 중요합니다. 자녀에게 증여했을 때 얻을 수 있는 절세 효과보다 배우자에게 증여했을 때 얻을 수 있는 절세효과가 더 큽니다. 이는 증여재산공제 금액이 다르기 때문입니다.

배우자 증여재산공제는 법률혼 관계에 있는 배우자만 받을 수 있습니다. 사실혼 관계에 있는 배우자는 증여재산공제 적용을 받을 수 없으므로 증여세나 상속세 절세 플랜에서 이를 주의해야 합니다.

64

딸이 아파트를 구입하려고 하는데 자금이 부족합니다. 딸과 차용증을 작성해서 부족한 자금을 빌려주려고 합니다. 증여세 문제가 있을까요?

최근 몇 년 사이 주택 가격이 크게 상승했습니다. 서울의 집값은 다른 지역과 비교하기 힘들 정도로 많이 올랐습니다. 서울 소재 아파트 가격은 부부가 영끌을 해서도 구입하기 힘들 정도입니다. 그래서 부모님의 지원 없이 부부가 자력으로 서울 소재 아파트를 구입하려면 대출을 최대한 받고 힘든 것이 현실입니다.

나부자 씨의 딸 부부가 아파트를 구입하려는데, 그동안 저축을 하며 모은 돈과 대출을 가능한 한도까지 다해 봤지만, 자금이 부족합니다. 부부 내외는 돈을 좀 더 모아서 그때 살까 고민하는데, 이 아파트가 그사이에 다른 사람에게 팔리거나 가격이 더 오르지 않을까 걱정입니다.

나부자 씨는 아내 박미나 씨와 이 문제에 대해 상의를 했습니다. 아내는 딸 내외에게 부족한 자금을 지원해 주면 좋겠다고 해서 딸 부부에게 금전을 지원해 주기로 했습니다.

나부자 씨는 CEO모임에서 딸 부부가 아파트를 영끌해서 구입하려는데 자금이 부족해서 자금을 지원해 주기로 했다고 말하니, 지인들은 돈을 주지 말고 빌려주는 것으로 하면 증여세가 없다고 합니다. 그리고 차용증을 꼭 작성해야 한다고 조언을 받았습니다.

모임이 끝나고 딸 내외에게 자금을 지원해 주는 것에 대해 딸과 차용증을 작성해서 빌려주는 것으로 하려는데 정말 증여세가 없을지 궁금합니다.

이에 대해 나부자 씨는 정셈에게 문의를 했습니다. 정셈은 다음과 같이 설명했습니다.

1) 가족 간 금전 대출과 증여세 문제

부모와 자녀는 특수관계입니다. 자녀에게 금전을 무상으로 대여하거나 세법이 정한 적정이자율(현재 4.6%)보다 저율로 대여하는 경우 자녀는 적정이자율과의 차액만큼 자녀는 이자 혜택을 얻게 됩니다. 즉 경제적 이익을 얻게 됩니다. 이자 혜택을 받는 것은 그 금액만큼 경제적 이익을 얻는 것으로 증여에 해당합니다.

세법은 금전을 무상이나 저리로 대출받아 경제적 이익을 얻은 경우 그 이익에 대해 증여세를 과세합니다. 특수관계인이 아닌 자 간의 금전 거래인 경우에는 거래의 관행상 정당한 사유가 없는 경우에 한정하여 증여세 과세요건을 적용합니다.

2) 금전 무상대출(또는 저리대출)에 따른 증여재산가액 계산

타인으로부터 금전을 무상으로 또는 적정이자율보다 낮은 이자율로 대출받은 경우에는 그 금전을 대출받은 날에 일정금액을 그 금전을 대출받은 자의 증여재산가액으로 합니다. 다만, 그 금액이 1천만 원 미만인 경우는 제외합니다.

구분	증여재산가액
무상으로 대출받은 경우	대출금액 × 연 4.6%
적정이자율보다 낮은 이자율로 대출받은 경우	대출금액 × 연 4.6% - 실제 지급한 이자상당액

증여재산가액을 계산할 때 증여이익은 금전을 대출받은 날을 기준으로 계산하며, 여러 차례 나누어 대출받은 경우에는 각각 대출받은 날을 기준으로 증여이익을 계산합니다. 또한, 증여이익을 계산할 때 대출기간이 정해지지 않은 경우에는 그 대출기간을 1년으로 보고, 대출기간이 1년 이상인 경우에는 1년이 되는 날의 다음 날에 매년 새로 대출받은 것으로 보아 증여이익을 계산합니다.

3) 금전 대출과 실질과세 규정

세법에는 실질과세 규정이 있습니다. 거래행위에 대해 법적 형식과 경제적 실질이 다른 경우에는 경제적 실질에 따라 과세하여야 한다는 원칙입니다. 이는 정상적인 형태의 거래를 하지 않고 비상식적인 거래를 통해 세금 회피를 하는 것을 방지하기 위함입니다.

정셈의 상속·증여를 위한 절세 이야기

실질과세 규정은 귀속에 관한 실질과세, 거래내용에 관한 실질과세, 경제적 실질(조세회피방지)에 관한 실질과세 3가지로 규정하고 있습니다.

실질과세 규정을 두어 규제를 하는 이유는 거래의 형식이나 내용 등이 상식적인 범위에서 벗어난 거래 등을 하여 세금을 부당히 탈루하는 것을 방지하기 위함입니다.

가족 간의 금전 거래도 형식은 자녀에게 금전을 대여하는 것이나 내용이 사실상 증여하는 경우가 있습니다. 자녀의 경제적 능력을 고려할 때 대여금을 사실상 상환하는 것이 현실적이지 않은 경우, 상환 기간이 금융기관에서 대출받을 때보다 장기간인 경우에는 실질적으로 증여로 볼 가능성이 큽니다.

4) 주의할 점

① 자녀에게 금전대출을 했는데 자녀의 신용과 소득에 무관하게 빌려주는 것은 주의해야 합니다. 현실적으로 자녀가 자력으로 상환하기 힘든 금액을 대여하는 것은 부모가 증여한 것으로 볼 여지가 큽니다. 또한, 상환 기간도 상식적인 선에서 결정을 해야 합니다. 상환기간을 20~30년인 것으로 계약하는 것은 금전을 대여한 것이 아닌 증여로 볼 여지가 큽니다.

② 무이자 조건이 아닌 저율로 이자를 지급하는 것으로 계약을 했다면 자녀는 계약에 따라 부모에게 이자를 지급해야 합니다. 이자를 지급하는 방법은 매달 지급, 2달에 1번, 분기별 지급, 반기별 지급, 1년

한번 지급하는 방법으로 계약을 할 때 이자지급 방법을 정해서 계약 내용으로 기재하면 됩니다.

③ 이자를 지급하는 경우 원천징수를 해야 합니다. 개인 간 돈거래로 지급하는 이자는 비영업대금의 이익에 해당하여 25%(지방소득세 2.5% 별도)의 원천세율이 적용됩니다. 예를 들어 자녀가 부모에게 이자 100만 원으로 지급할 때는 국세 25%의 해당하는 25만 원과 지방소득세 2.5%에 해당하는 2만 5천 원을 원천징수하고 차액인 72만 5천 원을 부모에게 지급합니다. 원천징수한 내역은 관할 세무서에 원천세 신고납부와 관할 구청에 특별징수 신고납부를 각각 합니다.

④ 부부 간의 돈 거래 시 사실혼 부부도 특수관계로 보아 이 규정을 적용합니다. 반면에 배우자의 증여재산공제를 적용할 때는 민법상 혼인관계로 인정되는 배우자여야 증여재산공제를 적용합니다.

65

자녀가 은행에서 대출을 받으려고 하는데 신용이 부족해서 담보가 필요하다고 합니다. 그래서 부모 소유의 부동산을 자녀의 대출 담보로 제공하려고 합니다. 증여세 문제가 있을까요?

나부자 씨의 딸 서아가 사업을 시작한 지 3년이 되어 갑니다. 그런데 사업을 잘하고 있는지 걱정이 큽니다. 사업이 잘되면 좋은데 혹시나 빚을 지고 사업에 실패하지는 않을까 걱정이 많습니다. 딸은 지난달부터 사업을 확장하려고 하는데 자금이 부족해서 고민이라고 합니다. 은행에 대출을 받을 수 있는지 문의를 했는데, 대출담당자는 신용이 부족해서 대출을 받으려면 담보가 필요하다고 합니다.

나부자 씨는 아내와 딸의 사업자금을 도와주는 것에 대해 상의를 했습니다. 딸에게 금전을 지원해 주고 싶은데 현재 금전이 없어 나부자 씨 소유의 부동산을 담보로 제공해서 딸이 대출을 받는 것에 도와주려 합니다.

나부자 씨는 혹시 이렇게 하는 것이 증여세 문제가 있는지 이에 대해 정셈에게 문의를 했습니다. 정셈을 다음과 같이 설명했습니다.

부모가 자녀에게 경제적 이익을 제공하는 방법은 다양합니다.

1) 자녀에게 담보를 제공하면 증여이익을 얻게 된다

부모가 자녀에게 경제적 이익을 제공할 방법은 다양합니다. 그중에 한 가지 방법은 자녀가 대출을 받는 데 도움을 제공하는 것입니다. 보증을 서주는 방법이 있고, 담보를 제공하는 방법이 있습니다.

자녀가 자력으로 대출을 받을 수 없는 경우 또는 대출 금리를 낮추기 위해 부모가 담보를 제공할 수 있습니다. 이렇게 하면 자녀는 유리한 대출 조건을 얻을 수 있습니다. 즉 경제적 이득을 얻게 됩니다.

세법은 부모의 담보 제공으로 자녀가 경제적 이득을 얻은 것에 대해 증여세를 부과합니다.

대출금이 증여재산가액이 되는 것이 아니고, 담보를 제공받으면서 대출 금리 혜택을 받은 것이 증여이익에 해당합니다.

2) 담보제공이익에 따른 증여이익계산

담보제공이익에 따른 증여이익 계산방식은 금전을 무상으로 저리로 차입한 경우의 증여이익 계산하는 방식과 같습니다.

타인의 부동산을 무상으로 담보로 이용하여 금전 등을 차입함에 따라 이익을 얻은 경우에는 그 부동산 담보 이용을 개시한 날을 증여일로 하여, 그 이익에 상당하는 금액을 부동산 담보로 이용한 자의 증여재산가액

정셈의 상속·증여를 위한 절세 이야기

으로 합니다.

다만, 그 이익에 상당하는 금액이 1천만 원 미만인 경우는 제외합니다.

증여재산가액 = 차입금 × 적정이자율(현재 연 4.6%) - 금전 등을 차입할 때 실제로 지급한 이자

차입기간이 정하여지지 아니한 경우에는 그 차입기간은 1년으로 하고, 차입기간이 1년을 초과하는 경우에는 그 부동산 담보 이용을 개시한 날부터 1년이 되는 날의 다음 날에 새로 해당 부동산의 담보 이용을 개시한 것으로 봅니다.

3) 부모의 담보 제공으로 대출받은 경우 지급이자의 비용처리가 가능할까?

사업을 영위하는 자녀가 부모의 담보 제공으로 대출은 받은 대출금이 사업 목적으로 대출을 받았고 사업자로서 실제 이자를 지출한 경우 해당 이자비용은 사업장의 비용에 해당합니다.

4) 담보제공이익에 대해 증여세가 없는 경우

자녀가 사업상 저금리로 유리한 대출을 받기 위해 부모로부터 담보를 제공받은 경우 담보제공이익은 증여세가 없습니다. 사업자가 얻은 담보제공이익은 사업장의 소득금액에 포함되어 소득세가 부과되기 때문입니다. 담보제공이익만큼 지출을 줄여서 사업장의 이익을 증가시켜 소득금액을 증가시킵니다. 그만큼 소득세 부담이 높아집니다.

만일 나부자 씨가 개인 소유 부동산이 아닌 회사 소유 부동산을 담보로 제공한 경우 나부자 씨의 회사는 법인세법상 부당행위계산 부인 규정이 적용되어 담보제공이익의 해당하는 금액을 익금산입을 하여 법인세가 부과됩니다.

66

딸에게 아파트를 증여하기로 했습니다. 이 아파트는 은행에서 담보대출 받은 것이 있고, 지금 세입자에게 전세를 주고 있습니다. 해당 아파트를 증여하면 증여세는 어떻게 되나요?

나부자 씨는 딸과 아들에게 집을 각각 1채씩 증여해 주고 싶습니다. 먼저 딸에게는 서울 소재 아파트를 증여하기로 했습니다. 현재 해당 아파트는 전세를 주고 있고, 은행에서 담보대출 받은 것도 있습니다. 이 아파트를 딸에게 증여하려면 딸이 담보대출과 전세보증금을 승계해야 합니다.

딸에게 이 아파트를 증여하면 증여세는 어떻게 되는지 궁금해서 정쌤에게 문의를 했습니다. 정쌤은 다음과 같이 설명했습니다.

부동산 증여 중에 납세자분들이 가장 많이 알고 있고 관심도 많은 증여가 부담부증여일 것입니다.

1) 부담부증여란

'부담부증여'란 증여를 할 때 증여재산에 담보된 채무 등을 인수하는 조건의 증여를 말합니다. 보통 부모가 부동산을 자녀에게 증여할 때 해당 부동산의 담보대출금이나 임대보증금을 수증자인 자녀가 승계하는 조건의 증여입니다.

부모가 자녀에게 아파트를 부담부증여 하는 경우 해당 아파트에 담보된 대출금이 있고 세입자에게 임대하고 있다면, 자녀는 담보된 대출금과 세입자의 임대보증금을 승계해야 합니다. 만일 이를 승계하지 않는다면 증여자가 담보대출금을 상환하거나 다른 자산을 담보제공 해야 하고, 임대보증금은 임차인에게 상환해야 합니다.

2) 부담부증여를 양도소득세가 과세된다

부담부증여에 반드시 따라 다니는 세금이 있습니다. 양도소득세입니다.

부동산을 부담부증여를 하면 해당 부동산의 현재 시세에서 대출금과 임대보증금 제외한 나머지 가액이 증여세 과세가액으로 수증자에게 증여를 가액이 됩니다. 이를 순수 증여가액이라고 말하기도 합니다. 이 증여세 과세가액에서 증여재산공제를 차감하여 증여세를 계산합니다.

예를 들어 담보대출 3억 원을 받아 6억 원에 취득한 아파트의 현재 시세가 12억 원이고, 전세보증금 5억 원에 세를 주고 있습니다. 이 아파트를 자녀에게 증여할 경우, 자녀는 아파트 12억 원에서 담보대출금 3억 원과 전세보증금 5억 원을 승계하고 나머지 4억 원에 대한 증여세만 내면 됩니다.

대신 증여자 입장에서는 자녀가 증여를 받을 때 해당 아파트의 담보된 대출금 3억 원과 전세보증금 5억 원 등 채무를 인수하여 채무 8억 원이 없어지게 됩니다. 아파트를 증여하고 채무 면제를 받은 것으로 즉, 대가를 받고 양도한 것과 같으므로 양도소득세가 부과됩니다. 시세 12억 원에서 취득가액 6억 원을 차감하면 양도차익은 6억 원입니다. 부모는 양도차익 6억 원에서 채무비율 75%(8억 원/12억 원)에 해당하는 양도차익 4.5억 원에 대해 양도소득세를 신고납부합니다.

3) 부담부증여로 부동산을 취득할 때 취득세는?

부담부증여는 증여와 양도가 결합 된 증여입니다. 취득세에서는 무상승계와 유상승계라는 용어를 사용합니다. 증여는 무상승계에 해당하고, 양도는 유상승계에 해당합니다. 무상승계와 유상승계로 구분하는 이유는 취득세율이 다르기 때문입니다.

취득세에서는 수증자가 고정 수입으로 채무를 상환할 능력이 부족하다고 판단되면 해당 부동산 전체를 무상승계한 것으로 간주하여 취득세를 부과합니다.

비조정대상지역의 소재하는 아파트를 부담부증여 시 주택의 유상승계는 취득세는 1~3%이고 증여는 3.5%입니다. 지자체에서 자녀의 소득으로 채무를 상환하기 어렵다고 보는 경우 해당 아파트 전체를 증여에 따른 취득세율 3.5%를 적용합니다.

4) 절세효과가 있을까?

부담부증여는 증여와 양도가 결합되어 있습니다. 증여세와 양도소득세를 구분해 과세하기 때문에 세금 부담을 줄일 수 있는 절세효과가 있지만, 모든 부담부증여에 절세효과가 있는 것이 아닙니다.

현재 다주택자 양도소득세 중과세 규정을 한시적으로 유예하고 있기 때문에 서울 소재 아파트를 부담부증여 하는 것이 유리합니다. 부담부증여를 하는 경우와 일반 증여를 하는 경우를 비교하여 유리한 것을 선택하는 것이 중요합니다.

5) 부담부증여 시 주의사항

부담부증여의 경우 배우자 간, 직계존비속 간의 부담부증여에 대해서는 수증자가 증여자의 채무를 인수한 경우, 국가 및 금융기관에 대한 채무 등 세법에 인정되는 객관적인 경우 외에는 증여자의 채무를 수증자에게 인수되지 아니한 것으로 추정합니다.

또한 부담부증여로 채무를 승계하는 자녀가 나중에 채무를 상환해야 하는데, 채무 상환에 문제점이 있을 수도 있으니 이 점을 같이 고려해야 합니다.

채무 상환 능력이 없는 자녀에게 부담부증여를 하고 이후에 자녀를 대신해 채무를 상환해 주는 경우가 있습니다. 하지만 이 경우에 세금 추징과 가산세까지 부담해야 하므로 주의해야 합니다. 부담부증여는 증여를 받은 자가 채무를 직접 상환해야 합니다. 세무서에서 5년 정도는 관리하기 때문에 주의해야 합니다.

딸이 회사를 창업하는데 자금을 지원해 주고 싶습니다. 증여세를 절세할 수 있는 방법이 있을까요?

나부자 씨의 딸 서아가 회사를 창업하려고 합니다. 몇 년 전부터 창업 준비를 착실하게 해왔습니다. 문제는 창업하는 데 필요한 아직 자금이 부족하다는 것입니다.

나부자 씨는 아내와 상의를 하면서 갖고 있는 자금 일부를 창업자금으로 주기로 결정했습니다. 그런데 이 자금의 일부를 증여세로 내야 하는 게 너무나 아깝습니다. 증여세를 절세할 수 있는 방법이 있는지 궁금합니다.

나부자 씨는 이에 대해 정셈에게 문의를 했습니다. 정셈은 다음과 같이 설명했습니다.

부모가 자녀에게 금전을 증여하면 증여금액에 따라 10%에서 최대 50%까지의 증여세율이 적용됩니다. 그런데 자녀가 창업 목적으로 증여를 받으면 증여세 특례를 적용받아 증여세를 아낄 수가 있습니다.

정부는 청년이 창업하는 것을 장려하고 있습니다. 창업에 대한 지원 중에 세제지원이 있습니다. 세제지원 중에 대표적인 것이 창업자금에 대한 증여세 특례입니다.

1) 창업하는 데 증여세 특례를 받을 수 있다

정부는 청년이 창업하는 것에 여러 가지 지원을 하고 있습니다. 청년인 자녀가 부모로부터 창업을 목적으로 자금을 증여받는 경우 증여세 특례를 적용받아 증여세 부담을 경감시켜 주는 제도가 있습니다.

거주자인 자녀가 60세 이상인 부모에게 창업을 목적으로 증여를 받는 경우 증여세 과세가액에서 5억 원을 공제하고 세율 10%를 적용합니다. 특례 한도는 30억 원이고 상시근로자 10명을 채용하는 창업이면 한도는 50억 원까지입니다.

증여세 특례를 받기 위한 구체적인 요건은 어떻게 되나요?

2) 증여세 특례를 받기 위한 요건은?

증여세 특례를 받기 위해서는 세법에서 규정하고 있는 요건을 충족해야 합니다.

① 창업하고자 하는 업종이 세법에서 규정하고 있는 업종이어야 합니

다. 창업자금을 증여받아 창업할 때 세법이 규정하고 있는 업종 중에서 창업해야 합니다. 유흥업 등의 소비성서비스업과 부동산임대업으로 창업을 하면 증여세 특례를 받을 수 없습니다.

② 폐업 후 사업을 다시 개시하여 폐업 전의 사업과 같은 종류의 사업을 하거나 기존 업종에 새로운 사업을 추가하는 등의 창업은 인정되지 않습니다.

③ 창업자금 과세특례를 적용받기 위해서는 증여세 신고기한까지 증여세 과세표준신고서와 함께 〈창업자금 특례신청 및 사용내역서〉를 납세지 관할 세무서장에게 제출하여야 합니다.

④ 창업일이 속하는 과세연도부터 4년 이내의 과세연도까지 창업자금 사용명세를 제출하여야 합니다. 창업자금을 어떻게 사용했는지 그 내역을 명세서로 작성하여 관할 세무서에 제출해야 합니다.

3) 창업자금 사용의무 및 사후관리 의무

증여세 특례를 받는 경우 지켜야 하는 의무가 있습니다. 창업했어도 세법이 규정하고 있는 의무를 지키지 않으면 특례로 혜택받은 증여세를 추징합니다.

① 창업자금을 증여받은 자는 증여일로부터 1년 이내에 창업하여야 하며, 4년이 되는 날까지 창업자금을 모두 해당 목적에 사용하여야 합니다.

② 창업자금으로 창업자금 중소기업에 해당하는 업종 외의 업종을 경영하는 경우

③ 창업자금을 증여받아 2년 이내에 창업을 한 자가 새로 창업자금을 증여받아 당초 창업한 사업과 관련하여 사용하지 아니한 경우

④ 증여받은 후 10년 이내에 창업자금(창업으로 인한 가치증가분 포함)을 해당 사업용도 외의 용도로 사용한 경우

⑤ 창업 후 10년 이내에 해당 사업을 폐업하거나 휴업(실질적 휴업 포함)한 경우(부채가 자산을 초과해 폐업 시 추징 제외) 또는 수증자가 사망한 경우(상속인이 승계 시 추징 제외)

4) 가업승계 주식 등 과세특례 적용배제

세법에는 부모로부터 생전에 가업승계 목적으로 주식(또는 지분)을 증여받는 경우 증여세 특례를 적용받을 수 있습니다. 자녀가 창업자금 과세특례를 적용받은 경우 가업승계 주식 등 과세특례는 적용받을 수 없습니다.

5) 창업자금 증여세 특례를 받는 경우와의 증여세 차이

창업 목적으로 부모로부터 30억 원을 증여받으려고 합니다. 10년 이내 부모로부터 증여을 받은 적이 없습니다. 창업자금 증여세 특례를 적용받는 경우와 증여세 특례를 적용하지 않는 경우 증여세의 차이는 다음과 같습니다.

구분	증여세 특례 적용 O	증여세 특례 적용 X
증여세 과세가액	3,000,000,000원	3,000,000,000원
공제	500,000,000원	50,000,000원
증여세 과세표준	2,500,000,000원	2,950,000,000원
세율	10%	10%~40%
증여세 산출세액	250,000,000원	1,020,000,000원
차액	770,000,000원	

위 표를 보면 증여세 특례 적용을 받는 여부에 따라 산출세액이 7.7억 원이나 차이가 나는 것을 알 수 있습니다.

6) 창업자금 증여세 특례의 유용한 점

창업자금 증여세 특례의 규정을 보면 지켜야 되는 의무가 많아 유용성이 없어 보입니다. 그러나 좋은 사업아이템이 있고 창업을 하는 데 큰 자금이 필요한 경우가 있을 수 있습니다. 사업아이템이 아무리 좋아도 시간이 지나면 유용하지 않을 수도 있습니다. 창업에도 타이밍이 중요합니다.

예를 들어 좋은 사업아이템이 있는데, 지금 창업을 하면 이 사업을 독점할 수 있고, 자리를 확실히 잡을 수가 있어 안정적인 수익창출이 예상됩니다. 그런데 초기 사업자금으로 충분한 자금이 필요로 합니다. 이 경우 창업자금 증여세 특례를 받으면 증여세 부담을 덜 수 있고, 절약한 증여세를 사업자금으로 사용할 수 있습니다.

68

대표이사로 있는 이 회사를 자녀에게 물려주고 은퇴할 생각입니다. 증여세가 많이 나올까 걱정입니다. 증여세를 절세할 수 있는 방법이 있을까요?

나부자 씨는 회사를 창업해서 운영하고 있는데, 그간 우여곡절이 많았지만 벌써 30년이 넘었습니다. 경제지 등에 성공한 사업가로 인터뷰 기사도 나왔습니다. 지인들 중에 은퇴하는 사람을 보며 나부자 씨도 이제 회사를 자녀에게 물려주고 은퇴하는 것이 어떨까 싶습니다.

딸 서아가 어렸을 때부터 회사 경영에 관심이 있어 대학도 경영학도 전공하고 MBA과정도 마쳤습니다. 지금 대기업에 취직해서 회사에 다니고 있는데, 회사에서 성과도 꾸준히 내고 있고 실력도 인정받고 있습니다.

어느 날 나부자 씨는 가족이 다 모인 자리에서 은퇴에 관해 얘기하면서 딸에게 회사를 미리 물려주는 것에 상의했습니다. 가족은 나부자 씨의 의견에 동의했습니다. 하지만 딸이 회사를 물려받을 때 증여세 폭탄을 맞는 것이 아닌지 걱정이 큽니다.

나부자 씨는 증여세를 절세할 수 있는 방법이 있을지 궁금해서 정셈에게 문의를 했습니다. 정셈은 다음과 같이 설명했습니다.

세법에는 부모가 생전에 자녀에게 회사를 물려줄 때 증여세 특례를 받을 수 있는 규정을 두고 있습니다.

1) 가업승계와 증여세 특례

가업승계 목적으로 자녀가 부모의 회사 주식(또는 지분)을 증여받는 경우 증여세 특례를 적용받을 수 있습니다.

이 규정은 법인만 적용할 수 있고, 개인사업자는 이 규정을 적용받을 수 없습니다. 개인사업자는 가업상속공제를 적용받을 수 있습니다.

이 증여세 특례를 적용받으려면 어떤 요건을 충족해야 할까요?

2) 특례를 받기 위한 요건

가업승계 증여세 특례를 받기 위해서는 법에서 규정하는 요건을 충족해야 합니다.

① 18세 이상인 거주자가 증여일 현재 중소기업 등인 가업을 10년 이상 계속하여 경영한 60세 이상의 부모(조부 사망 시 조부모)로부터 해당 가업의 승계를 목적으로 주식 또는 출자지분을 증여받아야 합니다.
② 가업승계 주식 등 과세특례를 적용받기 위해서는 증여세 신고기한

까지 증여세 과세표준신고서와 함께 〈주식 등 특례신청서〉를 납세
지 관할 세무서장에게 제출하여야 합니다.

3) 증여세 특례 계산방식

가업의 증여세 특례를 적용받는 경우 그 주식 등의 가액 중 가업자산
상당액에 대한 증여세 과세가액(100억 원 한도)에서 5억 원을 공제하고
10%(과세표준이 30억 원을 초과 시 그 초과금액은 20%) 세율을 적용합
니다.

① 증여받는 주식의 가액이 25억 원인 경우 과세표준 20억 원(=25억
  원-5억 원)

  증여세 : 20억 원 × 10% = 2억 원
② 증여받는 주식의 가액이 80억 원인 경우 과세표준 75억 원(=80억
  원-5억 원)

  증여세 : 30억 원 × 10% + (75억 원 - 30억 원) × 20% = 12억 원

4) 특례를 받은 다음에 사후관리를 지켜야 한다

세금혜택에는 사후관리 규정이 있습니다. 가업승계 목적으로 증여세
혜택을 받은 경우에도 다음과 같은 사후관리 규정을 적용합니다.

① 가업승계 주식 등을 증여받은 자 또는 그 배우자가 증여세 과세표준
  신고기한까지 가업에 종사하고, 증여일로부터 5년 이내에 대표이사
  에 취임하여야 합니다.

② 증여세 신고기한까지 가업에 종사하지 않거나 증여일로부터 5년 이
　내에 대표이사에 취임하지 않는 경우

③ 가업승계 주식 등을 증여받고 가업을 승계한 자가 정당한 사유 없이
　증여일로부터 7년 이내에 정당한 사유 없이 가업에 종사하지 않거
　나 해당 가업을 휴업·폐업하는 경우 또는 가업승계 주식 등을 증여
　받은 수증자의 지분이 감소하는 경우

위 사후관리 규정을 위반하는 경우 특례로 혜택받은 증여세를 추징 및
가산세를 부과합니다.

5) 상속세 정산을 할 때 가업상속공제 적용이 가능할까?

가업승계 주식 등을 증여받은 후 상속이 개시되는 경우 상속개시일 현
재 가업상속 요건을 모두 갖춘 경우에는 가업상속공제를 적용받을 수 있
습니다.

6) 창업자금 과세특례 적용배제

가업승계 주식 등 과세특례를 적용받으면, 창업자금 과세특례는 적용
받지 못합니다. 둘 중에 하나만 특례를 받을 수 있습니다.

69

작은아버지가 오랫동안 농사를 지어 오시고 계시는데, 큰아들에게 논과 밭을 물려주기로 했다고 합니다. 증여세를 절세할 방법이 있을까요?

나부자 씨의 작은아버지는 오랫동안 농사를 지어 오시고 계십니다. 자녀로는 아들 둘이 있습니다. 논과 밭이 있고 작은 규모의 과수원이 있어 사과 농사도 짓고 있습니다.

지난여름에 작은아버지 댁에 방문했을 때 요즘 몸이 편찮으셔서 논과 밭을 자녀에게 물려주고 자녀가 농사를 지었으면 좋겠다고 하십니다. 가족이 모여 상의한 끝에 큰아들에게 논과 밭을 물려받기로 결정했다고 합니다. 그런데 논과 밭을 큰아들이 증여받을 때 세금이 많이 나올까 봐 걱정이 큽니다.

이에 대해 나부자 씨는 증여세를 아낄 방법이 있는지 정셈에게 문의했습니다. 정셈은 다음과 같이 설명했습니다.

세법에는 농사를 짓고 있는 농업인을 지원하기 위한 증여세 특례 규정을 두고 있습니다. 영농자녀가 농지를 증여받는 경우 증여세를 감면하는 규정이 있습니다.

1) 영농자녀가 증여받은 농지에 증여세를 감면한다

농지 등의 소재지에 거주하면서 농사를 짓고 있는 부모가 자녀에게 농지를 증여하는 경우 증여세 특례를 적용받을 수 있습니다.

증여세를 100% 감면하고 5년간 합하여 1억 원을 한도로 합니다.

예를 들어 작년에 농지 증여세 특례로 6천만 원 감면을 받고 올해 농지 증여로 증여세가 6천만 원인 경우 4천만 원(5년간 6천만 원+4천만 원 해서 1억 원 한도)만 증여세 특례로 감면을 받을 수가 있습니다.

그러면 증여세 특례를 받으려면 어떤 요건을 충족해야 하나요?

2) 증여세 감면을 받기 위한 요건

증여세를 감면받기 위해서는 증여자와 수증자 모두 아래 내용을 충족하여야만 합니다.

(1) 증여자인 부모는 자경농민이어야 합니다

증여자가 농지 등이 소재하는 시·군·구(자치구를 말함), 그와 연접한 시·군·자치구 또는 해당 농지 등으로부터 직선거리 30㎞ 이내에 거주해야 합니다. 농지 등의 증여일부터 소급하여 3년 이상 계속하여 직접 영농에 종사하고 있어야 합니다. 즉, 도시에 농사짓고 있는 것은 증여세 특례에 대상이 아닙니다.

(2) 수증자는 영농자녀여야 합니다

농지 등의 증여일 현재 만 18세 이상인 직계비속이어야 합니다. 증여세 신고기한까지 증여받은 농지 등이 소재하는 시·군·구(자치구를 말함), 그와 연접한 시·군·구 또는 해당 농지 등으로부터 직선거리 30㎞ 이내에 거주하면서 그 증여받은 농지 등에서 직접 영농에 종사해야 합니다.

영농자녀 증여받은 농지에 농사를 지으면서 부업을 하는 것은 가능합니다.

자경농민인 부모가 영농자녀에게 농지를 증여하면 모두 증여세 혜택을 볼 수 있을까요? 증여할 수 있는 농지 범위에 제한이 있습니다.

3) 농지 등의 범위

다음 중 어느 하나에 해당하는 농지에 해당해야 하고, 해당 농지가 주거지역·상업지역 및 공업지역 또는 택지개발지구나 개발사업지구로 지정된 지역 외에 소재해야 합니다.

① 농지 40,000㎡ 이내의 것
② 초지 148,500㎡ 이내의 것
③ 조림한 기간이 5년 이상인 산림지(채종림, 산림보호구역을 포함함)로서 297,000㎡ 이내의 것. 다만, 조림 기간이 20년 이상인 산림지의

경우에는 조림 기간이 5년 이상인 297,000㎡ 이내의 산림지를 포함하여 990,000㎡ 이내의 것

4) 사후관리를 지켜야 한다

세법은 특례에 대해 사후관리 규정을 두고 있습니다. 영농자녀가 부모로부터 농지를 증여받으면서 증여세 감면 혜택을 받은 것에 대해 사후관리 규정을 두고 있습니다.

증여받은 날로부터 5년 이내에 정당한 사유 없이 직접 영농에 종사하지 않거나 해당 농지를 처분하는 경우 감면받은 증여세를 추징합니다.

5) 다른 증여세 특례와는 다르게 상속재산가액에 합산하지 않는다

영농자녀 증여세 특례는 창업자금 증여세 특례와 가업승계 증여세 특례와는 다른 점이 있습니다. 상속재산가액에 합산하지 않는다는 것입니다.

자녀가 창업자금으로 증여세 특례를 받거나 생전에 가업승계로 증여세 특례를 받으면 상속세에서 증여를 받은 것을 상속재산가액에 합산을 합니다. 즉 상속세 정산을 하는 것입니다.

영농자녀 증여세 특례는 증여자의 사망으로 상속이 개시되어도 증여받은 해당 농지는 상속재산가액에 합산을 하지 않습니다. 즉 상속세 절세효과가 있습니다.

70

아버지께서 몇 년 전에 재혼하셨습니다. 새어머니께서 저에게 증여하고 싶다고 하시는데, 증여재산공제를 받을 수 있을까요?

1997년 IMF의 구제금융 이후 이혼율이 높아졌습니다. OECD국가 중에 한국은 이혼율은 다른 회원국에 비해 상당히 높은 편입니다. 주위에 이혼하신 분을 만나는 게 어렵지 않습니다. 사회가 많이 변해 이혼하는 것이 부끄러운 일이 아닙니다. 또한, 재혼하는 것도 또한 흔한 일입니다.

10년 전 나부자 씨의 어머니께서 교통사고로 돌아가셨습니다. 몇 년을 아버지께서 혼자 사시다가 주위에서 새어머니를 소개받아 재혼하셨습니다.

지난주 나부자 씨 생일에 새어머니께서 선물로 목돈을 주고 싶으시다고 하셨습니다. 나부자 씨는 증여재산공제를 받을 수 있는지 궁금합니다.

이에 대해 정셈에게 문의를 했습니다. 정셈은 다음과 같이 설명했습니다.

1) 자녀가 부모로부터 증여받을 때 증여재산공제

거주자인 자녀가 부모로부터 증여를 받는 경우 증여일로부터 10년 이내 증여재산공제 5천만 원을 공제 받을 수 있습니다. 다만, 수증자가 미성년자인 경우 증여재산공제는 2천만 원을 적용합니다.

거주자인 자녀가 새어머니(계모) 또는 새아버지(계부)로부터 증여를 받는 경우에도 증여재산공제를 동일하게 적용할까요?

2) 새어머니와의 관계와 증여재산공제

아버지께서 재혼을 하면 새어머니(계모)와 아들(아버지와 전처에서 낳은 아들로 계자)은 계모자관계가 됩니다.

아들은 아버지의 직계비속이고, 아버지는 아들의 직계존속으로 이 부자관계는 직계혈족에 해당합니다.

반면에 계모와 계자는 인척관계입니다. 계모는 아버지의 배우자이고, 계자는 배우자(아버지)의 혈족으로 계모와 계자는 혈연관계가 아닙니다. 그래서 인척관계에 해당합니다.

새어머니와 아들(아버지와 전처에서 낳은 아들로 계자)은 계모자 관계이기 때문에 기타 친족에 해당하여 증여일로부터 10년 이내 증여재산공제 1천만 원을 적용합니다.

정셈의 상속·증여를 위한 절세 이야기

3) 주의할 점

부모님의 재혼과 관련해서 갈등이 되는 것은 재산문제입니다. 재혼에 따른 혼인신고를 하는 것에 자녀와 많은 다툼이 있습니다. 혼인신고를 하는 순간 법적인 부부가 되고 아버지가 돌아가시면 새어머니는 상속인으로서 피상속인의 상속재산을 상속받을 권리가 있어 자녀가 받을 상속재산이 줄어들기 때문입니다.

그래서 재혼을 해도 혼인신고는 하지 않고 사실혼으로 하는 경우가 있고, 재혼하기 전에 미리 재산을 자녀에게 증여하는 경우도 있습니다.

71

부모님이 운영하는 회사와 자녀가 운영하는 회사와의 거래를 통해 자녀 회사의 매출과 이익을 증대시키고 싶습니다. 증여세 문제가 있을까요?

나부자 씨는 CEO모임에서 지인들이 자녀의 재산형성을 위해 자녀 회사를 이용하면 좋다고 합니다. 자신이 경영하는 회사와 자녀 회사의 거래를 통해 자녀 회사의 매출을 올려주는 방법을 통해 자녀의 재산형성을 이룰 수 있다고 합니다.

나부자 씨는 모임에서 들은 얘기를 상기하며 자신도 이 방법을 진작에 이용할 걸 후회하고 있습니다.

나부자 씨는 지금이라도 서둘러서 이 방법을 이용해 딸 서아와 아들 지호의 재산을 키워야겠다고 생각했습니다.

그런데 세금 문제가 어떻게 될지 몰라 정셈에게 이에 대해 문의를 했습니다. 정셈은 다음과 같이 설명했습니다.

정셈의 상속·증여를 위한 절세 이야기

세법에는 특수관계법인과의 거래를 통한 이익의 증여의제란 규정이 있습니다. 이 규정은 일감 몰아주기 규정으로 많이 알려져 있습니다.

1) 특수관계법인과의 거래를 통한 이익의 증여의제(일감 몰아주기 규정)

부모와 자녀는 특수관계입니다. 부모 소유의 회사와 자녀 소유의 회사도 특수관계입니다.

부모가 자녀에게 직접 증여하는 것이 아니라, 부모 소유의 회사와 자녀 소유의 회사와 거래를 합니다. 이때 자녀 회사가 매출처이고 부모 소유 회사가 매입처입니다. 그러면 자녀 소유의 회사는 계속해서 매출을 올리기 때문에 이익을 얻게 되고 회사 소유자인 자녀는 보유 주식의 가치가 증가하게 되어 부를 축적할 수 있습니다.

이 규정은 대기업의 총수 일가의 사익편취 문제에 대해 사회적 논란이 일자 이를 규제하기 위해 이 규정을 제정한 것입니다.

2) 과세요건

일감 몰아주기 규정의 과세요건은 다음과 같습니다.

① 수혜법인의 매출거래를 기준으로 지배주주와 특수관계있는 법인과의 거래비율이 정상거래비율(일반법인 30%, 중소기업 50%, 중견기업 40%)을 초과해야 합니다. 다만, 중소기업인 수혜법인과 중소기업인 특수관계법인 간의 거래 등은 제외합니다.

예를 들어 자녀 소유(또는 최대주주)의 수혜법인이 중소기업인데 매출의 50%를 넘는 매출이 부모 소유(또는 최대주주)의 회사와의 거래에서 발생하는 경우 이 거래4는 이상하다고 보는 것입니다.

② 수혜법인의 지배주주와 그 친족의 주식보유비율이 한계보유비율 (일반법인 3%, 중소·중견기업 10%)을 초과해야 합니다.

3) 증여자, 수증자, 수혜법인, 지배주주에 대한 구분

구분	세부내용
증여자	수혜법인의 지배주주와 특수관계에 있는 법인으로서 일감을 몰아준 해당 법인
수증자	수혜법인의 사업연도 말 기준으로 지배주주와 그의 친족(배우자, 4촌 이내 혈족, 3촌 이내 인척) 중 직·간접 보유비율이 한계보유비율(3%, 10%)을 초과한 주주
수혜법인	법인의 사업연도 매출액 중에서 지배주주와 특수관계있는 법인과의 거래비율이 정상거래비율(일반법인 20%·30%, 중소기업 50%, 중견기업 40%)을 초과하는 경우의 그 법인으로서 본점이나 주된 사무소의 소재지가 국내에 있는 법인
지배주주	수혜법인의 최대주주 등 중 직·간접 지분율이 가장 많은 개인

4) 증여의제 이익 계산

증여의제 이익은 세후 영업이익에 특수관계법인과의 정상거래비율 초과율과 한계보유비율 초과지분율을 곱하여 산정합니다.

수혜법인	증여의제 이익의 계산
중소 · 중견기업이 아닌 경우	세후영업이익 × [특수관계법인 거래비율 - 5%] × 주식보유비율
중소 · 중견기업인 경우	세후영업이익 × [특수관계법인 거래비율 - 50%(중견20%)] × [주식보유비율 - 10%(중견 5%)]

5) 증여세 신고기한

특수관계법인과의 거래를 통한 이익의 증여의제에 해당하는 경우 해당 수증자는 수혜법인의 해당 사업연도 종료일에 증여를 받은 것으로 보며, 수혜법인의 법인세 과세표준 신고기한이 속하는 달의 말일부터 3개월이 되는 날까지 증여세 신고를 하여야 합니다.

6) 중소기업 간의 거래인 경우 이 규정을 적용하지 않는다

일감 몰아주기 규정은 중소기업인 수혜법인과 중소기업인 특수관계법인 간의 거래 등은 제외합니다. 두 회사가 모두 중소기업이면 적용대상에 해당하지 않습니다.

72

부모 회사의 계열사와 자녀 회사가 거래를 통해 자녀 회사의 매출과 이익이 증가하는 경우 증여세 문제가 있을까요?

나부자 씨는 CEO모임에서 지인들이 본인이 운영하는 회사의 계열사와 자녀 회사의 거래를 통해 자녀회사의 매출과 이익을 올려주는 방법을 이용하면 증여세를 피해갈 수 있다고 합니다.

모임 후에 나부자 씨는 자신이 운영하는 회사와 자녀가 운영하는 회사가 직접 거래하면 일감 몰아주기 규정이 적용될 수 있지만, 계열사와 자녀 소유의 회사가 거래하면 일감 몰아주기 규정과 관계가 없어서 문제가 없을 것으로 생각했습니다.

나부자 씨는 자기가 생각한 것이 맞는지 궁금해서 정셈에게 이에 대해 문의를 했습니다. 정셈은 다음과 같이 설명했습니다.

증여세와 관련 하여 세법 개정이 많이 이루어져 왔습니다. 세법에는 특수관계법인으로부터 제공받은 사업기회로 이익을 얻는 것을 증여로 의제하여 증여세를 부과하는 규정이 있습니다.

1) 특수관계법인으로부터 제공받은 사업기회로 발생한 이익의 증여의제

세법에 일감 몰아주기 규정을 두어 증여세를 부과하고 있습니다. 이 증여세 규정을 피하려고 납세자들은 다른 방법을 생각했습니다. 본인이 운영하는 회사와 자녀 소유의 회사와 거래를 하는 것이 아니고 자녀 회사에게 사업기회를 제공하는 방법입니다.

이 같은 방식으로 자녀에게 간접적인 이익을 증여하는 행위가 증가하자 정부는 2016년 1월 1일 이후 개시하는 사업연도의 거래분부터 수혜법인이 특수관계법인으로부터 제공받은 사업기회로 발생한 이익에 대해 그 법인의 주주에게 증여로 의제하여 증여세가 부과하고 있습니다. 보통 이 규정을 일감 떼어주기 증여의제로 부르고 있습니다.

일감 떼어주기 규정은 어떤 경우에 증여세를 부과하나요?

2) 과세요건

다음의 경우를 충족하면 일감 떼어주기 규정을 적용하여 수혜법인의 주주가 얻게 된 증여이익에 대해 증여세를 부과합니다.
① 특수관계법인으로부터 사업기회를 제공받을 것
② 사업기회를 제공받은 사업 부문의 세무조정 후 영업이익이 존재할 것
③ 수혜법인의 지배주주와 그 친족의 수혜법인에 대한 주식보유비율의 합계가 30% 이상일 것

3) 증여자, 수증자, 수혜법인에 대한 구분

구분	세부내용
증여자	수혜법인의 지배주주와 특수관계에 있는 법인으로서 사업기회를 제공한 법인
수증자	수혜법인의 사업연도 말 기준으로 지배주주와 그의 친족으로서 주식을 보유하고 있는 주주
수혜법인	법인의 사업연도 매출액 중에서 지배주주와 특수관계있는 법인으로부터 사업기회를 제공받은 법인

4) 증여의제 이익 계산

증여의제 이익은 개시 사업연도 종료일 기준으로 추계 계산, 정산 사업연도 기준으로 실제 발생한 증여이익에 대해 각각 증여이익을 계산합니다.

구분	증여의제 이익의 계산
개시 사업연도의 증여의제이익	[{제공받은 사업기회로 인하여 발생한 개시 사업연도의 수혜법인의 이익 × 지배주주 등의 주식보유비율) - 개시 사업연도분의 법인세 납부세액 중 상당액} ÷ 개시 사업연도의 월 수 × 12] × 3
정산 사업연도의 증여의제이익	[제공받은 사업기회로 인하여 개시 사업연도부터 정산 사업연도까지 발생한 수혜법인의 이익 합계액) × 지배주주 등의 주식보유비율] - 개시사업연도분부터 정산사업연도분까지의 법인세 납부세액 중 상당액

5) 증여세 신고기한

특수관계법인으로부터 제공받은 사업기회로 발생한 이익의 증여의제에 해당하는 경우 해당 수증자는 수혜법인의 해당 사업연도 종료일에 증여를 받은 것으로 보며, 수혜법인의 법인세 과세표준 신고기한이 속하는 달의 말일부터 3개월이 되는 날까지 증여세 신고를 하여야 합니다.

정셈의 상속·증여를 위한 절세 이야기

73

보유하고 있는 주식을 아내와 자녀에게 증여하고 싶습니다. 증여세를 절세할 방법이 있을까요?

나부자 씨는 예전부터 주식투자에 관심이 많아 코스피·코스닥의 상장주식뿐만 비상장주식에도 투자를 해오고 있습니다. 그동안 주식투자로 수익을 꽤 얻었습니다.

보유하고 있는 코스피·코스닥 주식 중에 일부를 아내와 자녀에게 증여하고 싶습니다. 그런데 코스피·코스닥 주식의 주가가 매일 변동하기 때문에 언제 증여를 해야 할지 모르겠습니다. 주가가 비쌀 때 증여했다가 주가가 하락하면 증여세만 많이 내는 것이 돼서 언제 증여를 해야 할지 고민입니다.

또한, 비상장회사의 주식은 회사를 설립할 당시 주당 1,000원에 투자한 것이어서 지금 증여할 때도 동일한 주당 1천 원을 기준으로 증여하면 되지 않을까 생각합니다.

나부자 씨는 주식을 증여하는 것에 궁금한 것이 많아 이에 대해 정셈에게 문의했습니다. 정셈은 다음과 같이 설명했습니다.

세법은 주식을 상장주식과 비상장주식으로 구분하여 평가방법에 관해 규정하고 있습니다.

1) 코스피 · 코스닥 주식과 비상장주식 구분

주식을 종류별로 구분한다면 상장주식과 비상장주식으로 구분할 수 있습니다. 상장주식은 코스피에 상장된 주식과 코스닥에 상장된 주식으로 구분할 수 있습니다. 그 외에 K-OTC 주식도 있습니다.

주식을 상장주식과 비상장주식으로 구분하는 것은 세법에서 평가방법을 다르게 규정하고 있기 때문입니다.

주식은 부동산과 같은 자산과 달리 기업의 경영성과 등에 따라 기업가치가 달라지기 때문에 같은 연도라도 평가시점에 따라 주식가치가 다릅니다. 상장주식은 주식시장 거래에서 수요 · 공급에 따라 거래가액이 수시로 바뀌기 때문에 평가하는 것에 애로사항이 있습니다. 그래서 세법은 주식을 상장주식과 비상장주식의 평가방법에 관한 규정을 두어 적용하고 있습니다.

2) 상장주식을 증여한 경우 평가방법은?

상장주식을 증여한 경우 증여일 이전 · 이후 각 2월간에 공표된 매일의

정셈의 상속 · 증여를 위한 절세 이야기

최종시세가액(거래실적의 유무를 불문함)의 평균액으로 평가합니다.

평가기준일이 공휴일, 매매거래정지일, 납회기간 등인 경우에는 그 전일을 기준으로 평균액을 계산합니다. 또한, 평가기준일 전후의 기간이 4월에 미달하는 경우에는 동 기간에 대한 최종시세가액의 평균액으로 합니다.

3) 비상장주식의 평가방법은?

상장계획이 없는 비상장주식은 시가가 있으면 시가를 적용하고, 시가가 없으면 세법 규정에 따라 보충적 평가방법을 적용합니다.

(1) 시가가 있는 경우

시가는 증여일 전 6개월, 후 3개월 이내에 불특정다수인 사이의 객관적 교환가치를 반영한 거래가액 또는 경매·공매가액이 확인되는 경우 이를 시가로 보아 평가합니다. 비상장주식의 감정가액은 시가로 인정되지 않습니다.

(2) 시가가 없는 경우

비상장회사 주식의 시가가 없으면 세법 규정에 따른 보충적 평가방법으로 평가를 합니다. 평가한 가액이 주당 순자산가치의 80% 보다 낮은 경우에는 1주당 순자산 가치에 80%를 곱한 금액으로 합니다.

세법 규정에 따른 보충적 평가는 원칙적으로 1주당 순손익가치와 순자산가치를 각각 3과 2의 비율로 가중평균한 가액으로 평가합니다.

1주당 평가액 = (1주당 순손익가치 × 3 + 1주당 순자산가치 × 2) ÷ 5

예외적으로 자산가액 중 부동산 및 부동산에 관한 권리의 가액이 50% 이상인 법인은 순손익가치와 순자산가치를 각각 2와 3의 비율로 가중평균한 가액으로 평가합니다.

1주당 평가액 = (1주당 순손익가치 × 2 + 1주당 순자산가치 × 3) ÷ 5

4) 상장을 추진 중인 주식을 증여하는 경우 평가방법은?

비상장주식을 자녀에게 증여하려고 하는데, 코스닥 상장을 앞두고 있는 주식입니다. 비상장주식은 상장 전후의 주식가치가 다릅니다.

세법에는 유가증권시장(코스피)에 상장하는 주식과 코스닥에 상장하는 주식의 평가방법에 대해 별도로 규정하고 있습니다.

(1) 유가증권시장(코스피)에 상장 추진 중인 주식의 평가방법

유가증권시장(코스피)에 상장 추진 중인 주식은 아래 평가가액 중 큰 금액으로 평가한 가액을 시가로 보아 평가합니다.

① 자본시장과 금융투자업에 관한 법률에 따라 금융위원회가 정하는 기준에 따라 결정된 공모가격

② 코스닥시장 상장법인 주식 등의 평가방법에 따라서 평가한 해당 주

식 등의 가액(그 가액이 없으면 비상장주식 평가규정에 따른 평가액)

(2) 코스닥시장 상장 추진 중인 주식의 평가방법

코스닥시장 상장 추진 중인 주식은 아래 평가가액 중 큰 금액으로 평가한 가액을 시가로 보아 평가합니다.

① 자본시장과 금융투자업에 관한 법률에 따라 금융위원회가 정하는 기준에 따라 결정된 공모가격

② 비상장주식 평가규정에 따른 평가액

74

비상장주식을 자녀에게 증여하려고 합니다. 증여세 문제가 있을까요?

나부자 씨는 사업을 시작하면서 세월이 지나 현재 회사 다섯 군데를 운영하고 있습니다. 스타트업 등에 자금을 투자한 업체도 몇 군데나 됩니다. 재산 정리를 하는 김에 보유하고 있는 주식을 자녀에게 증여하고 싶습니다.

CEO모임에서 이 대표는 3년 전에 비상장회사의 주식을 자녀에게 증여했었는데, 1년 정도 지나 관할 세무서에서 주식을 평가한 금액에 문제가 있다고 하며, 증여세를 추징했다고 합니다. 이 대표는 관할 세무서의 세금 추징 결정에 불복했지만, 기각 결정을 받았다고 합니다. 다른 대표들도 비상장회사의 주식을 증여하는 것이 많이 어렵고, 주식평가를 신중하게 해야 한다고 조언을 했습니다.

같은 테이블에 있던 추 대표도 과거에 투자했던 비상장회사인 벤처기업의 주식을 자녀에게 증여했는데, 지난주에 세무서에서 주식평가 금액을 낮게 신고했다고 하며 증여세를 추징하겠다는 안내문을 받았다고 합니다. 추 대표도 비상장회사 주식증여는 조심해야 한다고 말했습니다.

나부자 씨는 모임 후에 집에서 자녀에게 비상장회사의 주식을 증여하는 것에 대해 곰곰이 생각했습니다. 갖고 있는 비상장회사의 주식을 자녀에게 증여할 계획이 있는데, 어떻게 하는 것이 좋을지 몰라 정셈에게 이에 대해 문의를 했습니다. 정셈은 다음과 같이 설명했습니다.

비상장주식은 코스피나 코스닥의 주식처럼 주식이 매일 거래되지 않기에 보통 시가가 존재하지 않습니다. 그래서 세법은 비상장주식의 평가방법을 규정하고 있습니다.

1) 비상장주식 평가 방법(시가가 없는 경우)

해당 비상장주식에 시가가 없는 경우 세법 규정에 따른 보충적 평가방법을 적용하여 평가합니다. 보충적 평가는 원칙적으로 1주당 순손익가치와 순자산가치를 각각 3과 2의 비율로 가중평균한 가액으로 평가합니다.

1주당 평가액 = (1주당 순손익가치 × 3 + 1주당 순자산가치 × 2) ÷ 5

예외적으로 평가대상 회사의 자산가액 중 부동산 및 부동산에 관한 권리의 가액이 50% 이상인 법인은 순손익가치와 순자산가치를 각각 2와 3의 비율로 가중평균한 가액으로 평가합니다.

1주당 평가액 = (1주당 순손익가치 × 2 + 1주당 순자산가치 × 3) ÷ 5

2) 순손익가치의 평가방법

1주당 순손익가치 = 1주당 최근 3년간 순손익액의 가중평균액 ÷ 기획재정부령이 정하는 이자율(현재 연 10%)

* 1주당 최근 3년간 순손익액의 가중평균액의 계산방법 :

　　[(평가기준일 이전 1년이 되는 사업연도의 1주당 순손익액 × 3) + (평가기준일 이전 2년이 되는 사업연도의 1주당 순손익액 × 2) + (평가기준일 이전 3년이 되는 사업연도의 1주당 순손익액 × 1)] ÷ 6

3) 순자산가치의 평가방법

1주당 순자산가치 = 평가기준일 현재 당해 법인의 순자산가액 ÷ 평가기준일 현재의 발행주식 총수

* 순자산가액이란 평가기준일 현재의 당해 법인의 자산총액에서 부채총액을 차감한 가액에서 영업권 평가액을 합한 금액을 말합니다. 자산의 평가는 평가기준일 현재의 시가에 의하며, 시가가 불분명한 경우 보충적 평가방법에 따라 평가하되, 그 가액이 장부가액보다 적은 경우에는 장부가액으로 평가합니다.

4) 순자산가치로만 평가하는 경우

회사가 설립된 지 얼마 되지 않은 경우, 현재 휴업이나 폐업 중인 경우

등 순손익가치를 측정하기 곤란한 상황에 있는 회사들이 있습니다. 이러한 경우 순손익가치와 순자산가치를 가중평균하여 주식가격을 산출하는 것은 적절하지 않습니다. 그래서 세법은 아래의 해당하는 회사는 순자산가치로만 주식을 평가합니다.

① 증여세 신고기한 내에 청산, 사업자 사망 등으로 계속 사업이 곤란한 법인
② 사업개시 전 법인, 사업개시 후 3년 미만이거나 휴·폐업 중인 법인
③ 법인의 자산총액 중 부동산 등의 가액의 합계액이 차지하는 비율이 80% 이상인 법인
④ 법인의 자산총액 중 주식 등의 가액의 합계액이 차지하는 비율이 80% 이상인 법인
⑤ 정관에 존속기한이 확정된 법인으로서 평가기준일 현재 잔여 존속기한이 3년 이내인 법인의 주식 등

5) 최대주주 할증평가 여부

최대주주 및 그와 특수관계에 있는 주주의 주식·출자지분에 대해서는 그 평가액에 20%를 가산합니다. 최대주주의 할증평가를 하는 이유는 경영권 프리미엄을 감안한 것입니다.

경영계에서 요구하고 있는 것 중의 하나가 최대주주 할증평가 규정을 폐지하는 것입니다.

현재 중소기업의 주식은 최대주주 할증평가를 하지 않습니다. 중견기업 중에 매출 5천억 이하의 중견기업 주식평가에도 최대주주 할증평가를 하지 않습니다.

6) 절세를 할 수 있는 방법은 없을까요?

비상장주식은 보통 시가가 없으므로 세법상 보충적 평가를 하여 주당 가치를 계산합니다. 보충적 평가는 회사의 과거 회계 자료를 바탕으로 평가를 합니다. 미래의 회사 전망을 반영하지 않는다는 문제가 있습니다. 큰 계약을 앞두고 있어도 과거 회계 자료로 평가하기에 이를 평가에 반영하지 않습니다.

시설 투자를 많이 하여 감가상각으로 영업이익이 낮을 때, 국내 경기흐름이 전반적으로 좋지 않아 경영성과가 낮을 때, 주식평가를 하면 주식 가치가 낮게 계산됩니다.

최근 기업 성과가 몇 년째 좋지 않지만, 앞으로 개선될 것이 확실하다면, 지금 상황에 주식을 증여하는 경우 주식 가치가 낮게 평가되어 증여세를 절세할 수 있습니다.

7) 미성년자인 자녀가 증여받은 주식으로 의결권 행사가 가능할까?

부모로부터 주식을 증여받은 미성년자녀는 해당 회사의 주주총회에 참석하여 의결권을 행사할 수 있을까요? 가능합니다. 미성년자녀는 법정대리인의 동의를 받아야 하고 주주총회 장소에 법정대리인과 동행하여 참석해야 합니다. 법정대리인의 신분증 및 법정대리인과 미성년자인 주주와의 관계 등을 증명하는 서류를 회사에 제시하여야 의결권 행사가 가능합니다.

만일 미성년자녀가 법정대리인의 동의를 얻지 못한 경우 독자적으로 의결권을 행사할 수 없습니다. 법정대리인이 2명 이상인 경우에는 법정대리인 전원의 동의를 받아야 합니다. 법정대리인 중 1명과 함께 미성년자녀가 주주총회에 참석하더라도 이를 주주총회에 출석한 것으로 인정하지 아니하며, 따라서 주주총회 출석 의결권 수에도 산입되지 않습니다.

75

딸에게 단독으로 증여하는 것과 딸과 사위에게 공동으로 증여하는 것 중 어느 것이 증여세를 아낄 수 있을까요?

나부자 씨의 딸 서아는 결혼해서 손녀 지수를 나부자 씨 부부에게 안겨 주었습니다. 나부자 씨는 손녀를 보면 너무나 예쁘기만 합니다. 그래서 딸 서아에게 목돈을 증여하고 싶습니다. 이 얘기를 아내 미나씨에게 했더니 그러자고 흔쾌히 동의합니다.

이번 CEO모임에서 이 대표가 아들에게 목돈을 증여했는데, 아들과 며느리에게 같이 증여했더니 세금을 크게 아낄 수 있어서 좋았다는 조언을 했습니다.

나부자 씨는 딸에게 단독으로 증여하는 것보다 딸 부부에게 같이 증여하면 정말로 증여세를 아낄 수 있는지 궁금해서, 이에 대해 정셈에게 문의를 했습니다. 정셈은 다음과 같이 설명했습니다.

증여세는 과세표준 크기에 따라 10%부터 최대 50%까지 누진세율을 적용합니다.

1) 증여세 과세표준과 누진율

증여세는 누진세율이 적용되는 세금입니다. 증여세 과세표준의 크기에 따라 세율은 10%에서 최대 50%까지 적용됩니다. 과세표준이 30억 원을 초과하는 금액은 절반이 증여세로 부과됩니다. 누진세율은 아래와 같습니다.

과세표준	1억 원 이하	5억 원 이하	10억 원 이하	30억 원 이하	30억 원 초과
세율	10%	20%	30%	40%	50%
누진공제액	없음	1천만 원	6천만 원	1억 6천만 원	4억 6천만 원

예를 들어 40억 원 딸에게 증여하는 경우 증여세는 15억 1천 5백만 원입니다.

(40억 원 - 5천만 원) × 50% - 4억 6천만 원 = 15억 1천 5백만 원

2) 사위(또는 며느리)의 증여재산공제

자녀와 결혼(혼인관계)한 며느리와 사위의 관계는 기타 친족에 해당합니다. 아무리 며느리와 사위가 시부모와 장인·장모에게 잘하고, 친자식 같다고 해도 엄연히 며느리와 사위는 자녀가 될 수 없습니다.

며느리와 사위는 시부모와 장인·장모 입장에서 기타 친족에 해당합니

다. 자녀부부가 혼인 관계인 경우 시부모 또는 장인·장모와 기타 친족 관계가 됩니다.

거주자인 며느리 또는 사위가 시부모나 장인·장모(기타친족)로부터 증여를 받는 경우 증여일로부터 10년 이내에 증여재산 공제 1천만 원을 적용합니다.

기타 친족의 범위는 직계존속과 직계비속을 제외한 6촌 이내의 혈족, 4촌 이내의 인척입니다. 시아버지, 시어머니, 장인, 장모, 사위, 며느리, 고모, 삼촌, 사촌, 외삼촌, 이모, 조카 등은 모두 기타 친족에 해당합니다.

며느리 또는 사위가 배우자의 가족으로부터 증여를 받을 때 각각 1천만 원 공제를 적용하는 것이 아니라, 기타 친족 전체를 합산하여 공제 한도를 적용합니다.

3) 자녀에게 단독으로 증여한 경우와 자녀부부에게 공동으로 증여한 경우 증여세 비교

아버지가 딸에게 1억 원, 10억 원, 30억 원, 70억 원을 단독증여하는 경우와 딸 부부에게 공동으로 증여하는 경우를 비교하면 아래와 같습니다.

(사례1) 1억 원 증여

자녀단독: (1억 원 - 5천만 원) × 10% = 5백만 원

부부공동: 자녀 (5천만 원 - 5천만 원) × 10% = 0원

　　　　　배우자 (5천만 원 - 1천만 원) × 10% = 4백만 원

합계: 4천만 원

차액: 5백만 원 - 4백만 원 = 1백만 원(20.00%)

(사례2) 10억 원 증여

자녀단독: (10억 원 - 5천만 원) × 30% - 6천만 원 = 2억 2천5백만 원

부부공동: 자녀 (5억 원 - 5천만 원) × 20% - 1천만 원 = 8천만 원

　　　　　배우자 (5억 원 - 1천만 원) × 20% - 1천만 원 = 8천8백만 원

합계: 1억 6천8백만 원

차액: 2억 2천5백만 원 - 1억 6천8백만 원 = 5천7백만 원(25.33%)

(사례3) 30억 원 증여

자녀단독: (30억 원 - 5천만 원) × 40% - 1억 6천만 원 = 10억 2천만 원

부부공동: 자녀 (15억 원 - 5천만 원) × 40% - 1억 6천만 원 = 4억 2천만 원

　　　　　배우자 (15억 원 - 1천만 원) × 40% - 1억 6천만 원 = 4억 3천6백만 원

합계: 8억 5천6백만 원

차액: 10억 2천만 원 - 8억 5천6백만 원 = 164,000,000(16.07%)

(사례4) 70억 원 증여

자녀단독: (70억 원 - 5천만 원) × 50% - 4억 6천만 원 = 30억 1천5백만 원

부부공동: 자녀 (35억 원 - 5천만 원) × 50% - 4억 6천만 원 = 12억 6천
5백만 원

배우자 (35억 원 - 1천만 원) × 50% - 4억 6천만 원 = 12억 8
천5백만 원

합계: 25억 5천만 원

차액: 30억 1천5백만 원 - 25억 5천만 원 = 4억 6천5백만 원(15.42%)

4) 위 사례들의 비교

위 3)의 사례들을 비교하면 자녀가 단독으로 증여받는 것보다 자녀부
부가 공동으로 증여받는 것이 증여세 절세효과가 있습니다.

(사례1) 같은 경우는 증여세율 중 가장 낮은 세율이 적용되는 경우인데
도 절세효과가 있습니다. 이는 기타 친족의 증여재산공제 1천만 원이 적
용되어 1백만 원의 절세 효과(1천만 원×10%)를 얻을 수 있기 때문입니다.

(사례2) 같은 경우 절세 효과 비율이 가장 큽니다. 이는 단독으로 증여
받을 때 한계세율이 30%이고, 자녀부부가 공동으로 증여받을 때 한계세

정셈의 상속·증여를 위한 절세 이야기

율이 20%로 낮아졌기 때문입니다.

5) 장점과 단점은?

(1) 장점
① 앞에서 자녀에게 단독으로 증여하는 경우와 자녀부부에게 공동으로 증여하는 것을 비교하면 자녀부부에게 공동으로 증여하는 것이 증여세 절세효과가 있습니다.
② 생전에 자녀에게 재산을 주고 싶은 경우 미리 계획을 세워서 증여를 해야 합니다. 상속을 앞두고 상속세를 절세하기 위해 증여를 하려는 경우, 상속이 임박해서 증여하는 것이 싶지 않습니다.

이 경우 자녀 부부에게 증여하는 것이 상속세 차원에서도 절세효과를 얻을 수가 있습니다. 자녀는 상속인에 해당하지만, 며느리나 사위는 상속인 외의 자로 상속인이 아닙니다. 상속인 외의 자에게 증여한 것은 상속개시일로부터 5년 이내 증여한 것만 사전증여재산으로 상속재산에 합산합니다.

(2) 단점
자녀의 배우자인 사위나 며느리에게 증여하는 경우 증여를 받는 순간 증여재산은 자녀의 배우자 소유가 됩니다. 증여한 이후 자녀부부가 사이가 나빠져 이혼하게 되어도 증여로 수증받은 재산은 수증자의 소유입니다. 이 증여한 것은 돌이킬 수가 없습니다.

76

자녀에게 금전 대신 아파트분양권을 증여하는 것이 증여세를 아낄 수 있을까요?

언론에서 서울의 아파트 가격이 하락 추세에 접어 들었다고 하지만, 여전히 서울 소재 아파트는 관심의 대상입니다. 특히 요즘 빌라와 오피스텔은 전세 사기로 인해 수요가 크게 줄었고, 그 여파로 아파트의 관심이 더 많아져서 아파트 월세 가격이 높아졌습니다.

나부자 씨는 마침 아파트 분양에 당첨된 것이 전매제한 기간이 풀려 분양권 증여가 가능합니다. 자녀에게 증여를 해주고 싶은데 금전을 줄까 아니면 아파트 분양권을 줄까 고민이 큽니다.

어떤 것을 증여하는 것이 증여세 절세에서 유리할지 궁금하여 이에 대해 정셈에게 문의를 했습니다. 정셈은 다음과 같이 설명했습니다.

아파트 분양권은 부모세대뿐만 아니라 자녀세대에게도 큰 관심사입니다.

1) 아파트 분양권

아파트 분양권은 부동산에 관한 권리로 부동산은 아니지만, 양도소득세에서 주택 수에 포함하고 있습니다. 이는 주택 투기 억제 정책과 관련이 있습니다. 또한, 아파트 분양권을 포함한 주택 분양권 거래에 대해 양도소득세 중과세를 하고 있습니다. 현재 한시적으로 다주택자에 대해 2년 이상 보유한 조정대상지역에 소재하는 주택을 양도하는 경우 기본세율을 적용하고 있습니다.

아파트 분양에 당첨이 되면 보통 계약금으로 분양가액의 10%를 납부하고 중도금으로 1차~6차로 10%씩 납부를 합니다. 잔금으로 나머지 30%를 납부합니다. 중도금을 납부할 때 중도금대출을 통해 납부하는 것이 일반적입니다.

아파트 분양에 당첨되었는데 개인 사정상 포기하는 경우 다른 아파트 분양 청약에 1년~10년간 제한이 있습니다.

2) 아파트 분양권의 시가는?

해당 아파트 분양권의 전매제한 기간이 풀리면 증여나 매매하는 것이 가능합니다. 분양권을 증여하려는 경우 해당 분양권의 시가를 알아야 합니다. 그런데 분양권 전매제한이 풀려 바로 분양권을 증여하는 경우에는 매매사례가 없어 시가를 알기란 어렵습니다.

세법에서 분양권의 시가가 없는 경우 증여재산가격은 계약자가 납부한 금액에 증여일 기준 분양권 프리미엄을 합산한 금액으로 합니다.

3) 분양권 증여 시점

분양권의 전매제한이 해제되어 자녀에게 증여한다면 증여일이 언제일까요? 아파트처럼 등기소에 소유권이전등기를 접수한 날이 증여일까요?

분양권은 부동산이 아니어서 소유권이전등기를 하지 않습니다. 분양권을 증여하거나 매매를 하는 경우 해당 조합사무실에 권리의무이전 신청을 하고 공급계약서에 권리의무이전이 승계가 되었다는 날인을 받습니다. 권리의무이전이 되는 날이 증여일입니다.

4) 준공이 되어 아파트 가격이 오른다면 분양권 증여가 유리하다

금전 대신 아파트 분양권을 증여받은 유리한지는 준공되고 나서 아파트 가격이 분양가액보다 높아진다면 증여받는 것이 유리할 것입니다.

그러나 분양권을 증여받고 나서 건설 상황이 나빠져 추가분담금을 많이 납부해야 하거나 오히려 당초 분양가액보다 아파트 가격이 하락한다면 분양권을 증여받는 것이 불리합니다. 이 경우에는 준공 이후 아파트로 증여하는 것이 유리합니다.

아파트 분양권 증여를 하기 전에 준공이 되어 아파트 가격이 상승할지 여부 등을 충분히 고려하여 증여하는 것이 중요합니다.

77

보유하고 있는 아파트를 자녀에게 양도하려고 합니다. 증여세 문제가 있을까요?

나부자 씨는 현재 임대하고 있는 서울 소재 아파트가 있습니다. 임대기간이 1년 정도 않았는데, 임대가 끝나면 이 아파트를 딸 서아에게 매도하려고 합니다. 매매가격은 현재 시세보다는 낮은 가격으로 매매할 계획입니다.

지난번 CEO모임에서 대표들과 식사 중에 나부자 씨는 아파트 매매계획을 얘기했습니다. 그러자 성 대표는 가족하고 부동산매매를 할 때는 매매대금을 실제로 주고받은 내역이 있어야 세무서에서 매매거래로 인정을 받을 수 있다고 얘기했습니다. 3년 전쯤 아들에게 서울 소재 아파트를 시세보다 낮은 가격으로 양도를 하면서 잔금을 나중에 받으려고 했다가, 관할 세무서에게 이를 매매로 인정을 못 받을 뻔했다고 하면서 고생을 많이 했다고 합니다.

모임 후에 대표들의 조언을 상기하며, 나부자 씨는 딸 서아와 얘기를 하며 가족 간의 부동산거래를 할 때는 꼭 매매대금을 지급해야 한다고 얘기를 했습니다. 그런데 딸에게 아파트를 양도하는데, 꼭 시세대로 대금을 다 받는 것은 너무나 매정한 것 같습니다. 아파트 매매가액을 시세보다는 낮은 가격으로 정해서 딸에게 경제적 부담을 낮춰주고 싶습니다.

나부자 씨는 이렇게 거래를 해도 될지 궁금해서 정셈에게 문의를 했습니다. 정셈은 다음과 같이 설명했습니다.

부동산매매 거래, 금전 거래, 상품매매 거래 등 가족 간의 거래는 자유롭게 할 수 있습니다. 세법에서 가족은 특수관계에 해당합니다. 관할 세무서에서 가족 간의 부동산 같은 자산을 매매하는 경우 매매대금을 실제 지급을 하는지 확인을 합니다.

1) 배우자 등에게 양도한 재산의 증여 추정

세법은 가족 간의 부동산을 매매한 경우 양도자가 그 재산을 양도한 때에 그 재산의 가액을 배우자 등이 증여받은 것으로 추정합니다.

관할 세무서에서는 가족 간의 매매거래에 대해 불특정 다수와의 거래처럼 거래를 실제로 했는지 의구심을 갖고 있습니다. 가족 간의 매매거래를 할 때 매매계약서만 작성하고 매매대금은 지급하지 않을 수도 있기 때문입니다.

부모가 아파트를 자녀에게 양도한 경우 자녀가 그 아파트를 증여받은 것으로 추정합니다. 증여가액은 그 아파트 매매가액으로 합니다.

이 규정은 증여를 추정하는 규정입니다. 납세자가 입증하면 이 규정은 적용되지 않습니다. 아파트 거래를 하면서 정상적으로 대금을 지급하고 수취했다는 것을 관할 세무서에 입증하는 것이 중요합니다.

2) 만일 입증을 못 하면 어떻게 되나요?

이 규정은 증여를 추정하는 규정입니다. 부모와 자녀 간의 아파트 매매 거래를 했는데, 실제 매매대금을 지급하고 수취하지 않았다면 거래는 매매가 아니고 증여한 것으로 적용을 합니다.

매도인은 증여자가 되고, 매수인은 수증자가 됩니다. 즉 부모가 자녀에게 해당 아파트를 증여한 것이 돼서 자녀는 증여세를 납부해야 합니다.

부모와 자녀가 해당 아파트를 매매하기로 계약서를 작성하고 부모는 자녀에게 아파트의 소유권이전등기를 합니다. 하지만, 자녀가 부모에게 매매대금을 지급하지 않거나 지급한 매매대금을 돌려받는 등 정상적으로 거래가 이루어졌다는 것을 입증하지 못하는 것은 실질은 증여한 것과 같다는 것을 의미합니다. 그래서 자녀는 증여세를 부담해야 합니다.

3) 자녀에게 대가를 받고 양도한 사실이 명백한 경우

자녀에게 대가를 받고 양도한 사실이 명백히 인정되는 경우에는 증여 추정 규정을 적용하지 않습니다.

간단한 방법은 자녀가 부모에게 매매대금을 계좌이체 하면 됩니다. 관할 세무서에 금융거래내역을 제출하면 됩니다. 즉 현금으로 대가를 지급하지 말고 이체를 해야 합니다.

또한, 아래의 해당하는 경우에도 증여 추정 규정을 적용하지 않습니다.
① 법원의 결정으로 경매절차에 따라 처분된 경우
② 파산선고로 인하여 처분된 경우
③ 〈국세징수법〉에 따라 공매(公賣)된 경우
④ 증권시장을 통하여 유가증권이 처분된 경우

4) 나부자 씨가 딸 서아에게 아파트를 양도하면서 나부자 씨가 이 아파트에 전세 세입자로 들어가도 될까요?

가족 간의 아파트 매매계약을 하면서 임대차계약도 같이하는 것이 가능할까요? 혹시 세금이 있을까요?

서울에 소재하는 아파트를 거래할 때 매수인이 보증금을 안고 매수를 하는 갭투자를 많이 합니다. 가족 간의 아파트매매에도 갭투자가 가능합니다. 자녀는 부모에게 아파트 매매계약에서 계약서에 매매와 동시에 전세 계약을 한다는 것을 명시합니다. 매매대금에서 전세보증금을 제외한 금액을 지급한다는 것을 명시합니다.

임대인인 자녀 입장에서 전세보증금은 부채입니다. 전세 계약이 종료되면 자녀는 부모에게 전세보증금을 돌려줘야 합니다. 이 전세보증금에 대해 관할 세무서는 사후관리를 하고 있다는 것을 잊으면 안 됩니다.

78

자녀가 고등학교를 졸업한 지 1년도 되지 않았는데 주택을 구입하려고 합니다. 증여세 문제가 있을까요?

나부자 씨의 아들 지호는 고등학교를 졸업하고 원하는 대학교에 합격해서 현재 1학년에 재학 중입니다. 어렸을 때부터 친·인척에게 받은 용돈을 착실하게 저축해 왔습니다. 저축한 돈으로 오피스텔을 구입하려고 합니다.

그런데 지인들은 나이가 너무 어리거나 직업이 없는 상태에서 부동산을 취득하는 경우 그 취득자금을 증여받은 것으로 추정해서 증여세가 부과될 수 있다고 조언을 합니다.

나부자 씨는 아들 지호가 자기가 번 돈은 아니지만, 그동안 용돈을 안 쓰고 모은 돈으로 오피스텔을 구입하는 것인데, 왜 증여세가 부과될 수 있는지 이해가 되지 않습니다.

이 고민에 대해 정셈에게 문의를 했습니다. 정셈은 다음과 같이 설명했습니다.

직업이나 소득이 없는 사람이 재산을 형성한 경우 세법은 이를 증여받은 것으로 추정합니다.

1) 재산 취득자금 등의 증여 추정 규정

일정한 직업이나 소득이 없는 사람이 거액의 재산을 취득했다면, 부모나 배우자 등 재력이 있는 사람으로부터 자금을 증여받아 재산을 취득한 것이 아닌가 의심될 수 있습니다.

세법에는 이런 경우 재산의 취득자금 등을 증여받은 것으로 추정할 수 있도록 하는 '재산 취득자금 등의 증여 추정' 규정을 두고 있습니다.

이 규정은 재산취득자의 직업, 연령, 소득 및 재산 상태 등으로 볼 때 재산을 자력으로 취득했다고 인정하기 어려운 경우 그 재산을 취득한 때에 재산 취득자금을 증여받은 것으로 추정합니다.

재산취득자가 취득자금의 출처에 대해서 충분히 소명하는 경우 추정 규정이 적용되지 않습니다.

이 규정을 구체적으로 두 가지로 구분할 수 있습니다. 첫 번째는 재산을 취득했는데 자력으로 취득했다고 인정하기 어려운 경우입니다. 두 번째는 빚을 갚았는데 자력으로 이 빚을 갚았다고 인정하기 어려운 경우입니다.

정셈의 상속·증여를 위한 절세 이야기

2) 재산을 자력으로 취득하였다고 인정하기 어려운 경우

재산 취득자의 직업·연령·소득 및 재산 상태 등으로 볼 때 재산을 자력으로 취득하였다고 인정하기 어려운 경우입니다.

예를 들어 납세자가 부동산을 취득했는데, 관할 세무서는 납세자의 직업이나 재산 상태를 고려했을 때 부동산을 자력으로 취득했다고 보기 어려운 경우입니다. 즉 납세자의 경제력으로 부동산을 취득했다고 인정하기 어렵다고 보는 것입니다.

납세자가 취득대금 출처의 소명을 하지 못하면, 이를 그 재산의 취득대금을 납세자의 증여재산가액으로 하여 증여세를 과세합니다.

이 경우 재산의 자력취득능력 여부는 "당해 재산을 취득한 때"를 기준으로 하여 판단합니다.

3) 채무를 자력으로 상환하였다고 인정하기 어려운 경우

채무자인 납세자의 직업·연령·소득·재산 상태 등으로 볼 때 채무를 자력으로 상환(일부 상환을 포함)하였다고 인정하기 어려운 경우입니다. 이 경우에는 그 채무를 상환한 때에 그 상환자금을 그 채무자가 증여받은 것으로 추정하여 이를 그 채무자의 증여재산가액으로 합니다.

예를 들어 납세자가 은행에 대출받은 것이 있는데, 보통 대출금을 분할로 상환하지 일시금으로 갚는 경우는 흔치 않습니다. 대출금액이 큰 경우에는 더욱더 그렇습니다. 그런데 납세자가 대출금을 일시에 상환했는데, 관할 세무서가 직업이나 재산 상태를 고려했을 때, 납세자가 자력으로 대출금을 상환했다고 보기 어려운 경우 상환자금을 증여받은 것으로 추정합니다.

이에 납세자가 상환자금 출처의 소명을 하지 못하면, 상환자금을 납세자의 증여재산가액으로 하여 증여세를 과세합니다.

4) 차명계좌와 증여세 증여추정

이 규정은 금융실명제와도 관련이 있습니다. 금융실명법에 따라 실명이 확인된 계좌 또는 외국의 관계 법령에 따라 이와 유사한 방법으로 실명이 확인된 계좌에 보유한 재산은 명의자가 그 재산을 취득한 것으로 추정합니다.

즉 금융계좌에 있는 재산에 대해서도 명의자의 직업 및 소득 등을 고려하여 금융계좌에 있는 재산을 취득했다고 보기 어려운 경우 증여추정 규정을 적용됩니다. 차명계좌를 방지하기 위한 증여 추정 규정입니다.

차명계좌에 자산이 입금되는 시점에 증여받은 것으로 추정하여 이를 그 재산취득자의 증여재산가액으로 합니다.

계좌의 명의자가 차명재산임을 입증하는 경우에는 증여세 과세대상에서 제외되지만, 대신 실제 소유자가 그 차명재산에 대한 자금출처를 소명하여야 합니다.

만일 차명계좌에 해당하는 경우에는 금융실명법 위반으로 인한 추가적인 형사처벌 또는 과태료가 부과될 수 있으니 주의해야 합니다.

5) 주의사항

구체적으로 재산취득자의 상속·수증재산가액, 재산을 처분한 대가로 받은 금전으로 당해 재산의 취득에 직접 사용한 금액 등 입증된 금액의 합계액이 일정 기준 이상이어야 하는데, 입증되지 않은 금액(재산취득가액-입증된 금액의 합계)이 취득재산가액의 20%와 2억 원 중 적은 금액에 미달해야 합니다. 예를 들어 15억 원의 재산을 취득한 경우 신고한 소득 등으로 13억 원 이상에 대한 입증이 돼야 추정 규정에서 벗어날 수 있습니다.

세법에 있어 이와 같은 추정 규정은 과세관청의 증명 책임을 완화하는 것이어서 제한적으로 적용돼야 합니다. 실제 법원은 재산 취득 당시 일정한 직업과 상당한 재력이 있고, 그로 인해 실제로도 상당한 소득이 있었던 자라면 재산 취득자금의 출처를 일일이 제시하지 못한다고 하더라도 특별한 사정이 없는 한 추정 규정이 적용될 수 없고, 과세관청이 재산 취득자가 일정한 직업 또는 소득이 없는 사람이라는 점만이 아니라 부모나 배우자 등이 가까운 사람에게 증여할 만한 재력이 있다는 점도 증명해야 한다고 판단하고 있습니다.

이처럼 세법은 과세관청이 재산 취득자금이 증여받은 것이라는 점을 명확하게 증명하지 못하더라도 증여세를 부과할 수 있도록 하고 있고, 실제 여러 사안에서 앞의 규정에 따른 증여세 부과가 이루어지고 있으므로, 큰 금액의 재산을 취득할 계획이 있다면 자금 출처에 대해서 충분히 소명할 수 있을지 미리 살펴보고 준비해야 할 것입니다.

증여받은 사실을 잘 숨겨서 10년을 세무서가 모르게 잘 넘어가면 증여세 문제가 없을까요?

나부자 씨는 가족에게 증여한 것은 꼭 있는 그대로 신고를 해야 하는지 의문입니다. 세무서 몰래 증여하면 세무서에서 증여가 있었다는 사실을 정말 알 수 있을까? 하고 생각합니다.

지난번 CEO모임에서 대표들과 증여에 관해 얘기를 하는데, 대표들이 몰래 증여하면 세무서에서 모르지 않겠냐고 합니다. 강 대표는 자녀에게 몰래 증여를 했는데 3년이 되었고 세무서에서 아직 이에 대해 연락이 온 적이 없다고 합니다. 나부자 씨는 이 얘기를 듣고 지금까지 가족에게 증여한 것을 곧이곧대로 신고한 것이 바보처럼 느껴집니다.

모임 후에 나부자 씨는 이에 대한 것을 정셈에게 문의했습니다. 정셈은 다음과 같이 설명했습니다.

상속·증여 절세 상담을 하다 보면 많은 분들이 절세수단으로 이 방법들을 이용하면 관할 세무서에서 알 수 있냐고 말씀을 합니다. 국세청에는 지난 수십 년 동안 상속·증여세뿐만 아니라 법인세, 종합소득세, 부가가치세, 양도소득세 등 체납자에 대한 세금 추징을 하며 은닉재산 포착도 해왔습니다. 그간의 경험과 사례들이 축적되어 있습니다.

세금에는 제척기간과 소멸시효가 있습니다.

1) 제척기간이란

세법에는 제척기간을 규정하고 있습니다. "제척기간"이란 법률에서 정한 권리의 존속기간입니다. 제척기간 이내에 관할 세무서는 납세자의 세금 신고내역을 검토하여 세금을 추징할 수 있고, 납세자가 세금 신고를 하지 않은 경우 세금을 결정하여 추징할 수 있습니다. 제척기간이 경과하면 해당 권리가 소멸되어 세무서는 세금을 결정하거나 추징할 수 없습니다.

제척기간은 납세자가 법정신고기한까지 세금을 신고한 경우 5년, 신고하지 아니한 경우 7년으로 규정하고 있습니다. 다만 사기나 그 밖의 부정한 행위로 국세를 포탈한 경우 제척기간은 10년입니다.

증여세의 제척기간도 동일할까요?

2) 증여세의 제척기간은?

법인세나 소득세와 달리 상속세와 증여세의 부과제척기간은 10년입니

다. 증여세를 신고하지 않았거나 거짓신고 또는 누락신고를 한 경우 제
척기간은 15년입니다.

증여세의 제척기간은 다른 세금과 다르게 기간이 깁니다. 증여세를 회
피하기 위해 증여 사실을 숨기는 등 관할 세무서가 증여 행위를 포착하는
데 어려움이 있어서 제척기간이 깁니다.

나부자 씨가 딸에게 증여했는데, 증여세 신고에 오류가 있는 경우 제척
기간은 10년이고, 증여세 신고를 하지 않은 경우 제척기간은 15년입니다.

3) 부담부증여의 경우 증여세와 양도소득세의 제척기간은?

부담부증여는 증여와 양도가 결합 된 증여입니다. 아파트를 증여할 때
아파트 담보대출을 승계하는 조건으로 증여하면 담보대출 부분은 증여
자에게 양도소득세과 순수증여 부분은 수증자에게 증여세가 부과됩니
다. 증여세의 제척기간은 10년이고, 양도소득세의 제척기간은 5년입니
다. 제척기간에서 5년의 차이가 있습니다.

부담부증여를 하면서 증여세와 양도소득세를 신고납부했습니다. 5년
이 지나서 관할 세무서는 부담부증여 신고의 오류가 있는 것을 발견하여
증여세는 일부 환급을 하고 양도소득세를 추징해야 합니다. 그런데 양도
소득세는 제척기간이 지나서 추징할 수 없는 문제가 있습니다.

부담부증여의 경우에는 양도소득세의 부과제척기간도 증여세 부과제

척기간을 맞추어 제척기간을 5년이 아닌 10년으로 적용합니다.

4) 증여세에는 제척기간 특례가 있다

증여세는 재산의 무상이전 및 수증자가 경제적 이득을 얻는 것에 대한 세금입니다. 누구나 수증자에게 증여세 부담 없이 재산을 이전하고 싶은 것이 사실입니다.

증여세를 회피하기 위해 현금으로 인출해서 전달하거나 골드바와 귀금속으로 이전하는 경우, 미술품 등으로 재산을 이전하는 경우, 차명계좌를 이용하는 경우, 가상자산을 이용하는 경우 등 여러 방법을 이용해서 재산을 이전하려고 합니다.

세법은 수증자가 명의신탁재산을 취득하거나 국외에 있는 재산을 취득하는 등 부정행위로 증여세를 포탈하는 경우에는 해당 재산의 증여가 있음을 안 날부터 1년 이내에 상속세 및 증여세를 부과할 수 있습니다. 즉, 부정행위로 50억 원이 넘는 재산에 해당하는 상속세나 증여세를 포탈하는 경우에는 제척기간이 평생 이어질 수 있습니다. 다만, 해당 재산가액이 50억 원 이하인 경우에는 그러하지 아니합니다.

정셈의 상속·증여를 위한 절세 이야기

80

할아버지가 손자녀에게 바로 증여하는 것이 증여세에서 유리할 수 있다.

나부자 씨는 딸 서아가 결혼해서 손녀 수지를 안겨준 것에 너무나 행복합니다. 하루의 고된 일로 힘들어도 귀여운 손녀를 보면 스트레스가 바로 풀립니다. 나부자 씨 부부는 손녀가 가져다준 행복에 웃음이 끊이지 않습니다.

나부자 씨는 손녀에게 증여하는 것에 아내와 상의를 했습니다. 그리고 나서 딸 서아에게 전화해서 아내와 상의했던 내용을 얘기했고, 손녀에게 증여하는 것에 대해 동의를 하였습니다.

나부자 씨는 손녀에게 증여하면 딸 서아에게 증여하는 것처럼 증여세가 같은지 궁금하여, 이에 대해 정셈에게 문의를 했습니다. 정셈은 다음과 같이 설명했습니다.

1) 세대생략 증여와 증여세 할증

조부모가 자기의 재산을 자녀세대를 건너뛰어 손자녀에게 증여하는 것을 세대생략 증여라 합니다. 나부자 씨가 딸 서아가 있는데, 손녀 수지에게 증여하는 것은 세대생략 증여에 해당합니다.

세대생략 증여에 해당하면 증여세 산출세액에 30%를 할증합니다. 다만 미성년자로 증여재산가액이 20억 원을 초과하는 경우에는 40%를 할증합니다.

자녀가 사망하여 자녀의 직계비속인 손자녀에게 증여하는 경우에는 증여세 할증을 적용하지 않습니다. 예를 들어 딸 서아가 손녀인 지수를 낳고 나서 사망한 경우로, 할아버지인 나부자 씨가 손녀 지수에게 증여하는 경우 증여세 할증을 적용하지 않습니다.

2) 세대별로 증여하는 것과 세대생략한 증여를 비교

증여를 할 때 할아버지(조부모) → 아버지(부모) → 딸(자녀)의 순서대로 증여하는 것과 할아버지(조부모)가 딸(자녀)에게 증여를 하는 것을 비교하면 다음과 같습니다.

각 사례는 증여재산공제 5천만 원 각각 적용, 신고세액공제 3% 적용

구분	(사례1) 10억 원 증여		(사례2) 20억 원 증여		(사례3) 30억 원 증여	
	순차증여	직접증여	순차증여	직접증여	순차증여	직접증여
1차 과세가액	1,000,000,000	1,000,000,000	2,000,000,000	2,000,000,000	3,000,000,000	3,000,000,000
1차 납부세액	218,250,000	283,725,000	601,400,000	781,820,000	989,400,000	1,385,160,000
2차 과세가액	781,250,000	-	1,398,600,000	-	2,010,600,000	-
2차 납부세액	154,593,750	-	368,056,800	-	624,240,000	-
증여세 합계	372,843,750	283,725,000	969,456,800	781,820,000	1,613,640,000	1,385,160,000
차액	89,118,750원 감소 (23.90%)		187,636,800원 감소 (19.35%)		228,480,000원 감소 (14.16%)	

(사례1)에 대해 설명을 하면 할아버지가 아버지에게 10억 원을 증여(1차 증여)합니다. 수증자인 아버지는 증여받은 재산에 대해 증여세를 신고납부한 이후 남은 금액 781,250,000원 전액을 딸에게 증여(2차 증여)합니다. 딸은 증여세를 신고납부합니다. 이렇게 증여하는 경우 1차 증여의 납부세액은 218,250,000원이고, 2차 증여의 납부세액은 154,593,750원으로 합계 372,843,750원입니다.

할아버지가 손녀에게 직접 증여하는 경우에는 30% 세대생략할증이 적용되어 납부세액은 283,725,000원입니다.

세금의 차이가 89,118,750원으로 할아버지가 손녀에게 직접 증여하는 것이 작습니다. 즉 증여세를 두 번 내는 것보다 할증이 되지만 한 번 내는 것이 유리합니다.

(사례3)의 경우에는 증여재산가액이 20억 원을 초과하여 세대생략할 증이 40%가 적용됩니다. 40% 높은 할증률이 적용되었는데도, 자녀 손자녀 순으로 순차증여를 하는 것보다 손자녀에게 직접 증여하는 것이 증여세가 절세됩니다.

3) 8년 전에 아들에게 증여한 적이 있는데, 아들에게 추가로 증여한 것과 손녀에게 증여한 경우 증여세 비교

수증자가 동일인으로부터 10년 이내 재차 증여를 받는 경우 증여재산과 기증여한 재산을 합산하여 증여세를 계산합니다.

할아버지가 8년 전에 아들인 아버지에게 10억 원을 증여했습니다. 증여한 지 10년이 안 되어 추가로 5억 원을 아들에게 증여할까 아니면 손녀에게 5억 원을 증여할까 고민 중입니다. 5억 원을 아들에게 증여하는 것과 손녀에게 증여하는 것을 비교하면 증여세 차이는 다음과 같습니다.

구분	자녀에게 증여		손자녀에게 증여
	1차 증여	2차 증여	
증여재산가액	1,000,000,000	500,000,000	500,000,000
사전증여	-	1,000,000,000	-
증여재산공제	50,000,000	50,000,000	50,000,000
증여세율	30%	40%	20%
산출세액	225,000,000	420,000,000	104,000,000
기납부세액	-	225,000,000	-
신고세액공제	6,750,000	5,850,000	3,120,000
납부세액	218,250,000	189,150,000	100,880,000

차액: 189,150,000 - 100,880,000 = 88,270,000 감소(46.66%)

4) 손자녀는 상속인 외의 자로 상속세 절세 효과도 있다

상속개시일로부터 피상속인이 10년 이내에 상속인에게 증여한 경우 증여재산가액을 상속재산에 합산합니다. 손자녀는 대습상속이 적용되는 경우를 제외하고 상속인 외의 자입니다. 상속인 외의 자는 상속개시일로부터 피상속인으로부터 5년 이내에 증여받은 경우 증여재산가액을 상속재산에 합산하기 때문에 5년이 경과한 경우에는 상속재산에 합산되지 않습니다.

사위, 며느리도 상속인 외의 자여서, 사위나 며느리에게 사전증여를 하고, 5년이 지나면 상속재산에 합산되지 않습니다.

5) 주의할 점

세대생략 증여는 장점만 있는 것이 아니라 단점도 있습니다. 손자녀에게 증여한 재산은 상속공제가 되지 않습니다. 또한, 나부자 씨의 사망으로 상속재산분할을 할 때 특정 상속인(딸 서아)의 자녀에게만 증여가 있었을 시 그 재산은 상속인(딸 서아)에게 준 것으로 보아야 하는지 아니면 손자녀에게 준 것으로 보아야 하는지에 대한 다툼이 발생할 수 있습니다.

81

보유하고 있는 주식 중에 평가손실을 보고 있는 상장주식이 있는데, 자녀에게 증여하는 것이 괜찮을까요?

과거 1997년 외환위기를 겪으면서 재테크에 대한 관심이 커졌고 펀드상품 출시가 본격화되었습니다. 2008년 글로벌 금융위기, 그리고 2020년 코로나 19 펜데믹으로 재테크 중에 특히 주식투자에 관한 관심은 더욱더 커졌습니다. 동학개미 운동이 불어 주식투자자도 매우 크게 증가했습니다.

나부자 씨는 주식투자 경력이 10년이 넘습니다. 수익도 많이 보고했는데, 종목 선택을 잘 못 해서 큰 손실을 보고 있습니다. 생각처럼 잘되지 않습니다. 내가 주식을 사면 떨어지고 반대로 주식을 팔면 오르는지 답답하기만 합니다. 이 주식이 상승해서 구매가격에 가까워지기까지 어느 정도의 기간이 필요할지 모르고, 주식을 손해 보고 팔자니 너무나 아깝습니다.

나부자 씨는 물려 있는 주식으로 스트레스를 오랫동안 너무 많이 받아 처분하기 전에 정셈에게 이에 대해 문의를 했습니다. 정셈은 다음과 같이 설명했습니다.

1) 자녀에게 주식을 증여하는 기회로 활용할 수 있다

나부자 씨가 보유하고 있는 손실 중인 주식을 자녀에게 주식을 증여하는 기회로 활용할 수 있습니다.

보유 중인 주식이 하락해서 속상하지만, 시간이 지나면 상승할 여력이 충분하다고 판단된다면 해당 주식을 증여하는 것이 절세 방법이 될 수 있습니다.

2) 상장주식의 증여재산평가 방법

코스피·코스닥의 주식을 증여하는 경우 해당 주식의 증여재산평가를 해야 합니다. 해당 주식의 증여일을 기준으로 이전·이후 각 2월간에 공표된 매일의 최종시세가액(거래실적의 유무를 불문함)의 평균액으로 평가합니다.

평가기준일 전후의 기간이 4월에 미달하는 경우에는 동 기간에 대한 최종시세가액의 평균액으로 합니다.

평가기준일이 공휴일, 매매거래정지일, 납회기간 등인 경우에는 그 전일을 기준으로 평균액을 계산합니다.

3) 주식 증여로 자녀의 자금출처 마련 효과를 얻을 수 있다

자녀에게 금전으로 증여하는 것과 우량주이지만 현재 주가가 많이 하락한 주식의 증여재산평가액이 금액이 같을 때, 주식으로 증여하는 것이 유리할 수 있습니다.

저평가된 우량주로 상승할 일만 남은 경우, 주가 상승에 따른 평가차익은 온전히 수증자인 자녀의 이익이 됩니다. 추후 자녀가 주택을 취득할 때 해당 주식을 처분해서 구입자금으로 활용할 수 있고, 자금출처로도 인정받을 수 있습니다.

4) 주식을 증여하고 나서 증여한 것을 취소할 수 있다

주식을 자녀에게 증여했다가 이를 취소하는 것이 가능합니다. 당초 증여의 신고기한 이내에 증여를 취소하면 수증자와 주식을 반환받은 증여자에게는 증여세가 없습니다.

예를 들어 나부자 씨가 5월에 딸 서아에게 주식을 증여한 경우 증여세 신고기한 8월 31일까지입니다. 이 기간 안에 증여세 신고를 취소한 경우 딸 서아에게 증여세가 없고, 주식을 돌려받은 나부자 씨에게도 증여세가 없습니다.

5) 상장주식 증여는 취득세 과세대상이 아니다

취득세 규정 중에 과점주주에 대한 취득세를 부과하는 규정이 있습니다. 흔히 간주취득세라고 합니다. 법인의 주식을 취득해서 과점주주 된 경우 법인이 소유하고 있는 취득세 과세대상에 대한 취득세에 지분율의 비율만큼 취득세를 부과하는 규정입니다. 이는 법인을 통해 취득세를 회피하는 것을 방지하고자 하는 규정입니다.

간주취득세는 모든 법인에 적용하는 것은 아니고 비상장법인과 코스닥법인에 적용했습니다. 코스피 법인만 제외했습니다. 2023. 03. 14. 세법 개정으로 코스닥 법인도 간주취득세에서 제외합니다.

같은 금액이라도 자녀에게 부동산을 증여하면 증여세와 취득세를 부담해야 하지만, 상장주식은 자녀가 증여세만 부담하면 됩니다.

82

아버지 소유의 아파트를 시세보다 낮은 금액으로 자녀에게 처분하기로 했습니다. 증여세 문제가 있을까요?

나부자 씨는 보유하고 있는 아파트 있는데, 딸 서아에게 처분하기로 했습니다. 매매가격은 현재 시세보다 저렴한 가격으로 결정했습니다. 딸이 모은 돈이 있어 매매대금을 실제 나부자 씨에게 지급하기로 했으니 문제가 없을 것으로 생각했습니다.

부녀간의 아파트 매매거래를 하는 것이어서 혹시나 증여세에 문제가 있을지 몰라 정셈에게 문의를 했습니다. 정셈은 다음과 같이 설명했습니다.

1) 특수관계인 간 저가 또는 고가 거래

구분	수증자	과세요건	증여재산가액
저가양수	양수자	(시가-대가)의 차액이 시가의 30% 이상 또는 그 차액이 3억 원 이상	(시가-대가)-(시가의 30%와 3억 원 중 적은 금액)
고가양도	양도자	(대가-시가)의 차액이 시가의 30% 이상 또는 그 차액이 3억 원 이상	(대가-시가)-(시가의 30%와 3억 원 중 적은 금액)

2) 비특수관계인 간 저가 또는 고가 거래

구분	수증자	과세요건	증여재산가액
저가양수	양수자	(시가-대가)의 차액이 시가의 30% 이상	(시가-대가)-3억 원
고가양도	양도자	(대가-시가)의 차액이 시가의 30% 이상	(대가-시가)-3억 원

3) 양도소득세 부당행위계산 부인 규정

부모 자녀는 특수관계인 간으로 양도소득세 과세대상 거래를 하는데, 시가와 대가의 차이가 3억 원 이상이거나 5% 이상인 경우에는 시가에 양도한 것으로 의제합니다.

예를 들어 나부자 씨가 시가 20억 원인 아파트를 딸에게 18억 원에 양도하는 경우 시가와 대가의 차이는 2억 원(=20억-18억)으로 3억 원 미만입니다. 그러나 시가와 대가의 비율은 10%(=2억/20억)로 5% 이상이어서 양도소득세 부당행위에 해당합니다. 나부자 씨는 양도소득세 계산을 할 때 양도가액은 18억 원이 아닌 20억 원으로 적용합니다.

4) 절세 전략?

부모와 자녀는 특수관계로 나부자 씨가 딸에게 아파트를 시가보다 저가로 매매하려는 경우 매도인인 나부자 씨에게는 양도소득세 부당행위계산 부인 규정이, 매수인인 딸에게는 증여세 고·저가 규정이 각각 적용됩니다.

절세 전략은 나부자 씨와 딸에게 적용되는 위 규정 중에 어느 규정을 피해갈 것인지에 따라 다릅니다.

예를 들어 시가 20억 원의 아파트를 17.1억 원에 매매하는 경우

① 증여세 고·저가 규정

시가와 대가의 차이는 2.9억 원으로 3억 원 미만입니다. 시가와 대가의 차이비율은 14.5%으로 30% 미만입니다. 딸 서아에게 증여세 고·저가 규정이 적용되지 않습니다.

② 양도소득세 부당행위계산 부인 규정

시가와 대가의 차이는 2.9억 원으로 3억 원 미만입니다. 시가와 대가의 차이비율은 14.5%으로 5% 이상입니다. 나부자 씨에게 양도소득세 부당행위계산 부인 규정이 적용되어 양도가액은 시가인 20억 원이 적용됩니다.

또 다른 예로 20억 원의 아파트를 19.1억 원에 매매하는 경우

① 증여세 고·저가 규정

시가와 대가의 차이는 0.9억 원으로 3억 원 미만입니다. 시가와 대가의 차이비율은 4.5%으로 30% 미만입니다. 딸 서아에게 증여세 고·저가 규정이 적용되지 않습니다.

② 양도소득세 부당행위계산 부인 규정

시가와 대가의 차이는 0.9억 원으로 3억 원 미만입니다. 시가와 대가의 차이비율은 4.5%으로 5% 이상입니다. 나부자 씨에게 양도소득세 부당행

정쌤의 상속·증여를 위한 절세 이야기

위계산 부인 규정이 적용되지 않습니다. 양도가액은 대가인 19.1억 원이 적용됩니다.

위 두 가지 예의 가장 큰 차이는 나부자 씨의 양도소득세 차이가 아니라 딸 서아가 실제 아파트를 구입한 가격의 차이입니다. 시가 20억 원의 아파트를 17.1억 원에 취득하는 것과 19.1억 원에 취득하는 것의 차이로 2억 원의 차이가 발생합니다. 전자의 경우 나부자 씨는 양도가액 차이 0.9억 원에 해당하는 양도소득세가 추가 부과되지만, 딸 서아는 취득가액 2억 원의 차이만큼 해당 아파트를 구입하는 데 자금을 아낄 수가 있습니다.

83

해외에 거주하고 있는 자녀가 미국 영주권자인데 증여를 하면 증여세는 어떻게 되나요?

나부자 씨의 딸 서아와 아들 지호가 미국에 살고 있습니다. 어렸을 때부터 유학을 가고 싶어 했는데, 고등학교를 졸업하자마자 미국에 유학을 갔습니다. 학업을 마치고 현지에서 취업해서 영주권을 취득했고 결혼도 했습니다.

나부자 씨는 딸에게 아파트를 주고, 아들에게는 상가를 주려고 합니다. 증여세 문제가 어떻게 되는지 몰라 정쎔에게 문의를 했습니다. 정쎔은 다음과 같이 설명했습니다.

세법에서 납세자를 거주자와 비거주자를 구분합니다. 이를 구분하는 이유는 납세의무 범위와 공제 및 감면 등에서 차이가 있기 때문입니다.

1) 거주자와 비거주자란?

"거주자"란 국내에 주소를 두거나 183일 이상 거소(居所)를 둔 사람을 말하며, "비거주자"란 거주자가 아닌 사람을 뜻합니다. 비거주자에 해당하는지는 국내에 183일 이상 거주하고 있는지를 기준으로 하는 것이 아니라, 가족 및 국내에 소재하는 자산의 유무 등 생활관계의 객관적 사실에 따라 종합적으로 판정합니다.

2) 주소와 거소

"주소"는 국내에서 생계를 같이 하는 가족 및 국내에 소재하는 자산의 유무 등 생활관계의 객관적 사실에 따라 판정합니다.

"거소"는 주소지 외의 장소 중 상당기간에 걸쳐 거주하는 장소로서 주소와 같이 밀접한 일반적 생활관계가 형성되지 아니한 장소로 합니다.

국내에 거주하는 개인이 아래에 해당하는 경우에는 국내에 주소를 가진 것으로 봅니다.
① 계속하여 183일 이상 국내에 거주할 것을 통상 필요로 하는 직업을 가진 때
② 국내에 생계를 같이하는 가족이 있고, 그 직업 및 자산상태에 비추어 계속하여 183일 이상 국내에 거주할 것으로 인정되는 때

국외에 거주 또는 근무하는 자가 외국 국적을 가졌거나 외국법령에 의하여 그 외국의 영주권을 얻은 자로서 국내에 생계를 같이하는 가족이 없고 그 직업 및 자산상태에 비추어 다시 입국하여 주로 국내에 거주하리라고 인정되지 아니하는 때에는 국내에 주소가 없는 것으로 봅니다.

3) 거주자가 비거주자로 되는 시기

거주자가 비거주자로 되는 시기는 아래와 같습니다.

① 거주자가 주소 또는 거소의 국외 이전을 위하여 출국하는 날의 다음 날

② 국내에 주소가 없거나 국외에 주소가 있는 것으로 보는 사유가 발생한 날의 다음 날

4) 수증자가 비거주자인 경우 증여세는?

수증자가 비거주자인 경우에는 상증법과 국조법 규정이 적용됩니다.

① 상증법 규정에 따라 국내에 있는 증여재산은 수증자가 납부할 의무가 있습니다.

② 거주자로부터 증여받은 국외에 있는 모든 증여재산은 증여자가 납부할 의무가 있습니다. 다만, 당사자가 특수관계인이 아닌 경우로서 그 증여재산에 대해 외국 법령으로 증여세 (실질적 유사 조세 포함)가 부과 또는 세액 면제되는 경우 증여세 납부의무가 면제됩니다.

5) 비거주자도 증여재산공제 적용이 가능할까?

거주자인 성인 자녀가 직계존속으로부터 증여를 받은 면 10년 이내에 증여재산공제 5천만 원을 적용받을 수 있습니다. 즉 증여재산공제를 받기 위한 요건은 수증자가 거주자여야 합니다. 수증자가 비거주자인 경우 증여재산공제를 적용하지 않습니다.

6) 수증자가 비거주자인 경우 증여자에게 증여세 연대납세의무가 있다

수증자가 비거주자인 경우 수증자가 납부할 증여세에 대하여 증여자

가 연대하여 납부할 의무가 있습니다.

예를 들어 미국에 거주하는 자녀에게 금전을 증여한 경우 수증자인 자녀가 증여세를 신고납부하면 문제가 없습니다. 그런데 증여세를 신고하고 납부를 하지 않거나 무신고를 한 경우 세무서가 미국에 거주하는 자녀에게 증여세를 추징을 하는 것에 어려움이 있습니다.

그래서 비거주자에게 재산을 증여하는 증여자에게 연대납세 의무를 부여하고 있는 것입니다.

딸 서아에게 증여한 나부자 씨가 딸 대신 증여세를 납부해도 아무 문제가 없습니다. 나부자 씨가 대신 납부한 증여세로 수증자인 딸 서아에게 추가적인 증여세를 부과하지 않습니다.

거주자인 자녀에게 증여하면서 증여세를 대납해주고 싶은데, 재차 증여에 해당하여 자녀에게 증여세가 추가로 부과됩니다. 자녀가 비거주자인 것을 이용하면 증여를 하면서 증여세 대납을 할 방법으로 활용할 수 있습니다.

84

장애가 있는 자녀에게 재산을 미리 나눠주고 싶습니다. 증여세 혜택을 받을 수 있을까요?

나부자 씨가 어느 날 CEO모임에 참석했을 때 고 대표가 자기 아들이 장애를 갖고 태어나서 아들을 생각하면 마음이 아프다고 합니다. 아들에게 재산을 미리 나눠주고 싶은데, 이 재산을 안전하게 유지되며 아들이 경제적으로 힘들지 않았으면 좋겠다고 합니다.

나부자 씨는 모임 후에 집으로 돌아가면서 고 대표의 얘기를 떠올리며 안쓰러운 마음이 들었습니다. 한편으로는 건강한 자녀들이 태어난 게 감사한 마음이 듭니다.

나부자 씨는 장애가 있는 자녀에게 재산을 증여할 때 증여세를 혜택 볼 수 있는 게 없는지 궁금해서 정셈에게 문의를 했습니다. 정셈은 다음과 같이 설명했습니다.

장애인이 세금혜택을 받으려면 등록장애인으로 등록해야 합니다.

1) 등록장애인으로 등록해야 한다

장애인복지법에서 "장애인"이란 신체 또는 정신상의 장애로 장기간에 걸쳐 직업생활에 상당한 제약을 받는 사람으로서 장애인복지법 등에서 정하는 기준에 해당하는 사람을 말합니다.

정부는 장애인을 위한 복지서비스를 제공하고 있습니다. 모든 장애인이 정부가 제공하는 복지서비스의 혜택을 받을 수 있는 것이 아니라 장애인으로 등록하거나 국가보훈대상자인 경우에만 받을 수 있습니다. 세금 혜택도 등록장애인이어야 받을 수 있습니다.

2) 장애인이 증여받은 재산의 과세가액 불산입 규정

세법에서는 장애인이 증여받은 재산의 과세가액 불산입 규정을 두어 증여세 혜택을 주고 있습니다. 2가지 형태가 있습니다. 장애인이 증여받은 재산을 신탁업자에 신탁하고 본인을 수익자로 하는 형태가 있고, 타인이 장애인을 수익자로 하여 재산을 신탁하고 수익자를 장애인으로 하는 형태가 있습니다. 증여세 혜택을 받으려면 다음과 같은 요건을 충족해야 합니다.

(1) 장애인이 증여받은 재산을 신탁업자에 신탁하고 본인을 수익자로 하는 경우
① 〈자본시장과 금융투자업에 관한 법률〉에 따른 신탁업자에게 신탁되었을 것
② 그 장애인이 신탁의 이익 전부를 받는 수익자일 것

③ 신탁기간이 그 장애인이 사망할 때까지로 되어 있을 것. 다만, 장애인이 사망하기 전에 신탁기간이 끝나는 경우에는 신탁기간을 장애인이 사망할 때까지 계속 연장하여야 할 것.

(2) 타인이 장애인을 수익자로 하여 재산을 신탁하고 수익자를 장애인인 경우, 이를 타익신탁이라 합니다

① 〈자본시장과 금융투자업에 관한 법률〉에 따른 신탁업자에게 신탁되었을 것

② 그 장애인이 신탁의 이익 전부를 받는 수익자일 것. 다만, 장애인이 사망한 후의 잔여재산에 대해서는 그러하지 아니하다

③ 다음 내용이 신탁계약에 포함되어 있을 것

　　가. 장애인이 사망하기 전에 신탁이 해지 또는 만료되는 경우에는 잔여재산이 그 장애인에게 귀속될 것

　　나. 장애인이 사망하기 전에 수익자를 변경할 수 없을 것

　　다. 장애인이 사망하기 전에 위탁자가 사망하는 경우에는 신탁의 위탁자 지위가 그 장애인에게 이전될 것

3) 증여세 혜택 한도

증여받은 재산가액(장애인이 살아 있는 동안 증여받은 재산가액을 합친 금액) 및 타익신탁 원본의 가액(장애인이 살아 있는 동안 그 장애인을 수익자로 하여 설정된 타익신탁의 설정 당시 원본가액을 합친 금액)을 합산한 금액 5억 원을 한도로 합니다.

4) 증여세를 신고할 때 첨부해야 하는 서류

증여세 신고기한 이내에 관할 세무서장에게 증여세 신고를 할 때 아래의 서류를 첨부하여 제출해야 합니다.

① 증여계약서
② 금전증여의 경우 금융거래내역을 확인할 수 있는 서류
③ 신탁계약서
④ 장애인증명서 또는 국가보훈등록증 및 국가유공자임을 확인하는 서류

85

나부자 씨가 딸 서아와 조카(동생의 아들)에게 증여하고, 나부자 씨 동생이 자기 아들과 제 딸 서아에게 사이좋게 증여를 하면 혹시 문제가 있을까요?

나부자 씨는 CEO모임에서 지인들과 세금에 대한 얘기를 하던 중에 조 대표가 좋은 생각이 떠올랐다고 하며, 증여할 때 자기가 아들에게 1억 원, 조카에게 1억 원을 증여하고, 이모(조카의 엄마)가 내 아들에게 1억 원, 조카에게 1억 원씩 동일하게 증여를 하면 절세가 되지 않을까 하면서 아이디어를 냈습니다. 2억 원을 부모에게 증여받는 것보다 부모한테 1억 원, 이모한테 1억 원을 나눠서 받는 것이니 증여세가 줄어들지 않겠냐고 하면서, 이 얘기를 들은 다른 지인들도 좋은 생각 같다며 다들 수긍하는 분위기였습니다.

나부자 씨는 모임 후에 집으로 돌아가는 길에 조 대표의 얘기를 생각하며 그렇게 해도 괜찮을지 궁금해서 정셈에게 문의를 했습니다. 정셈은 다음과 같이 설명했습니다.

　　　　　　　　　　정셈의 상속·증여를 위한 절세 이야기

1) (일반)증여와 교차증여의 차이

증여는 증여자가 수증자에게 직·간접적인 방법으로 수증자의 재산가치를 증가시키는 것입니다.

"일반증여"란 증여의 종류가 아니라 교차증여가 아닌 것이 일반증여입니다. 교차증여와 구분하기 위해 증여를 일반증여라고 합니다.

"교차증여"는 증여세의 누진세율 적용을 피하려고 상대방 자녀에게 서로 금전이나 주식 등의 재산을 증여하는 것입니다. 즉 교차증여는 증여의 한 종류가 아니라 증여세 부담을 회피하기 위한 편법적인 증여입니다.

관할 세무서는 부모가 자녀에게 증여한 것이 세법상 실질과세에 따라 정상적인 증여인지 편법증여인지 구분을 하여 증여세 추징 여부를 판단합니다.

2) 실질과세 규정과 편법증여

세법에는 실질과세 규정을 두어 납세자가 경제적 합리성 없이 즉 비상식적인 행위로 조세회피를 하는 것을 방지하고 있습니다. 귀속에 대한 실질과세, 거래내용에 대한 실질과세, 우회거래부인(경제적 실질)에 대한 실질과세를 규정하고 있습니다.

실질과세 규정을 두어 편법증여에 대해 규제를 하고 있습니다. 편법증여의 예를 들면 타인 명의(명의신탁)로 재산을 취득하는 경우, 부모와 자녀가 건물을 공동명의로 취득하고 리모델링 비용 등을 부모가 부담하는 경우, 자녀의 대출금을 부모가 대신 상환하는 경우, 부모의 회사나 사업장에 자녀가 허위로 취업한 경우 등이 있습니다.

3) 직접증여와 교차증여의 증여세 비교

교차증여를 하는 이유는 무엇일까요? 증여세를 줄이고 싶은 것이 목적입니다. 교차증여로 자녀에게 직접 증여하는 것과 동일한 효과를 얻으면서, 합산과세로 증여세 누진세율이 적용되는 것을 회피하여 증여세를 줄일 수 있기 때문입니다.

예를 들어 나부자 씨와 동생이 교차증여를 하기로 합의하여 1억 원씩 각각 증여하는 경우 이를 나부자 씨가 직접 2억 원을 증여하는 것과 증여세를 비교하면 아래와 같습니다.

구분	직접증여	교차증여	
증여자	나부자 씨	나부자 씨	여동생
증여재산	200,000,000	100,000,000	100,000,000
증여재산공제	50,000,000	50,000,000	10,000,000
과세표준	150,000,000	50,000,000	90,000,000
세율	20%	10%	10%
산출세액	20,000,000	5,000,000	9,000,000
신고세액공제	600,000	150,000	270,000
납부세액	19,400,000	4,850,000	8,730,000
합계	**19,400,000**	**13,580,000**	

나부자 씨가 2억 원을 딸에게 직접 증여하면 증여세는 1,940만 원입니다. 나부자 씨가 1억 원을 여동생이 1억 원을 각각 증여하면 증여세는 1,358만 원으로 582만 원이 줄어듭니다. 이는 증여재산을 분산한 효과입니다. 딸 서아 입장에서 아버지는 직계존속이고, 고모는 기타친족으로 합산과세가 되지 않아 증여세 누진세율이 적용되지 않기 때문입니다.

4) 교차증여가 합법일까? 아니면 불법일까?

무엇보다 교차증여를 하는 이유는 증여세를 줄이기 위함입니다. 얼핏 보면 증여세률 신고납부를 하므로, 교차증여가 합법적일 것 같지만, 편법 증여에 해당합니다. 교차증여는 경제적 합리성이 없기 때문입니다. 납세자(수증자)가 교차증여에 대해 인정을 받고 싶으면 경제적 합리성이 있는 행위라는 것을 입증해야 합니다.

아래의 예규에서 국세청은 주식을 교차증여한 것에 증여세를 부당하게 감소시킨 것으로 인정하고 있습니다.

《관련 예규》

● 법규-529, 2012. 05. 14.

[제목] A와 B가 동일한 법인의 비상장주식을 서로의 자녀에게 교차하여 증여한 경우 증여세 과세여부

[요약] 특수관계자인 A와 B가 동일한 법인의 비상장주식을 자녀 등에게 증여함에 있어 A가 B의 자녀에게 주식을 증여하고 B가 A의 자녀에게 주식을 증여한 경우, 이러한 행위를 통하여 증여세를 부당하게 감소시킨 것으로 인정되는 경우에는 상증법 제2조제4항의 '제3자를 통한 간접적인

방법이나 둘 이상의 행위 또는 거래를 거치는 방법'에 해당임

그러면 교차증여를 하려고 하는데 증여세 문제가 안 되기 위한 어떤 방법이 없을까요?

5) 교차증여가 문제 되지 않으려면 서로 시간을 두고 증여를 하자

자녀와 조카에게 증여하고 싶고, 동생도 자녀와 조카에게 증여하고 싶습니다. 이렇게 하면 교차증여가 돼서 세금 문제가 있는데, 다른 방법이 없을까요?

증여할 때 나부자 씨가 자녀와 조카에게 증여합니다. 시간이 1년 정도 지나서 나부자 씨 동생이 자녀와 조카에게 증여하면 됩니다.

정셈의 상속·증여를 위한 절세 이야기

부모님에게 매달 용돈을 드렸는데, 오늘 부모님께서 용돈 받은 것을 안 쓰고 계속 모았다고 하면서 이 돈을 주시겠다고 하십니다. 이게 증여에 해당하나요?

나부자 씨가 참석하고 있는 CEO모임에서 워크샵이 있었습니다. 유익한 주제에 강연이 있었습니다. 저녁 만찬에서 대표들과 대화를 하는 중에 도 대표가 부모님에게 매달 용돈을 드리고 있는데 지난주에 부모님께서 이 돈을 한 푼도 사용하지 않고 모아 왔다고 합니다. 그러면서 이 돈을 도 대표에게 주겠다고 말씀하셨답니다. 도 대표는 이 얘기를 하며 혹시 이게 증여에 해당해서 증여세를 내야 하는지 궁금하다고 했습니다.

워크샵 후에 나부자 씨는 도 대표의 얘기를 생각하며 부모님에게 용돈 드린 것을 나중에 돌려받은 것이어서 증여세가 없는 것이 맞다 생각했습니다.

나부자 씨는 자기 생각이 맞는지 이에 대해 정셈에게 문의했습니다. 정셈은 다음과 같이 설명했습니다.

1) 용돈(또는 생활비)을 지원하는 것은 증여에 해당할까?

세법은 용돈(또는 생활비)에 대해 사회통념상 인정되는 금품 범위 내에 금액은 증여세를 비과세하고 있습니다. 용돈(또는 생활비)을 지원해주는 금액이 사회통념상 인정되는 금품 범위 이내면 증여세를 부과하지 않습니다. 이는 부모가 자녀에게 또는 자녀가 부모에게 용돈(또는 생활비)을 지급하는 경우 모두 해당합니다.

그런데 용돈을 받은 것을 모아서 돌려주면은 어떻게 될까요? 증여에 해당하나요? 아니면 비과세에 해당하나요?

2) 받은 용돈을 모아서 돌려주면 증여에 해당한다

부모가 자녀에게 받은 용돈을 모아서 돌려주면 증여에 해당합니다. 용돈을 모아서 돌려주면 그 돈이 이 돈이니 증여에 해당하지 않는 것이 맞다 생각할 수 있습니다.

예를 들어 자녀가 부모에게 매달 200만 원을 용돈으로 드리고 있는데 2년 하고 1달(25개월)이 지났습니다. 어느 날 부모님이 자녀에게 받은 용돈을 그동안 안 쓰고 모았다고 하며, 5천만 원을 그대로 돌려주면 용돈으로 드린 돈과 돌려받은 돈이 5천만 원으로 금액이 동일하므로 증여가 아니라고 생각하기 쉽습니다. 그러나 증여에 해당합니다.

부모님이 용돈을 받을 때 그 돈은 부모님의 돈이지 자녀의 돈이 아닙니다.

3) 증여에 해당하지 않기 위한 방법이 있을까요?

만일 부모님이 자녀에게 받은 용돈을 돌려주고 싶으시다면 자녀에게 용돈을 주면 됩니다. 용돈으로 일시금을 지급하는 것이 아니라 자녀가 매달 용돈을 준 것처럼 부모가 자녀에게 용돈을 매달 나눠서 지급하는 것입니다.

87

뉴스에서 자녀가 결혼하거나 아이를 낳으면 증여세 혜택이 있다고 하는데 사실인가요?

나부자 씨는 최근 뉴스에서 혼인하거나 출산을 한 자녀는 부모로부터 증여재산공제 1억 원을 추가로 받을 수 있게 되었다는 뉴스를 보았습니다. 딸 서아가 결혼을 앞두고 있는데 딸에게 추가로 세금 없이 1억 원을 증여할 수 있는 것이 맞는지 궁금합니다.

그래서 이에 대해 정셈에게 문의를 했습니다. 정셈은 다음과 같이 설명했습니다.

2023년에 정부에서 결혼과 출산을 장려하고자 혼인을 하거나 출산을 한 자녀한테 증여재산공제 1억 원을 추가로 적용받을 수 있는 정책을 발표했습니다. 그런데 이 정책을 발표하고 나서 부자감세라는 비판이 심해 한동안 여야 합의가 되지 않다가 연말에 합의가 되어 국회에서 법안이 통과되었습니다. 지금도 이 규정은 부자감세라는 비판을 여전히 받고 있습니다.

1) 자녀의 증여재산공제

자녀가 직계존속으로부터 10년 이내에 증여를 받는 경우 5천만 원을 증여세 과세가액에서 공제를 합니다. 자녀가 미성년자인 경우에는 2천만 원을 공제합니다. 이는 너무나도 잘 알고 있는 규정입니다.

최근 신설된 규정이 혼인·출산증여재산 공제 규정입니다.

2) 혼인 증여재산공제

혼인신고한 자녀가 직계존속으로부터 증여를 받는 경우 증여재산공제 1억 원을 추가로 증여세 과세가액에서 공제를 합니다.

① 공제한도 : 1억 원
② 증여일 : 혼인신고일 이전 2년 또는 이후 2년
③ 증여추정과 증여의제 등에 해당하는 증여재산은 제외합니다.

(1) 반환 특례

혼인공제 적용받은 재산을 혼인할 수 없는 정당한 사유가 발생한 달의 말일부터 3개월 이내 증여자에게 반환 시 처음부터 증여가 없던 것으로 봅니다.

(2) 가산세 면제 및 이자상당액 부과

다음에 해당하는 경우에는 가산세를 면제하지만, 이자상당액은 납부해야 합니다.

① 혼인 전 증여받은 거주자인 자녀가 증여일부터 2년 이내에 혼인하지 않은 경우로서 증여일부터 2년이 되는 날이 속하는 달의 말일부터 3개월이 되는 날까지 수정신고 또는 기한 후 신고한 경우
② 혼인 이후 증여받은 거주자인 자녀가 혼인이 무효가 된 경우로서 혼인무효 소의 확정판결일이 속하는 달의 말일부터 3개월이 되는 날까지 수정신고 또는 기한 후 신고한 경우

3) 출산 증여재산공제

결혼한 자녀가 아이를 출산한 것에 대해 부모가 자녀에게 증여하는 경우 증여재산공제를 적용받을 수 있습니다.

① 증여자 : 직계존속
② 공제한도 : 1억 원
③ 증여일 : 자녀의 출생일(입양의 경우 입양신고일)부터 2년 이내

4) 혼인 증여재산공제와 출산 증여재산공제를 공제한도를 통합해서 적용

혼인 증여재산공제와 출산 증여재산공제를 각각 1억 원씩 증여재산공제를 적용하는 것이 아니라 합산을 하여 1억 원을 공제한도로 합니다.

결혼하는 딸 서아가 10년 이내 나부자 씨로부터 증여를 받은 적이 없다면 증여재산공제 5천만 원과 혼인 증여재산공제 1억 원 해서 총 1억 5천만 원을 증여세 없는 증여를 받을 수가 있습니다. 또한, 서아의 예비 신랑도 부모(예비 사돈)로부터 10년 이내에 증여를 받은 적이 없다면 증여재

산공제 5천만 원과 혼인 증여재산공제 1억 원 해서 총 1억 5천만 원을 증여세 없는 증여를 받을 수가 있습니다. 예비부부가 총 3억 원을 증여세 없이 양가 부모로부터 증여를 받는 것이 가능합니다.

88

부동산의 공시가격이 새로 고시되기 전에 증여하자.

나부자 씨는 CEO모임에서 방 대표에게 토지를 막내 자녀에게 기준시가로 증여했다는 얘기를 들었습니다. 토지를 증여할 때 새 공시가격이 발표되기 전에 서둘러서 증여하여 증여세를 아낄 수 있었다며, 방 대표의 얘기를 들은 다른 대표들도 증여를 잘했다며 칭찬을 아끼지 않았습니다.

나부자 씨는 방 대표의 얘기를 떠올리며 그렇게 증여하는 것이 절세방법인지 궁금해서 이에 대해 정셈에게 문의했습니다. 정셈은 아래와 같이 설명했습니다.

증여재산은 시가 평가가 원칙입니다. 증여하려는 재산이 부동산인 경우도 시가로 평가하는 것이 원칙입니다. 부동산은 시가가 없습니다. 매매사례가액이나 감정가액·공매가액·경매가액·수용가액 등 시가가 없는 경우 보충적평가방법을 적용합니다.

부동산은 매년 국토교통부나 국세청에서 공시하는 부동산과 공시가격이 없는 부동산으로 구분할 수 있습니다.

1) 공시가격이 고시되기 전에 증여하자

토지나 주택 및 상업용 건물은 국토교통부나 국세청에서 매년 공시가격을 고시합니다.

토지의 개별공시지가는 매년 5월 말까지 고시를 하고, 개별(공동)주택가격은 매년 4월 말까지 고시를 합니다.

토지나 주택을 증여하는 경우 공시가격을 새로 고시하기 전에 증여를 하면 절세를 할 수 있습니다.

2) 아파트의 유사매매사례가액

아파트의 경우 다른 부동산과 달리 동일 구조와 같은 크기 또는 비슷한 크기로 지어진 특징이 있습니다. 그래서 아파트를 증여한 경우 동일 아파트 단지 내의 해당 아파트와 유사한 다른 아파트의 매매사례가액을 해당 아파트 시가로 적용합니다.

① 평가대상 주택과 동일한 공동주택단지
② 평가대상 주택과 주거전용면적의 차이가 평가대상 주택의 주거전용면적의 5% 이내일 것
③ 평가대상 주택과 공동주택가격의 차이가 평가대상 주택의 공동주

택가격의 5% 이내일 것

3) 기준시가로 증여세를 신고한 경우 법정결정기한까지 양도하면 안 된다

아파트를 기준시가로 증여했습니다. 증여세 신고기한 마지막 1주 전에 혹시나 아파트 거래가 있었는지 확인을 했는데, 거래가 없었습니다. 유사매매사례가액이 없으니 이제 안심해도 될까요?

지방청에는 평가심의위원회가 있습니다. 평가기간(증여일 전 6개월 후 3개월)에 해당하지 아니하는 기간으로서, 증여일 전 2년 이내의 기간과 평가기간이 경과한 후부터 증여세 신고기한 후 6개월까지의 기간 이내에 시가가 있는 경우 평가심의위원회의 심의를 통해 시가로 인정을 받을 수 있습니다. 납세자와 관할 세무서가 신청할 수 있습니다.

부동산을 기준시가로 증여세를 신고했습니다. 신고기한이 몇 달 지나 해당 부동산을 양도한 경우 관할 세무서는 해당 부동산의 양도가액을 평가심의위원회에 시가로 인정해 줄 것을 신청할 수 있습니다. 만일 평가심의위원회에서 시가로 인정을 하면 해당 부동산의 양도가액을 증여재산가액으로 하여 증여세를 추징할 수 있습니다.

4) 꼬마빌딩이나 고가 아파트를 기준시가로 증여하면, 국세청에서 감정 평가를 의뢰하여 증여세를 추징할 수 있다

꼬마빌딩(연면적이 작고 층수가 낮은, 즉 규모가 작은 빌딩)과 고가 아파트를 기준시가로 증여하는 경우 국세청(또는 지방청)은 해당 증여재산에 대해 감정평가를 의뢰하여 평가심의위원회에 해당 재산의 감정평가 액을 시가로 인정해 줄 것을 신청할 수 있습니다. 그 감정가액이 시가로 인정이 되면 해당 재산의 증여세를 추징할 수 있습니다.

89

부동산시장이 계속 침체 상태라면 감정평가를 하여 증여하자.

나부자 씨는 요즘 부동산 경기에 관심이 많습니다. 지금 서울 아파트 가격이 강남3구 등의 핵심 지역은 고점을 다시 갱신했다는 뉴스가 보도 되고 있고, 서울 비핵심 지역 아파트는 시세가 하락했다는 하향세를 유지 하고 있다는 뉴스가 보도되고 있습니다.

서울 주요 상권의 상가건물은 공실이 많아졌다는 뉴스가 보도되고 있 습니다.

나부자 씨는 부동산 경기가 좋지 않은데, 딸 서아에게 부동산을 증여하 는 것이 유리한지 궁금합니다.

이에 대해 정셈에게 문의했습니다. 정셈은 아래와 같이 설명했습니다.

1) 증여재산가액 평가원칙

증여재산은 증여일 현재의 시가로 평가하는 것이 원칙입니다. 다만, 시가를 산정하기 어려운 경우에는 당해 재산의 종류·규모·거래상황 등을 감안하여 보충적 평가방법에 따라 평가한 가액을 시가로 봅니다.

2) 시가의 인정범위와 감정평가

당해 재산에 대해 매매가액과 감정가액, 수용·경매가액 또는 공매가액이 있는 경우 시가에 해당합니다. 보통 부동산은 시가가 없습니다.

아파트 같은 공동주택의 경우 증여재산과 면적·위치·용도·종목 및 기준시가가 동일하거나 유사한 주택에 대한 매매가액이 있는 경우 시가(유사매매사례가액)로 적용합니다.

당해 재산(주식 및 출자지분은 제외함)에 대하여 2 이상의 공신력 있는 감정기관이 평가한 감정가액이 있는 경우 그 감정가액의 평균액으로 합니다. 다만, 해당재산이 기준시가 10억 이하인 경우에는 1이상의 감정기관의 감정가액도 가능합니다.

3) 감정평가와 유사매매사례가액의 우선순위는?

주택을 증여하는데 수증자가 해당 주택에 대해 감정평가를 받았습니다. 그런데 증여한 지 한 달도 되지 않아 옆 호실이 매매된 사실을 알았습니다. 이 경우 감정가액도 있고 유사매매사례가액도 있습니다.

해당 재산에 대해 감정가액과 유사매매사례가액이 있는 경우 감정가액을 우선 적용합니다.

4) 해당 부동산 시세가 계속 하락하는 경우 감정평가를 받아 증여하자

부동산을 보유하고 있는데 시세가 계속 하락하는 경우 속상합니다. 상업용 부동산은 공실이 계속되는 경우 가치 하락을 피할 수 없습니다.

이러한 경우 감정평가를 받아 증여하는 것이 유리할 수 있습니다. 해당 부동산의 가액이 크지 않고, 매매가 없으며, 공실이 지속되는 경우 기준시가로 증여하는 것이 가능합니다. 기준시가는 이러한 상황이 충분히 반영하지는 않습니다. 그래서 감정평가를 받는 것이 유리합니다.

90

부동산을 증여받고 10년 이내에 양도하면 양도소득세 폭탄을 맞을 수 있다.

    나부자 씨는 고등학교 동창회 모임에서 식사 중에 동창 중에 한 명이 세금 관련 이야기를 했습니다.

    동창은 부동산을 2021년에 증여했습니다. 증여 당시 부동산이 6억 원으로 증여세를 면제받았습니다. 2025년에 급하게 목돈이 필요하여 해당 부동산을 양도했습니다. 해당 부동산은 그동안 시세가 올라 9억 원에 양도하여 양도차익 3억 원을 얻었습니다. 양도차익 3억 원으로 양도소득세를 신고납부했습니다.

    몇 달 후 관할 세무서에서 양도소득세를 수정신고를 하라는 안내문을 받았습니다. 양도소득세 때문에 큰 고생을 했다고 합니다.

    나부자 씨는 동창 모임에서 들었던 세금 이야기를 생각하며, 이에 대해 정셈에게 문의했습니다. 정셈은 아래와 같이 설명했습니다.

1) 납세의무자

수증자(양도 시 이혼한 증여 당시 배우자 포함)

2) 연대납세의무가 있는지

이월과세가 적용되는 경우에는 연대납세의무가 없습니다.

3) 이월과세 적용자산

토지, 건물, 부동산에 관한 권리, 특정시설물이용권, 주식

4) 이월과세 적용기간

증여 후 10년 이내 양도분(2022년 12월 31일 이전 증여받은 자산을 양도하는 경우에는 종전 규정인 5년 이내 적용). 주식 증여분은 1년 이내 처분한 경우 이월과세를 적용합니다.

5) 양도차익 계산, 장기보유특별공제 적용 등

① 양도차익은 수증자의 양도가액에서 당초 증여자의 취득가액을 차감하여 계산합니다.

2024년 소득세법 개정으로 2024년 1월 1일 이후 양도 분부터 증여자의 자본적 지출액도 필요경비로 산입하도록 개정되었습니다.

② 장기보유특별공제는 당초 증여자 취득일부터 양도일까지입니다.

③ 수증자가 증여받을 때 납부한 증여세 상당액은 필요경비로 공제합니다.

④ 수증자가 증여받을 때 납부한 취득세 등 취득부대비용은 필요경비

로 공제하지 않습니다.

비용 구분	증여자 지출분	수증자 지출분
취·등록세 등 취득부대비용	공제 가능	공제 불가
자본적지출액	공제 가능	공제 가능
양도비용	공제 불가	공제 가능

6) 사실혼 관계에 있는 배우자는 양도소득세 이월과세 규정이 적용되지 않는다

양도소득세 이월과세 규정은 혼인 관계에 있는 배우자에게 증여받은 경우에 적용합니다.

사실혼 관계에 있는 배우자에게 증여받은 부동산을 양도한 경우에는 혼인 관계에 있는 배우자에게 증여받은 부동산을 양도한 것이 아니므로, 양도소득세 이월과세 규정을 적용하지 않습니다.

91

아버지 사망 후 어머님에게 증여받는 경우 증여세는 어떻게 될까?

나부자 씨 이웃집 가족 이야기입니다. 그 집에 아버지가 8년 전에 딸에게 부동산을 증여했습니다. 그런데 작년에 아버지가 새벽에 갑자기 심장마비로 사망했습니다. 많은 이들이 슬퍼했습니다.

지난주에 그 이웃집 어머니가 목돈을 딸에게 증여한다고 합니다.

나부자 씨는 이웃집 얘기를 듣고 아버지가 딸에게 증여한 후 아버지의 사망으로 상속이 개시되었고, 이후에 어머니가 딸에게 증여하면 딸의 증여재산공제를 어떻게 되는지 궁금합니다. 딸은 증여재산공제를 새로 받을 수 있을까요?

나부자 씨는 이에 대해 정셈에게 문의했습니다. 정셈은 다음과 같이 설명했습니다.

1) 직계존속으로부터 증여받는 경우 증여재산공제

성인인 자녀가 직계존속으로부터 10년 이내 증여를 받는 경우 증여재산공제 5천만 원을 적용합니다.

2) 증여 후에 상속이 개시되는 경우

아버지로부터 증여를 받고 10년 이내 아버지의 사망으로 상속이 개시되는 경우 사전증여재산으로 상속세 과세가액에 합산을 합니다. 증여를 받을 때 납부한 증여세는 기납부세액으로 차감합니다.

다만, 증여를 받은 지 10년이 지난 것은 상속세 과세가액에 합산을 하지 않지만, 창업자금 증여세 특례나 가업승계 증여세 특례를 받은 것은 기간 경과에 관계없이 상속세 과세가액에 합산을 합니다.

3) 8년 전 증여를 했던 아버지 사망 후에 어머니로부터 증여를 받는 경우 증여세는?

8년 전에 아버지로부터 부동산을 증여받으면서 증여재산공제 5천만 원을 적용받았습니다. 증여세도 납부를 했습니다. 작년에 아버지의 사망으로 상속이 개시되어 상속세를 신고·납부 했습니다.

어머니께서 금전을 증여하려는데, 증여세는 어떻게 될까요?

피상속인인 아버지로부터 기증여받은 것은 이미 상속세 신고로 마무리 되었습니다. 어머니의 증여분과 합산하지 않고 증여세 신고를 합니다. 피상속인의 기증여분은 증여재산가액에 합산하지 않습니다.

　상속세 신고에서 사전증여재산을 상속세 과세가액에 합산하여 상속세로 정산이 되었으니 증여재산공제가 리셋 되었다고 생각할 수 있습니다. 그러나 직계존속으로부터 증여받는 경우 증여자의 수나 증여 횟수에 관계없이 10년 이내 5천만 원 한도가 적용됩니다. 기증여자인 아버지의 사망도 마찬가지입니다.

이혼한 부모님에게 각각 증여받는다면 증여세 계산은 어떻게 할까?

나부자 씨는 얼마 전 딸이 자기 친구에게 있었던 얘기를 들었습니다. 친구의 아버지는 딸에게 몇 년 전에 증여를 했는데 3년 전에 사고로 사망했다고 합니다. 최근에 친구 어머니가 금전을 증여해 주시기로 했는데, 증여세를 어떻게 신고해야 할지 고민이 된다는 것입니다.

나부자 씨는 딸의 친구 얘기를 생각하며 증여세가 어떻게 될지 궁금합니다. 정셈에게 이에 대해 문의했습니다. 정셈은 다음과 같이 설명했습니다.

혼인 관계에 있는 부부가 이혼을 하게 되면 남이 됩니다. 부부 사이에 자녀가 있는 경우 부부가 이혼으로 남이 된다 해도 자녀의 부모인 것은 변함이 없습니다.

자녀가 아버지로부터 증여받고 이후에 어머니로부터 증여를 받는 경우 증여재산공제는 어떻게 적용할까요? 증여재산가액을 합산해서 증여세를 신고를 해야 할까요?

1) 증여세는 수증자 기준으로 판단한다

증여세는 증여일에 수증자를 기준으로 판단합니다. 증여재산공제 적용 여부, 기증여재산가액을 증여재산가액에 합산 여부 등.

2) 부모에게 각각 증여받은 경우

아버지에게 증여받고 나서 10년 이내에 어머니에게 증여를 받는 경우 아버지에게 기증여받은 것과 어머니에게 증여받은 것을 합산하여 증여세 과세가액을 계산합니다.

직계존속으로부터 10년 이내 증여받는 경우 증여재산공제 한도는 5천만 원입니다. 기증여분에서 증여재산공제 4천만 원을 적용했으면, 이번 증여분에서는 1천 원까지만 적용이 가능합니다.

3) 이혼한 부모에게 각각 증여받은 경우

부부가 이혼을 하면 남남이 됩니다. 수증자입장에서 혼인 관계에 있는 직계존속은 동일인으로 봅니다. 아버지와 어머니, 할아버지와 할머니, 외할아버지와 외할머니를 각각 동일인으로 봅니다.

그런데 부부가 이혼을 하면 남이 되어 동일인으로 보지 않습니다. 자녀가 아버지에게 증여받은 이후 아버지와 어머니는 이혼했습니다. 아버지에게 증여받은 지 5년이 안 되어 어머니로부터 증여를 받았습니다. 이 경우 아버지와 어머니는 부부가 아니므로 아버지 기증여분과 어머니 증여분을 합산하지 않습니다.

아버지와 어머니는 이혼한 부부여도 자녀 입장에서 직계존속으로 증여재산공제는 10년 이내 5천만 원을 한도로 합니다. 아버지에게 증여받을 때 증여재산공제 3천만 원을 적용했다면, 10년 이내 어머니에게 증여받는 경우 증여재산공제는 2천만이 적용됩니다.

4) 부모가 이혼했다가 다시 재결합한 경우

아버지와 어머니가 이혼한 후 5년 전에 아버지로부터 증여를 받고, 3년 전에 어머니로부터 증여를 받았습니다. 작년에 아버지와 어머니는 다시 재결합 하였습니다. 혼인 신고도 하셨습니다. 어머니께서 다음주에 금전을 증여하시려고 합니다. 이 경우 증여세는 어떻게 될까요?

금전 증여를 받는 자녀 입장에서 10년 이내에 부모로부터 3건의 증여를 받은 것입니다. 부모가 이혼한 상태에서 2건, 재결합하여 혼인 관계에 있는 상태에서 1건을 각각 구분해야 한다고 생각할 수 있지만, 금전재산 증여일 기준 10년 이내에 부모로부터 기증여 2건을 증여세 과세가액에 합산하여 증여세를 신고납부 해야 합니다.

증여재산공제도 10년 이내에 기증여에서 한도 5천만 원을 이미 초과했다면, 금전재산 증여에서 증여재산공제를 적용하지 않습니다.

CF00

신설된 '구하라법' 민법 개정안의 의미는?

'구하라법'으로 많이 알려진 민법 개정안이 작년 2024년 8월 28일 국회 본회의에서 가결되어, 2024년 9월 20일 개정·공포되었습니다. 20대·21대 국회에서 이 법안이 발의 되었지만 임기 만료로 폐기된 바 있습니다.

해당 개정안은 피상속인의 직계존속으로서 상속인이 될 사람이 부양 의무를 중대하게 위반하는 등 일정 요건에 해당하는 경우 상속권 상실이 가능합니다. 실제 상속권 상실을 위해서는 피상속인의 유언 또는 공동상속인 등이 청구하고 가정법원이 선고해야 합니다.

위 조항은 2026년 1월 1일부터 시행될 예정입니다. 부칙에 따라 2024년 4월 25일 이후 상속이 개시되는 경우에도 적용됩니다.

천안함 피격 사건, 세월호 참사 등 안타까운 일들이 있었습니다. 그런데 이 사건 뒤에 또 다른 비극이 논란이 일으켰습니다. 고인을 부양하지 않은 상속인이 고인의 상속재산이나 보상금·보험금에 대해 자기 상속지분을 주장하여 상속받은 것입니다. 이 뉴스가 보도되면서 고인을 실질적으로 부양한 조부모나 친척들은 상속에서 배제되고, 고인을 부양하지 않은 상속인은 법률상 상속권을 인정받는 일들이 반복되면서 국민적 공분을 샀습니다.

이러한 흐름을 바꾼 계기 중 하나는 고 구하라씨의 사건입니다. 고인이 세상을 떠나자 20년간 연락이 없던 친모가 나타나 유산 상속을 요구하는 소송을 제기했고, 이 사건이 뉴스에 대대적으로 보도되며, 상속권에 대한 물음을 제기했습니다. 이후 순직 소방관 고 강한얼씨, 선원 고 김종안씨의 사건에서도 고인을 부양의무을 하지 않고 오랫동안 연락없이 살아온 부모가 상속인으로서 고인의 보상금 등을 수령한 사건에 대해 여론은 법 개정을 요구했습니다.

또한, 헌법재판소는 2024년 4월 25일 피상속인을 장기간 유기하거나 학대하는 등 패륜적인 행위를 일삼은 상속인에게 유류분을 인정하는 것은 불합리하다는 이유로 헌법불합치 결정을 내려 상속제도 개선의 필요성을 인정한 바 있습니다.

이러한 헌재 결정과 지속적인 국민적 요구에 힘입어, '구하라법'으로 불리는 민법 개정안은 2024년 8월 28일 국회 본회의를 통과하고, 동년 9월 20일 개정·공포되었습니다. 이로써 민법 제1004조의2 '상속권상실제도'가 신설되었으며, 시행일은 2026년 1월 1일입니다.

다만, 법 부칙에 따라 이 조항은 헌법재판소의 결정일 이후인 2024년 4월 25일 이후 상속이 개시되는 경우에도 적용되어, 그 입법 취지를 적극적으로 반영했다는 평가를 받고 있습니다.

사전증여가 상속세 절세효과에
미치는 영향에 대한 고찰?

증여는 상속과 관련이 있어서 상속세 절세에서 증여는 너무나도 중요합니다. 상속세 절세를 최대한 얻기 위해서는 증여로 상속재산을 감소시켜 상속세율을 낮추는 전략입니다.

상속세는 상속공제 제도 등 상속세를 절세할 수 있는 제도가 있습니다. 증여세는 증여재산공제 말고는 증여세를 절세할 방법이 없습니다. 같은 금액의 재산이라면 증여세보다 상속세가 적은 것이 당연합니다. 그래서 무작정 증여하는 것이 아니라 재산 중에 어떤 재산을, 적절한 금액으로, 계획을 세워 증여하는 것이 필요합니다.

증여세 과세특례가 적용되는 증여를 제외하고 증여세 절세는 증여재산공제와 낮은 세율을 적용받는 것이 증여세 절세 전략입니다.

상속세는 상속공제들을 최대한 받아서 상속세를 낮출 수 있으므로 생전에 일부 재산을 증여하고 나머지 재산은 상속이 개시될 때 상속공제를 받아서 상속세 부담을 낮추는 것이 상속세 절세 전략이라고 할 수 있습니다.

상속재산에서 공과금·장례비용·채무를 차감하고 사전증여재산을 합산하면 상속세 과세가액이 계산됩니다. 상속세 과세가액에서 상속공제를 적용하면 과세표준이 계산되고 상속세율 10~50%를 곱하면 산출세액이 계산됩니다.

만일 상속재산에 추가로 1억 원이 합산이 되는 경우 상속세 산출세액에 미치는 영향을 아래 사례들로 비교해 보면 사전증여도 무작정 하는 것보다 사전증여로 얻을 수 있는 절세효과를 고려하여 증여하는 것이 유리하다는 것을 알 수 있습니다.

아래의 사례는 단순하게 상속인은 배우자와 자녀 2명, 일괄공제 5억 원과 배우자상속공제를 최대 적용하는 것으로 가정합니다. 상속세는 상속세 산출세액으로 비교합니다.

1) 사례1: 상속세 과세가액이 30억 원인 경우

상속세 과세가액이 30억 원인 경우 상속재산 1억 원이 추가될 때 상속세에 미치는 영향은 다음과 같습니다.

정셈의 상속·증여를 위한 절세 이야기

구분	본래 상속	1억 원 추가	차이
상속세 과세가액	30억 원	31억 원	1억 원
일괄공제	5억 원	5억 원	-
배우자공제	12.8억 원	13.28억 원	0.48억 원
과세표준	12.2억 원	12.72억 원	0.52억 원
산출세액	3.28억 원	3.488억 원	0.208억 원
세금 비율	10.93%	11.25%	20.08%

2) 사례2: 상속세 과세가액이 50억 원인 경우

상속세 과세가액이 50억 원인 경우 상속재산 1억 원이 추가될 때 상속세에 미치는 영향은 다음과 같습니다.

구분	본래 상속	1억 원 추가	차이
상속재산	50억 원	51억 원	1억 원
일괄공제	5억 원	5억 원	-
배우자공제	21.42억 원	21.85억 원	0.43억 원
과세표준	23.58억 원	24.15억 원	0.57억 원
산출세액	7.832억 원	8.06억 원	0.228억 원
세금 비율	15.66%	15.80%	22.80%

상속재산에 1억 원이 추가되면서 상속세 과세표준이 0.57억 원이 증가했고, 상속세 산출세액은 0.228억 원이 증가했습니다. 상속재산 1억 원 증가로 상속세가 0.228억 원이 증가한 것으로 상속재산 대비 상속세 비율은 22.80%입니다.

1억 원을 사전증여 해서 0.228억 원보다 낮은 증여세를 부담할 수 있다면 사전증여를 하는 것이 유리합니다.

3) 사례3: 상속세 과세가액이 80억 원인 경우

구분	본래 상속	1억 원 추가	차이
상속재산	80억 원	81억 원	1억 원
일괄공제	5억 원	5억 원	-
배우자공제	30.00억 원	30.00억 원	0.00억 원
과세표준	45.00억 원	46.00억 원	1.00억 원
산출세액	17.90억 원	18.40억 원	0.50억 원
세금 비율	22.37%	22.71%	50.00%

배우자공제 최대한도는 30억 원으로 본래 상속의 경우 배우자상속공제는 34.28억 원, 상속재산에 1억 원이 추가된 경우 배우자상속제는 34.71억 원으로 한도를 초과하여 배우자공제 30억 원 적용합니다.

한계세율은 가장 높은 50%가 적용되고, 상속재산에 추가된 1억 원은 그대로 한계세율 50%가 적용되어 절반인 5천만 원이 상속세로 부과됩니다.

이 사례의 경우는 사전증여로 한계세율 50%보다 낮은 세율이 적용될 수 있다면 사전증여를 하는 것이 유리합니다. 만일 사전증여를 할 경우 40%의 증여세율이 적용되는 경우라도 증여세 산출세액은 4천만 원으로 1천만 원의 절세효과를 얻을 수 있습니다.

정셈의 상속·증여를 위한 절세 이야기

재산이 많지 않다면
사전증여가 불리할 수도 있다.

다른 나라에 비교하여 우리나라의 자산 중에 부동산 특히 주택이 자산에서 차지하는 비중에 매우 높습니다. 최근 몇 년간 주택 가격이 크게 상승해서 상속세를 납부하는 인원이 많이 증가했습니다.

상속세는 피상속인의 재산에서 채무, 공과, 장례비를 차감하고 사전증여재산(상속인은 10년 이전, 상속인 외의 자는 5년)을 합산하여 상속세 과세가액을 계산합니다.

상속세 과세가액에서 상속공제를 차감하면 상속세 과세표준이 계산됩니다. 상속세 과세가액이 상속공제보다 작으면 상속세는 없습니다.

1) 사례1: 상속세 과세가액이 10억 원 이하는 상속세가 없을 수 있다

피상속인의 배우자와 자녀가 있다면 일괄공제로 10억 원이 기본적으로 공제가 됩니다. 일괄공제 5억 원과 배우자 상속공제 최소 5억 원이 적용되어 기본공제가 10억 원이 적용되기 때문입니다.

피상속인의 자산에서 채무를 차감한 순자산이 10억 원 상태에서는 사전증여로 절세효과를 얻을 수가 없고, 오히려 증여에 따른 증여세 부담이 있을 수가 있습니다.

2) 사례2: 상속세 과세가액이 20억 원인 경우

위 1)의 가족처럼 4인 가족이고 아버지만 재산이 있고 상속세 과세가액이 20억 원입니다. 어머니는 전업주부이고 소득이 없습니다. 아버지의 사망으로 상속이 개시되고 배우자 상속공제를 한도 범위로 최대한 적용받습니다. 상속세는 어머니 몫의 상속재산에서 연대납세의무로 납부를 합니다. 어머니가 상속재산에서 상속세를 납부하고 남은 금액이 이후 사망으로 상속이 개시되는 경우 상속세 과세가액이 되는 것으로 가정하는 경우 상속세 등의 내용은 아래와 같습니다.

구분	아버지 상속세	어머니 상속세
상속세 과세가액	2,000,000,000	724,285,715
일괄공제	500,000,000	500,000,000
배우자공제	857,142,857	-
상속세 과세표준	642,857,143	224,285,715
(한계)세율	30%	20%
산출세액	132,857,142	34,857,143
과세가액 대비 상속세 비율	**6.64%**	**4.81%**

정쌤의 상속·증여를 위한 절세 이야기

배우자공제는 상속세 과세가액 20억 원을 1.5/(1.5+1+1) 비율로 안분하면 배우자 지분가액이 857,142,857원이 됩니다. 배우자공제 한도 30억 원 이내로 배우자 지분가액 전액이 공제받을 수 있다고 하면 상속세 산출세액은 132,857,142원이 계산됩니다. 상속세는 배우자가 받은 상속재산 이내의 금액이고 연대납세의무로 전액을 배우자가 납부하는 경우 배우자가 실제 받은 상속재산은 724,285,715원이 됩니다.

이후 어머니의 사망으로 상속이 개시되는 경우 상속세 과세가액을 724,285,715원으로 하면, 일괄공제 5억 원을 적용하여 상속세 산출세액은 34,857,143원이 계산됩니다.

상속세 과세대비 산출세액 비율은 아버지의 경우 6.64%, 어머니의 경우 4.81%입니다.

3) 사례3: 상속세 과세가액이 30억 원인 경우

사례2에서 아버지의 상속세 과세가액이 30억 원인 경우로 변경을 하면 아버지와 어머니의 상속세 산출세액은 아래와 같이 달라집니다.

구분	아버지 상속세	어머니 상속세
상속세 과세가액	3,000,000,000	959,999,999
일괄공제	500,000,000	500,000,000
배우자공제	1,285,714,285	-
상속세 과세표준	1,214,285,715	459,999,999

(한계)세율	40%	20%
산출세액	325,714,286	81,999,999
과세가액 대비 상속세 비율	**10.85%**	**8.54%**

상속세 과세대비 산출세액 비율은 아버지의 경우 10.85%, 어머니의 경우 8.54%입니다.

4) 사전증여를 하는 것이 유리한지

사례2에서 피상속인이 아버지인 경우 과세가액 대비 산출세액 비율이 6.64%로 낮다고 볼 수 있습니다. 상속채무가 50%라고 보면 상속재산은 40억 원입니다. 상속재산 대비 산출세액 비율은 3.32%입니다.

사례3에서 피상속인이 아버지인 경우 과세가액 대비 산출세액 비율이 10.85%로 사례2보다는 높지만 그렇게 크다고 볼 정도는 아닙니다. 상속채무가 50%라고 보면 상속재산은 60억 원입니다. 상속재산 대비 산출세액 비율은 5.425%입니다.

사례2와 사례3에서 피상속인이 아버지인 경우 사전증여 효과는 사례2에 비해 사례3이 한계세율이 높으므로 당연히 효과가 큽니다. 어머니가 피상속인인 경우는 사례2와 사례3이 한계세율이 20%로 같아서 절세효과는 동일하지만, 사전증여로 얻을 수 있는 절세효과는 작습니다.

뉴스에 보도된 금괴 발견 사건(2014년)

KBS뉴스 2014. 12. 10. 참조

[뉴스 따라잡기] 주인 몰래 60억 '금괴 싹쓸이' 인부 덜미

　10년 전에 뉴스에 크게 보도된 사건이 있습니다. 서울시 서초구 잠원동 주택의 금괴 사건입니다. 주택에 화재가 발생하여 수리를 맡겼는데 수리업자가 금괴를 발견하였는데 이를 집주인에게 알리지 않고 훔쳐서 흥청망청 생활하다가 전 내연녀의 신고로 경찰에 잡혀서 세간에 알려지게 되었습니다.

　이 금괴의 주인은 집주인의 돌아가신 아버지였습니다. 피상속인은 재력가였는데 사망하기 전까지 금괴를 꾸준히 모았습니다. 그런데 치매가 와서 가족들에게 130개의 금괴가 있다는 것을 알리지 못하고 사망했습니다.

　결국 이 수리업자의 절도사건으로 가족은 130개의 금괴가 존재한다는

것을 알게 되었고 40개를 찾을 수 있었습니다. 여기서 다른 문제가 있습니다. 바로 상속세라는 세금 문제입니다.

첫 번째는 상속세 제척기간이고, 두 번째는 상속재산가액 기준입니다.

피상속인은 2003년에 사망하여 상속개시일은 2003년입니다. 일반적인 상속세 제척기간은 10년으로 금괴 사건은 2014년에 발생했습니다. 제척기간이 지나서 상속세 문제는 끝났다고 볼 수 있습니다. 그러나 상속세는 예외적으로 부정한 행위를 했거나 무신고, 그리고 거짓신고나 누락신고를 한 경우에는 제척기간이 15년으로 이 경우에는 제척기간이 경과되지 않아 상속세를 추징할 수 있습니다.

상속세가 추징된다면 금괴는 발견된 개수와 절도범이 소비하고 남은 개수 중에 어떤 것을 적용하는 문제, 금괴의 시가는 상속개시일 기준의 시가를 적용하는지 아니면 금괴가 발견된 시점의 시가를 적용하는지 문제가 있습니다.

이 금괴 사건은 이후에 상속세 문제가 어떻게 결론이 났는지 알 수 없지만, 상속세 제척기간은 15년이 적용되고 금괴가 추가로 발견된 개수를 기준으로 상속개시일 시점의 금괴 시가를 적용하여 상속세를 추징했을 것으로 생각합니다.

또 다른 문제는 가산세입니다. 상속세를 고의로 회피하기 위한 것이 아니므로 신고불성실가산세 10%와 납부지연가산세 11년치(2003년~2014년)를 적용하면 추가로 납부하는 상속세에 100%가 넘을 것으로 생각됩니다.

상속인 입장에서 상속세를 추가로 내야 하는 것은 어쩔 수 없지만, 이 가산세를 부담해야 하는 것은 매우 억울하게 느껴질 것입니다. 부득이한 사유로 가산세 면제가 되면 좋겠지만, 어려울 것으로 여겨집니다.

CF04

한진가의 800억 원대 상속세 조세불복 사건

한국경제 2023. 10. 31. 뉴스기사 참조
스위스 재산 800억대 상속세 분쟁…한진家 2심서 승소

한진그룹은 조중훈 전 명예회장이 창업한 그룹입니다. 1945년에 회사를 설립해서 종합물류회사로 성장한 회사입니다. 2대에서 불미스러운 일이 발생했습니다. 2014년에 대한항공 회항사건 등으로 오너일가의 3세 경영승계에 대한 국민의 부정적인 시각이 퍼졌습니다.

2020년에 조세심판원에서 한진그룹 2세 경영진들에게 부과된 850억대 상속세를 납부해야 한다고 결론을 내린 사건이 있습니다.

이 상속세 사건은 한진그룹의 창업자인 조중훈 전 명예회장의 스위스 비밀계좌에서 빠져나간 재산에 대한 상속세 부과제척기간이 10년인지 아니면 15년으로 적용해야 관한 것입니다.

조중훈 전 명예회장은 2002년 11월경에 사망했습니다. 시간이 지나 조 전 회장의 삼남인 조수호 한진해운 회장의 배우자인 최은영 씨가 국세청에 스위스은행 계좌에 대한 상속재산을 수정신고하면서 조중훈 전 명예회장의 스위스 비밀계좌 존재가 밝혀지게 되었습니다.

뉴스보도에 따르면 조중훈 전 명예회장은 사망하기 4개월 전에 스위스 비밀계좌에서 580억 원 가량이 인출되었습니다. 상속세 신고에는 이 금액이 누락된 채 신고가 되었습니다.

국세청은 스위스 비밀계좌에서 인출된 580억 원에 대해 사기·부정행위에 해당하여 제척기간은 15년으로 아직 제척기간이 경과되지 않았으므로 상속세를 부과·징수할 수 있다는 입장입니다.

반면에 한진그룹 2세 경영진은 상속인 중 일부가 스위스 비밀계좌의 존재를 알고 있었지만, 조중훈 명예회장의 사망 전에 인출된 자금의 행방까지 알고 있었다고 단정할 수 없고, 조중훈 명예회장의 개인적인 행위로 자신들의 적극행위가 아니므로 사기·부정행위에 해당하지 않아 제척기간은 10년으로 이미 제척기간이 경료되어 상속세를 부과·징수할 수 없다는 입장입니다.

조세심판원은 이 불복사건에 대해 한진가 2세들이 사전인출재산 등의 존재를 확인할 의무가 내재되었다고 봄이 타당하고, 스위스 비밀계좌에서 돈이 빠져나간 사실을 몰랐다고 해서 한진가 2세들에게 귀책이 전혀 없었다고 보기 곤란하다고 판단하여 국세청 측의 손을 들어주었습니다.

　이 사건은 소송으로 이어져 1심 재판에서는 국세청이 승소하여 한진가가 부과받은 상속세 전부를 내야 한다고 봤지만, 2심은 2023년에 판결이 있었는데, 한진가가 승소하여 852억 원의 상속세 부과 처분 중 440억 원을 초과하는 부분을 취소하는 판결을 받았습니다.

정셈의 상속·증여를 위한 절세 이야기

CF05

드라마 '이상한 변호사 우영우'의
상속 · 증여 에피소드 사건

2022년에 인기리에 반영했던 ENA의 '이상한 변호사 우영우'에서 주인 공인 우영우 변호사는 자폐 스펙트럼이 있는 변호사입니다. 대형로펌에 신입 변호사로 입사하여 장애에 대한 사회적 차별과 시선을 극복하여 여러 법정 사건을 해결해 나갑니다. 주인공의 절친으로 우영우 변호사를 적극적으로 응원하는 '동그라미'가 있습니다. 에피소드 중에 주인공 친구 동그라미의 아버지가 형제들에게 토지 보상금 관련 사기를 당하는 사건이 있습니다.

친구의 아버지 동동삼 씨는 막내로 큰 형과 작은 형이 있습니다. 동동 삼 씨는 고향에서 계속 농사를 짓고 있었고, 형들은 서울에서 대학을 나오고 했으니 삼형제의 부모는 막내에게 땅을 물렸주었습니다. 시간이 흘러 이 땅이 개발 지역으로 선정되면서 토지 수용 보상금을 받게 되는데, 형들이 이 소식을 듣고 막내에게 찾아와 보상금 분배 문제로 갈등을 빚게 됩니다.

두 형은 막내 동동삼 씨에게 각서를 들이밀며 토지 수용 보상금을 첫째가 50%, 둘째가 35%, 셋째가 15%씩 나눠 갖는데, 보상금을 분배하면서 발생하는 제세공과금은 막내 동동삼 씨가 전부 부담하는 불리한 내용의 각서였습니다. 막내 동동삼 씨는 법에서 원래 형들이 많이 갖게 되어 있고 전문 변호사의 감수도 받은 것이라 문제없다는 두 형의 말만 듣고 도장을 찍었습니다.

나중에 우영우 변호사의 재치로 이 불합리한 증여계약은 법정에서 무효가 됩니다. 재판이 끝나고 두 형은 막내 동동삼 씨에게 무릎을 꿇고 사과를 합니다. 막내 동동삼 씨는 두 형을 용서하고 재산을 세금을 다 납부하고 형제가 20억 원씩 동등하게 나눠 갖기로 합니다.

세금 문제를 짚고 넘어가면 토지가 수용될 때 토지 소유자는 사업시행자에게 토지 소유권을 넘기고 보상을 받습니다. 이는 양도에 해당해서 양도소득세가 부과됩니다. 양도소득세는 해당 토지의 소유권자인 막내 동동삼 씨가 부담해야 하는 세금입니다. 보상받은 금액을 두 형에게 나눠주면 이는 막내 동동삼 씨가 두 형에게 증여하는 것이어서 두 형은 각각 증여세를 부담해야 합니다. 증여자인 막내 동동삼 씨가 부담해야 하는 것이 아닙니다. 만약 막내 동동삼 씨가 이 증여세를 대신 부담하면 이것도 증여한 것이 됩니다.

드라마에서 세금을 다 납부하고 남은 금액을 형제들이 20억 원을 나눠 갖기로 하는데, 이를 30억 원을 증여하면 세후 금액이 대략 20억 원이 됩니다. 그러면 100억 원을 수용으로 보상받으면서 양도소득세로 납부한 금액은 대략 10억 원입니다.

구분	30억 원 증여
증여재산가액	3,000,000,000
채무액	-
사전증여재산	-
증여세 과세가액	3,000,000,000
증여공제	10,000,000
증여세 과세표준	2,990,000,000
세율	10%~40%
증여세 산출세액	1,036,000,000
신고세액공제	31,080,000
자진납부할 증여세액	1,004,920,000
세후 금액	**1,995,080,000**

공익법인에 출연을 했는데
수억 원의 증여세와 상속세를 내라고요?

사회적으로 이슈가 된 공익법인과 관련된 사건이 있습니다. 이미 시간이 지나서 잊혀진 감이 있지만, 그 당시 여론과 포털사이트에서는 이 문제로 매우 뜨거웠습니다.

첫 번째는 김구 선생의 차남인 고(故) 김신 전 공군참모총장이 해외에 기부한 것에 대해 상속세와 증여세를 부과한 사건입니다. 두 번째는 생활 정보지인 '수원교차로' 창업주인 황필상씨가 설립한 구원장학재단에 증여세를 부과한 사건입니다.

1) 고(故) 김신 전 공군참모총장의 기부금 사건

김구 선생의 차남인 김 전 총장은 2016년 5월 19일에 별세했습니다. 김 전 총장은 한국을 알리기 위해 해외 하버드대학 등에 기부했습니다. 한인 단체에도 기부하여 한국학 강과 개설 등이 이뤄지도록 힘썼습니다.

2018년에 국세청은 김 전 총장이 해외 대학에 기부했던 42억 원에 대해 상속세와 증여세 등 27억 원을 상속인에게 연대 납부하라고 통보했습니다.

세법에는 공익법인에 출연하는 것에 대해 상속세나 증여세를 면제합니다. 그런데 세법에서 공익법인이란 주된 사무소가 국내에 소재하는 공익법인을 말합니다. 그러므로 국외 소재 대학은 공익법인에 해당하지 않기 때문에 수증자에게 증여세가 비과세 되지 않고, 증여자는 수증자가 납부해야 하는 증여세를 연대납부할 의무가 있습니다.

상속인은 국세청의 세금 통보에 대해 조세심판원에 불복을 제기하였고, 조세심판원은 2015년까지의 기부금 19억 원에 대해서는 증여세 약 8억 원을 내야 한다고 재결을 하였습니다.

《관련 예규》

● 서면4팀-1050, 2008. 04. 29.

[제목] 국외에 소재하는 비영리법인이 출연받은 재산에 대한 증여세 과세 여부

[요약] 공익법인이 출연받은 재산에 대하여 증여세 과세가액불산입 할 때, 공익법인이라 함은 주된 사무소가 국내에 소재하는 공익법인을 말하므로 국외소재 대학은 공익법인에 해당하지 않으며, 수증자와 증여자는 증여세에 대하여 연대납부의무 있음.

2) 생활 정보지 '수원교차로'의 창업자가 사회환원을 했더니 도리어 거액의 증여세를 내라고

수원교차로의 창업주 황필상씨가 사회환원을 위해 구원장학재단을 설립했습니다. 이 공익법인에 수원교차로 주식 180억 원을 기부했습니다. 국세청은 해당 공익법인이 출연자와 특수관계 있는 기업의 의결권 있는 주식 5% 이상을 취득·보유하는 경우에 해당한다고 보아 초과분에 대해 2008년에 140억 원의 증여세를 과세한 사건입니다.

수증자인 장학재단이 증여세를 납부하지 않아 2015년에 증여자에게 가산금이 합산되어 225억 원을 납부하라는 납세고지서를 고지했습니다. 세법에는 증여세의 연대납세의무자로서 증여자도 납세의무가 있기 때문입니다.

이 사건은 납세자가 2009년에 행정소송을 제기하여 1심은 납세자의 손을 들어 주었고, 2심은 과세관청의 손을 들어주었습니다. 3심인 대법원은 2017년에 납세자의 손을 들어주었습니다.

2심 판결 후 국세청이 납세고지서를 발송한 것과 대법원 판결이 4년이 지나서 나온 것을 보면 과세관청의 고민과 대법원의 고민이 크다는 것을 알 수 있습니다.

세법은 공익법인을 통해 기업을 지배하는 편법증여를 방지하기 위해 의결권 있는 회사 주식 5% 이상을 초과해서 보유하는 경우 초과분에 대해 증여세를 부과합니다.

과세관청은 세법 규정에 따라 증여세를 부과했지만, 선의의 기부에 세금 폭탄을 맞았다는 여론의 질타를 받았습니다. 대법원은 납세자의 손을 들어주고 싶지만, 이는 편법증여의 길을 열어 준다는 메시지를 줄 수 있다는 책임이 있어 판결이 지연되었고, 대법원 판결이 나온 이후 곧바로 정부는 해당 규정을 개정했습니다.

자녀의 효도 선물에 증여세가 있을 수 있다.

자녀가 잘 커서 부모에게 효도를 한다면 매우 기쁜 일입니다. 자녀가 효도를 하는 차원에서 옷, 효도여행, 목돈, 자동차, 주택 등을 부모에게 선물한다면, 부모는 무척 뿌듯한 기분이 들 것이고 자녀가 무척 대견스러울 것입니다.

나부자 씨의 딸 서아가 대학을 졸업하고 원하는 회사에 취직한 지 몇 년이 지났습니다. 어느 날 주말에 한정식집에서 가족이 저녁 식사를 하는 중에, 딸이 나부자 씨에게 고급 외제차를 선물하고 싶다고 합니다. 나부자 씨는 이 말을 듣고 기뻤지만, 딸을 만류했습니다. 딸은 꼭 선물하고 싶다고 해서 승낙을 했습니다. 나부자 씨는 이 일을 CEO모임에서 지인들에게 얘기하며 자랑을 했습니다. 지인들은 축하해 주면서 부럽다고 합니다. 그런데 황 대표가 자녀한테 효도로 받는 선물에도 증여세가 있을 수 있다고 합니다. 나부자 씨는 왜 자녀가 효도를 위해 선물하는 것에 세금이 있냐며 불만을 토로했습니다.

나부자 씨는 모임이 끝나고 집에 가는 길에 황 대표의 말을 되새기며 딸이 효도 선물을 한 것에 증여세를 내는 것이 너무하다는 생각을 했습니다. 이에 대해 정셈에게 문의를 했습니다. 정셈은 다음과 같이 설명했습니다.

1) 비과세 되는 증여재산

사회통념상 인정되는 이재구호금품, 치료비, 피부양자의 생활비, 교육비 등에 대해서는 증여세를 비과세 합니다. 일상 생활비와 교육 및 병원비와 관련된 것은 비과세 하고 있습니다. 무조건 비과세를 하는 것은 아니고 사회통념상 인정되는 범위 내에서만 비과세하고 그 범위를 벗어나는 것은 증여세를 부과합니다.

2) 효도선물이 비과세 되는 증여재산에 해당되는지

효도선물이 어떤 것이냐에 따라 증여세 과세대상일 수도 있고 비과세 대상일 수도 있습니다. 효도선물이 부동산이나 자동차 또는 목돈이면 이는 사회통념상 인정되는 범위에 벗어난 것이기 때문에 증여세가 부과됩니다. 부모한테 효도하는 마음으로 집을 선물하거나 좋은 자동차를 선물할 수 있는데 증여세를 부과한다는 것은 이해하기 힘들 수도 있습니다.

사회통념상 인정되는 범위 내의 효도선물은 어떤 것이 있을까요?

부모와의 식사, 옷 선물, 효도 관광, 시계, 목걸이 등의 귀금속 등의 선물을 들 수 있을 것입니다. 만일 아버지에게 시계를 선물하는 것은 무조건 사회통념상 인정되는 범위일까요? 시계도 가격이 저렴한 것부터 자동차 가격정도 하는 값비싼 시계까지 다양합니다.

고가의 명품 선물은 사회 통념상의 범위에 해당할까요?

고가의 기준은 금액이 얼마인지 정하고 있지는 않습니다. 고가 선물이 증여에 해당하는지 판단을 하기에는 모호한 면이 있습니다. 선물의 금액대가 크면 증여에 해당한다는 것에 이의가 없겠지만 경제력에 따라 선물의 가격대가 다를 수가 있으므로 논란이 있을 수 있습니다.

3) 등기 · 등록 대상의 선물을 하면 증여에 해당할까요?

선물 중에 옷이나 구두, 가방 등의 선물은 관할 세무서가 구입을 했는지 알 수가 없습니다. 승용차의 경우 차량등록을 하므로 관할 세무서에서 승용차를 취득했다는 사실을 알 수 있습니다. 부동산의 경우는 관할 세무서에서 부동산등기 또는 부동산거래신고로 알 수가 있습니다.

만일 딸 서아가 나부자 씨에게 고급 외제차를 선물하는 경우 차량은 등록 대상이어서 관할 세무서에서 차량 취득 사실을 알 수 있습니다. 나부자 씨가 고급 외제차를 취득한 사실에 대해 소명을 요청할 수 있습니다.

4) 명품 선물을 하는 것은 괜찮을까요?

보통 옷이나 구두, 가방, 시계 등의 선물은 관할 세무서에서 알기 어렵습니다. 그러나 선물 받은 것을 SNS에 올려서 자랑하는 경우 이것이 문제

가 돼서 자금소명을 요청하는 경우가 있습니다. 이 명품들을 구입한 것
이 아니고 선물을 받았다고 하는 경우 사회 통념상의 범위 내에 해당하는
것으로 보기 힘든 경우 증여세를 부과받을 수 있습니다.

상속·증여세 신고는 꼭 하자.
무신고는 절대로 하지 말아야 한다.

세금 신고는 무척이나 중요합니다. 절세만큼이나 중요합니다. 자기가 생각하기에 세금 낼 것이 없고 금액도 얼마 안 되니 세금 신고를 할 필요가 없고 문제 될 게 없다고 생각할 수 있습니다. 자기가 생각하기에 비과세가 맞고 그래서 세금이 없으니 굳이 세금 신고를 할 필요가 없다고 생각할 수 있습니다.

1) 제척기간과 소멸시효

세법에서 세금은 제척기간과 소멸시효를 구분해서 명시하고 있습니다. 제척기간은 권리의 존속기간으로 제척기간이 경료되면 과세관청은 해당 세금에 관해 결정이나 경정을 할 수 없습니다. 소멸시효는 세금을 징수할 수 있는 권리입니다. 소멸시효가 경료되면 관할 세무서는 납세자로부터 세금을 징수할 수 없습니다.

세금마다 제척기간을 명시하고 있는데, 일반적으로 제척기간은 세금을 신고한 경우 5년, 무신고한 경우 7년으로 규정하고 있습니다. 상속세와 증여세의 경우 세금을 신고한 경우에는 10년과 무신고한 경우에는 15년으로 규정하고 있어 다른 세금과 비교해 제척기간이 깁니다. 이는 납세자가 상속세와 증여세를 회피하기 위해 재산을 은닉하는 경우가 많기 때문입니다.

소멸시효는 5년입니다. 해당 세금이 5억 원 이상이면 소멸시효는 10년입니다.

2) 신고불성실 가산세와 무신고 가산세 그리고 납부지연가산세

납세자가 세금 신고를 잘 못 해서 낼 세금을 적게 또는 환급을 과다환급을 받는 것으로 신고한 경우 추가로 내야 할 세금 외에 10%를 신고불성실 가산세로 부과합니다.

반면에 납세자가 세금 신고를 하지 않은 경우 즉, 무신고한 경우에는 본세 외에 20%를 무신고 가산세로 부과합니다. 다만, 비과세로 낼 세금이 없어서 세금 신고를 하지 않은 경우에는 세금이 없으므로 가산세가 없습니다.

신고불성실 가산세나 무신고 가산세를 부과하는 것은 원래 내야 할 세금보다 적게 납부하거나 세금을 납부하지 않았기 때문입니다.

또한, 신고불성실 가산세나 또는 무신고 가산세가 부과될 때 납부지연

가산세도 같이 부과합니다. 납부지연가산세는 이자 성격의 가산세로 신고기한 다음 날부터 납부일까지 일수 0.022%(연 8.03%)로 가산세를 부과합니다.

3) 사람은 완벽하지 않고, 실수를 할 수 있다

사람은 완벽하지 않습니다. 누구나 실수를 할 수 있고, 세금을 신고하는 것에서도 실수할 수 있습니다.

납세자가 상속공제로 상속세가 없다고 생각하는 경우, 증여재산공제로 증여세가 없다고 생각하는 경우 상속세와 증여세를 신고할 필요가 없다고 생각할 수 있습니다. 또한, 사전증여재산이 있는 것을 모른 채 이를 누락하여 상속세나 증여세를 신고할 수 있습니다.

그런데 관할 세무서에서 납세자의 재산 현황의 변동 등을 검토하여 상속세 또는 증여세를 추징하는 경우가 있습니다.

예를 들어서 가족 간의 돈거래를 하는 경우 제3자는 금융거래내역을 보고 이들이 왜 돈거래를 했는지 이유를 알 수 없습니다. 단지 해당 금전이 입출금되었다는 기록만 있기 때문입니다. 납세자가 금융거래내역을 정리해서 실질적으로 증여받은 금액은 이 금액이고 증여재산공제를 적용해서 과세표준이 '0'이어서 납부할 증여세가 없다는 내용의 신고서를 제출한 것과 무신고를 한 것과는 판이합니다. 즉, 관할 세무서의 담당공무원은 국세청 전산망으로 수집된 자료와 납세자가 제출한 신고서 등을

정셈의 상속·증여를 위한 절세 이야기

검토하여 신고 내용이 적절한지를 판단하는 것과 납세자가 무신고하여 국세청 전산망으로 수집된 자료만으로 판단하는 것은 다를 것입니다.

또한, 증여세를 신고하였는데 시간이 지나 관할 세무서에서 증여세를 잘못 신고해서 증여세를 추징하는 경우가 있습니다. 세금을 추징당할 때는 누구나 기분이 좋지는 않을 것입니다. 그래도 증여세를 신고한 후에 추징당하는 것과 무신고로 추징당하는 것은 차이가 매우 큽니다.

첫 번째로 신고불성실 가산세 10%와 무신고 가산세 20%는 차이가 작을 수도 있고 클 수도 있습니다. 세금 10만 원의 가산세 10%는 1만 원이고, 가산세 20%는 2만 원으로 가산세 차이 1만 원은 작습니다. 그러나 세금 1억 원 가산세율 10% 차이는 1천만 원으로 금액이 큽니다.

두 번째로 증여세를 신고했다는 것은 자료들을 검토 및 정리를 했다는 것으로 납세자는 신고자료들을 보관하고 있을 것입니다. 관할 세무서에서 납세자가 세금을 잘못 신고해서 증여세를 추징한다는 과세예고통지서를 발송했을 때 납세자는 증여세 신고했던 자료들을 재검토하면서 이에 대응할 수 있습니다. 그러나 증여세를 무신고한 것에 대해 과세예고통지서를 받았을 때는 이미 시간이 많이 지난 후여서 이와 관련된 자료도 찾기 어렵고 기억도 잘 나지 않아 납세자는 대응하기가 힘들 것입니다.

4) 세금을 신고해서 나쁠 것이 없다

납세자에게 세금이 없어도 비과세에 해당 되어도 세금을 신고하는 것을 권유할 때 강한 거부감을 보입니다. 왜 굳이 세금이 없는데도 신고를 해야 하는지 반문을 합니다.

① 누구나 세금 신고를 잘 못 할 수 있고, 판단에 실수할 수 있습니다. 무신고 한 것보다 잘못 신고한 것이 낫습니다. 무신고 가산세보다 신고불성실 가산세가 작고, 제척기간도 다릅니다.

② 사람의 기억력은 한계가 있습니다. 세금 신고를 하려면 관련 자료를 준비하여 사실관계와 자료를 바탕으로 과세표준과 세액을 산출하여 신고를 합니다. 무신고 한다는 것은, 이러한 자료 준비와 정리 등의 과정이 없다는 것입니다.

관할 세무서로부터 세금 추징 안내문을 받는 경우 이미 시간이 어느 정도 지난 경우여서 그 당시 기억을 정확히 하기 힘들고, 이와 관련된 자료를 찾아야 합니다. 만일 관련 자료를 이미 폐기한 경우 납세자는 사실상 대응하기가 매우 힘들 수 있습니다.

③ 관할 세무서 입장에서 세금을 잘못 신고한 것과 세금을 아예 신고하지 않은 것은 다릅니다.

전자는 납세자가 세금을 신고할 때 자료 중 일부가 누락 되었거나 세법 지식의 부족으로 비용을 과대계상하여 세금을 신고한 것입니다. 후자는 납세자가 아예 세금 신고 자체를 하지 않은 것입니다.

관할 세무서 입장에서 전자와 후자를 받아들이는 것은 다를 것입니다.

5) 잘못된 확신

납세자 중에 처음부터 세금 문제가 없다고 확신하고 있는 상태에서 세무상담을 요청하는 경우가 있습니다. 납세자가 제공하는 자료와 정보가 충분하지 않은데, 이미 마음속으로 본인이 원하는 결론과 답변이 정해져 있습니다.

이와 같은 상담상황에서는 세무사가 사실관계 정리와 충분한 검토를 하는 것이 무척 힘들고, 결국 납세자는 세금과 관련하여 불이익을 받을 수가 있습니다.

부모가 자녀의 용돈이나 월급을
대신 관리할 때 주의가 필요하다.

재테크의 관심은 시간이 지날수록 커지고 있습니다. 코로나 19 팬데믹을 계기로 주식 투자의 관심은 날로 증가하고 인구도 천만명이 넘었습니다.

부모 중에 자녀를 낳으면 바로 자녀 명의의 통장을 만들어 자녀가 성인이 될 때까지 재테크를 대신 해주는 부모도 많습니다. 또한, 자녀 명의의 주식계좌를 만들어 주식투자를 대신 해주는 부모도 많아지고 있는 상황입니다.

1) 자녀의 용돈은 자녀 계좌에서 관리해야 한다

부동산이나 자동차 등 같은 재산은 누가 관리를 하든 재산이 서로 섞이지 않습니다. 부모 소유 아파트와 자녀 소유 아파트는 누가 봐도 명백히 구분됩니다.

그런데 돈은 그렇지 않습니다. 부모의 돈과 자녀의 돈을 구분할 수 있다고 생각하지만 그렇지 않습니다. 계좌에서 입출금이 빈번하게 발생하고 계좌에서 이자 또는 배당금이 입금되고 하면 현실적으로 부모와 자녀의 몫을 객관적으로 구분하기 힘듭니다. 계좌에 돈 관리한 지 몇 년이 지나면 부모 돈과 자녀 돈은 이미 희석되어 구분하는 것이 현실적으로 불가능하다고 할 수 있습니다. 그리고 관할 세무서는 자녀의 돈은 부모에게 용돈을 준 것으로도 볼 수가 있습니다.

2) 자녀의 월급을 대신 관리해 주려면

부모 중에 자녀의 월급을 대신 관리해 주는 부모가 있습니다. 자녀가 취업해서 바쁜 회사 생활을 하다 보면 재테크에 신경을 쓸 여력이 없어서 부모에게 대신 월급 관리를 부탁하는 경우가 있습니다.

이 경우에도 자녀의 돈과 부모의 돈이 섞이면 안 됩니다. 자녀의 실수령 금을 부모 계좌로 매달 이체를 하게 되는데 이 돈을 관리하려면 해당 부모의 계좌는 자녀의 돈만 있어야 합니다. 그렇지 않으면 자녀가 부모에게 효도 차원에서 용돈으로 드린 것인지 알 수 없기 때문입니다. 부모와 자녀는 월급 관리를 위해 부모 계좌에 매달 이체를 했다고 하지만, 제3자 입장에서는 이를 입증할 수 있는 것이 없습니다.

3) 부모 명의 계좌로 자녀의 돈을 관리하고 싶다면

자녀 명의 계좌 대신 부모 명의 계좌에 자녀 돈을 이체해서 편하게 관리하고 싶은 부모도 있습니다. 그러기 위해서는 먼저 해당 계좌에 있는 자기 돈을 다른 계좌로 이체해서 잔액이 비워야 합니다. 그러고 나서 자녀의 돈을 해당 계좌로 이체를 해야 부모 돈과 섞이지 않습니다.

자녀의 용돈을 관리하려고 용돈을 자기 계좌로 옮긴 것이 관리목적인지 용돈을 부모에게 드린 것인지 구분이 되지 않습니다. 부모는 관리목적이라고 주장하겠지만 이는 부모의 마음이지 객관적으로 입증할 수 있는 것이 아닙니다. 또한, 취업한 자녀의 월급을 대신 관리해 주는 것도 그렇습니다. 자녀의 월급을 매달 자기 계좌로 이체된 것이 관리목적인지 생활비 지원한 것인지 무엇으로 구분할 수 있을까요? 돈이 섞이면 입증이 현실적으로 불가능합니다.

해당 계좌로 입금된 것을 부모가 관리목적인 것을 입증하기 위해서는 해당 계좌에 있는 돈이 전부 자녀 돈이어야 합니다. 그래야 자녀의 돈의 관리목적인 것을 입증할 수 있습니다.

정쌤의 상속·증여를 위한 절세 이야기

CF10

자녀에게 용돈으로 주식을 주려면
자녀 계좌로 관리해야 한다.

재테크의 관심이 많은 부모는 자녀에게 용돈으로 금전 대신 주식을 주는 경우가 있습니다. 앞에서 설명한 주식 증여와 다른 것은 용돈에 해당하는 정도의 주식을 자녀에게 주는 것으로 한 달에 용돈을 10만 원을 준다면 10만 원 정도의 주식을 주는 것입니다.

1) 용돈 대신 주식으로 주기

자녀에게 용돈을 주는 것은 부모로서 당연합니다. 경제 사정에 따라 용돈의 크기는 다르겠지만 사회통념상 허용되는 범위 내의 금액이어야 합니다.

2) 자녀의 주식을 대신 관리하기

자녀의 나이가 어려서 부모가 주식을 대신 관리하거나 자녀의 일상이 바빠서 주식 관리를 부모에게 맡기는 경우가 있습니다.

3) 부모 계좌에서 자녀의 주식을 대신 관리하려면

부모의 주식계좌에 자녀의 주식을 이체한다면 주식이 섞이게 됩니다. 부모의 주식 종목과 자녀의 종목이 다르다면 처음에는 구분이 되지만 주식을 사고팔고 하면서 추가로 주식을 구입하기 위해 현금을 입금하고 그러면 구분이 되지 않습니다. 시간이 어느 정도 지나고 나면 구분을 한다는 것은 현실적으로 불가능합니다.

위와 같은 문제가 있으므로 자녀의 주식은 자녀의 주식계좌를 대신 관리하거나 부모의 주식계좌 중 사용 하지 않는 계좌에 자녀의 주식을 이체해서 이 계좌로만 자녀의 주식을 관리해야 합니다. 그래야 나중에 과세관청에서 증여 여부에 대한 소명에 입증이 가능합니다.

부모에게 금전을 증여받은 돈으로
보험료를 납부하면 문제가 없을까?

자녀가 부모에게 금전을 증여받으면 증여세가 부과됩니다. 부모가 가입한 보험을 해지하고 보험금을 자녀가 수령하면 증여세가 부과됩니다.

그리고 자녀가 부모를 피보험자로 하는 보험에 가입하여 보험료를 납부하고, 보험을 해지하여 보험금을 수령하는 경우에는 증여세가 부과되지 않습니다. 보험료를 부담한 사람이 보험금을 수령했기 때문입니다.

그러면 부모에게 증여받은 돈으로 보험료를 납부하고 나중에 보험을 해지하여 보험금을 수령하면 증여세가 부과되지 않을 것으로 생각할 수 있습니다. 이렇게 하면 괜찮을까요?

1) 원칙: 보험료 불입자와 보험금 수령인이 동일하면은?

보험계약자가 보험에 가입하고 보험료를 불입한 이후 보험금을 수령하는 경우 증여세가 부과되지 않습니다. 보험계약자와 보험금 수익자가 다른 경우에도 보험금 수익자가 실질적으로 보험료를 납부한 것이 입증되면 보험료 불입자와 보험금 수령인이 동일하기 때문에 증여세가 부과되지 않습니다.

● 서면상속증여2019-3940, 2020. 06. 29.

[제목] 보험금 수취자와 실질 보험료 납입자가 다른 경우 증여세 과세 여부

[요약] 보험계약상 보험계약자와 보험금 수익자가 다른 경우에도 실질적으로 보험금 수령인이 보험료를 납부하여 보험료 불입자와 보험금 수령인이 동일한 경우에는 증여세가 과세되지 아니함

2) 예외: 보험계약 전에 증여받은 금전으로 보험료를 불입하고 보험금을 수령하면?

세법은 증여받은 금전으로 보험료를 불입하고 이후에 보험금을 수령하는 경우 증여세를 부과하도록 규정하고 있습니다.

《관련 예규》

● 서면상속증여2019-802, 2019. 05. 28.

[제목] 보험금의 증여

[요약] 생명보험 또는 손해보험을 중도인출 또는 해약하는 경우로서 증여받은 재산으로 납부한 보험료 납부액에 대한 보험금 상당액에 대해서는 증여세가 과세되는 것임

2003년 1월 1일 전에 증여받은 금전으로 보험료를 불입하고 2004년 1월 1일 이후에 보험을 해지하여 보험금을 수령하는 것에 대해서는 증여세를 부과하지 않습니다.

《관련 예규》

● 서면법규재산2020-4752, 2022. 11. 21.

[제목] 03. 1. 1. 전에 증여받은 금전으로 보험료를 불입하고 그 보험을 중도해약하는 경우 증여세 여부

[요약] 03. 1. 1. 전에 금전을 증여받아 보험료를 납부하고, 04. 1. 1. 이후에 해지하는 경우, 해지에 따른 환급금에 대해서 증여세가 과세되지 않는 것임

3) 증여재산가액 계산

2)에서 증여세 과세대상에 해당하는 증여재산가액은 수령한 보험금에서 증여받은 돈으로 납부한 보험료를 차감하여 계산합니다.

4) 보험을 서로 교환한 후 보험금을 수령하면은?

가족이 자기가 가입한 보험을 서로 교환하는 경우가 있습니다. 예를 들어 부부 각자가 가입한 보험을 변경한 후에 보험금을 수령한 경우 증여재산가액은 어떻게 계산할까요?

이 경우 증여재산가액은 보험금에서 납부한 보험료 총액 중 자기가 납부한 보험료 외의 차지하는 비율에 해당하는 금액이 증여재산가액에 해당합니다.

부자가 아닌 평범한 가족도
상속·증여를 모르면 손해 볼 수 있다.

상속·증여는 재산이 어느 정도 있는 가정에만 해당하는 것으로 생각하기 쉽습니다. 사실 이 말은 틀린 말은 아닙니다. 그러나 사회가 많이 변했고, 경제 상황이 많이 변했습니다.

모든 가정이 꼭 상속·증여를 알아야 하는 것은 아니지만, 상속·증여에 관심을 갖는 것이 나중에 혹시나 손해 볼 일이 발생하지 않을 수 있습니다.

1) 서울에 집 한 채만 갖고 있어도 상속세가 있을 수 있다

대한민국은 부동산 공화국이라고도 합니다. 최근 몇 년간 부동산 그중에서 주택 가격이 크게 상승했습니다. 서울에 집 한 채만 갖고 있어도 상속세 납부대상이 될 수 있습니다.

부모가 살아생전 고생해서 마련한 집이 취득 당시에는 고가주택이 아니었지만, 세월이 지나 주택 가격이 그동안 크게 상승하여 일괄공제 10억 원(또는 5억 원)보다 주택 가격이 큰 경우가 많습니다.

피상속인은 가정의 경제 사정이 어렵고, 유일한 재산인 집 하나 있는 것을 아내와 자녀에게 상속으로 물려주어도 상속세가 없으리라 생각했습니다. 가족들도 피상속인처럼 생각해서 상속세 신고를 하지 않았습니다.

시간이 지나 관할 세무서에서 발송한 상속세 과세예고통지서를 받아보고 크게 놀랄 수 있습니다. 예상치 못한 상속세와 가산세를 납부해야 하기 때문입니다.

2) 부동산 증여세를 절세하려면 증여의 타이밍이 중요하다

증여세를 절세하기 위해서는 어떤 재산을 언제 중요할지가 중요합니다. 즉 흔히 말하는 타이밍이 중요합니다.

금전은 금액 자체가 변하지 않지만, 부동산은 가치가 변하는 것이 다릅니다.

강남의 아파트의 경우 지난 몇 년 동안 가치가 계속 상승했습니다. 가치가 하락한 경우도 있었지만, 다시 가격이 상승하여 고점을 갱신했습니다.

상가의 경우 상권에 따라 공실 여부에 따라, 상가의 가치가 결정됩니다. 상가를 보유 중인데, 공실이 장기화 되는 경우 상가의 가치는 하락합니다.

주택이나 상가를 보유하고 있는데, 시세가 많이 하락하였다면 증여를 하는 데 적절한 시기로 볼 수 있습니다. 해당 부동산의 시세가 가장 낮을 때 증여하면 증여세 부담이 가장 적지만, 그 시기를 정확히 알 수는 없습니다.

그래서 현재 부동산 시세가 많이 하락하였고, 추가적인 하락이 없을 것으로 예상이 된다면 지금 부동산을 증여하는 것이 절세의 타이밍입니다.

정셈의 상속·증여를 위한 절세 이야기

3억 원까지는 증여세를 안 내도 된다는
소문이 있던데 사실인가요?

포털사이트와 유튜브에서 증여와 관련된 내용 중에 증여 3억 원까지는 증여세 문제가 없다는 내용을 접할 수가 있습니다.

1) 혹시 증여재산공제가 5천만 원이 아니고 3억 원일까?

자녀에게 증여하는 경우 10년 이내 증여재산공제 5천만 원을 적용할 수 있어서 5천만 원까지만 증여세 없이 증여할 수 있고 증여재산이 5천만 원을 초과하는 금액부터는 증여세가 있다고 하는데 3억 원까지 증여세 문제가 없다는 말은 혼란스럽습니다. 어떤 말이 사실인가요?

3억 원까지 증여세 문제가 없다는 말은 증여재산공제에 관한 말이 아닙니다.

2) 증여추정과 배제기준

증여세와 관련하여 3억 원이라는 기준이 적용되는 규정이 있습니다.

증여추정배제 기준입니다.

부동산 등의 자산을 취득하는 경우 자금의 출처 문제가 있습니다. 취득자의 직업, 연령, 소득 및 재산 상태 등으로 보아 자력으로 그 부동산을 취득하였다고 인정하기 어려운 경우에만 납세자가 자금의 출처를 입증하여야 합니다.

만약 부동산 등을 취득한 것에 대해 취득자금의 원천을 밝히지 못하는 경우 증여를 추정받은 것으로 추정하여 관할 세무서는 증여세를 부과할 수 있습니다.

그런데 취득한 재산 금액과 상관없이 모든 취득재산에 대해 자금 소명을 해야 하는 것은 아닙니다. 일정금액 이상인 자산을 취득한 것에 대해서는 자금 소명을 해야 하지만, 반대로 그 금액 이하인 자산 취득에 대해서는 증여추정을 배제하여 자금 소명을 면제해 주고 있습니다. 증여추정 배제기준은 다음과 같습니다.

〈증여추정 배제기준〉

구분	취득재산		채무상환	총액한도
	주택	기타재산		
30세 미만	5천만 원	5천만 원	5천만 원	1억 원
30세~40세	1.5억 원	5천만 원		2억 원
40세 이상	3억 원	1억 원		4억 원

정쌤의 상속·증여를 위한 절세 이야기

3) 증여추정과 증여추정배제기준은 자금출처에 대해 입증책임이 누구에게 있는가에 관한 것이다

앞에서 설명한 증여추정과 증여추정배제 기준은 재산을 취득한 것에 대해 자금출처 입증을 누가 해야 하는지에 관한 것입니다.

일반적으로 재산을 취득한 경우 그 재산을 취득한 자가 자금출처에 대해 입증책임이 있지만, 증여추정 배제기준에 해당되는 경우에는 그 재산을 취득한 자가 아닌 관할 세무서에게 자금출에 대해 입증책임이 있습니다.

4) 3억 원 이하의 자산을 증여로 취득하면 증여추정배제 기준에 해당하여 입증책임이 배제되니 증여세 걱정이 없을까?

증여추정배제 기준 규정에 따르면 40세 이상인 자가 3억 이하의 주택을 취득한 경우에는 증여추정배제 기준에 해당해서 자금출처에 대한 입증책임이 배제됩니다. 해당 자산의 취득자에게 관할 세무서는 자금출처에 대한 소명을 요구할 수 없습니다. 그래서 3억 원 이하의 부동산을 증여로 취득해도 증여세가 없을 것이라는, 증여세를 내지 않아도 된다는 주장이 있는 이유이기도 합니다.

그러나 이는 잘못된 해석입니다. 어디까지나 자금출처에 대한 입증책임이 그 자산의 취득자가 아닌 관할 세무서에 있다는 것입니다. 만일 관할 세무서에서 취득자가 자력으로 부동산을 취득한 것이 아니라는 입증한 경우, 취득자는 이에 대해 본인의 자금으로 그 부동산을 취득했다는 것을 입증해야 증여세를 부과받지 않을 수 있습니다. 그렇지 않으면 취득자에게 증여세가 부과됩니다.

부모 자녀 간의 저가양도를
이용한 부동산 재산이전 전략

앞에서 부모 자녀 간의 부동산을 저가 또는 고가로 양도하는 경우 증여세가 부과될 수 있다는 것에 대해 이야기를 했습니다. 부동산을 저가 또는 고가로 양도하는 경우 양도소득세 규정과 증여세 규정이 동시에 적용되는데, 이 규정을 이용한 재산 이전 전략을 이용할 수 있습니다.

1) 양도소득세 부당행위계산부인 규정

부동산을 처분하는 경우 양도소득세 규정이 적용됩니다. 부동산은 양도소득세 과세대상이기 때문에 시가로 처분하든 고가 또는 저가로 처분하든 양도인은 양도소득세를 신고납부해야 합니다.

부모 자녀 간은 특수관계로 시가보다 5% 이상 또는 3억 원 이상 차이가 나는 거래를 하는 경우 양도소득세 부당행위계산부인 규정이 적용되어 양도인의 양도가액을 시가로 적용합니다.

2) 저가 또는 고가양도에 따른 이익에 대한 증여세

부모 자녀 간은 특수관계로 매매거래에서 시가보다 30% 이상 또는 3억 원 이상 차이가 나는 거래를 하는 경우 그 이익을 얻은 자에게 증여세를 부과합니다.

3) 시가 10억 원인 주택을 7.5억 원에 양도하는 경우

부모와 자녀와의 부동산 거래에서 다주택자인 부모는 자녀와 주택을 거래할 때 저가양도로 거래하는 경우가 많습니다. 사례로 5억 원에 취득한 시가 10억 원인 주택을 자녀에게 7.5억 원에 저가로 양도하는 경우 증여세는 어떻게 될까요?

양도인에게는 양도소득세 부당행위계산 부인 규정이 적용되고, 양수인에게는 저가양도에 따른 증여이익 규정이 적용됩니다.

시가 10억 원과 매매가액 7.5억 원의 차액은 2.5억 원입니다. 차액 2.5억 원은 시가 10억 원의 30%인 3억 원과 3억 원보다 작으므로 증여세 규정이 적용되지 않습니다.

양도소득세 부당행위계산부인 규정은 시가의 5%인 5,000만 원보다 차액이 2억 원이 더 크므로 양도가액은 시가인 10억 원을 적용합니다.

4) 부동산 증여보다 부동산 저가양도(또는 고가양도)가 유리할 수 있다

부동산을 증여하는 것보다 저가양도(또는 고가양도)를 했을 때 세금 등을 비교하여 유리한 방향으로 하는 것이 좋을 수 있습니다.

증여를 하는 데 있어서 증여세가 없다면 좋겠지만, 부동산증여는 증여세 없이 증여하는 것은 현실적으로 불가능합니다. 부동산을 증여로 이전하는 것보다 매매로 부동산을 이전하는 방법도 고려해볼 수 있습니다.

부동산을 매매하는 것은 매수인이 매도인에게 매매대금을 지급해야 하는 부담감이 있습니다. 부모가 자녀에게 부동산을 매매로 이전하면서 매매대금을 자녀로부터 수령하고 양도소득세를 부담해야 합니다.

그런데 양도소득세가 증여세보다 작다면 매매로 부동산을 이전하는 것을 고려해 볼 수 있습니다. 여러 가지 상황을 고려해서 매매로 부동산을 특히 아파트를 자녀에게 이전하는 전략으로 활용할 수 있습니다. 다주택자 양도소득세 중과세가 유예된 상황에서 매우 유용합니다.

아파트를 처분하고 싶은데 거래가 원하는 가격에 장기간 거래가 이루어지지 않는 경우, 이 아파트를 남한테 팔기 아까운 경우 등. 자녀에게 증여하는 것보다 매매로 거래를 하는 것이 전체적으로 유리할 수 있습니다. 또한, 세입자의 임대보증금 인계 조건인 매매로 할 경우 일반 매매보다 양수인이 양도인에게 지급해야 하는 매매대금을 낮출 수가 있습니다.

이 매매거래에서 자녀가 부모에게 지급하는 매매대금은 부모의 노후자금으로 활용할 수 있습니다. 부모가 아파트를 자녀에게 증여하고 자녀

정셈의 상속·증여를 위한 절세 이야기

가 부모를 봉양하거나 생활비를 매달 지급하는 것으로 할 수 있지만, 자녀가 부모와의 약속을 소홀히 할 수 있는 점이 있습니다. 매매로 한다면 자녀는 부모에게 매매대금을 지급해야 하므로, 부모는 매매대금을 확실히 지급받을 수 있고, 이 돈을 노후자금으로 사용할 수 있습니다.

베이커리 카페를 이용한 가업승계 및 가업상속 전략

최근 몇 년 전부터 전국적으로 베이커리 카페가 많이 생겼습니다. 특히 서울 근교와 수도권에 많습니다. 이 베이커리 카페는 상속세 절세수단과 관련이 있습니다.

베이커리 카페에서 빵과 커피를 판매하고 있지만, 업종은 제과점업입니다.

커피전문점에서 커피와 빵을 판매하는 것과 제과점에서 빵과 커피를 판매하는 것은 비슷해 보이지만, 상속·증여세 절세 전략에서는 큰 차이가 있습니다.

1) 베이커리 카페와 커피전문점의 업종 차이

가업승계 증여세 특례와 가업상속공제에서 음식점업(561)은 특례대상 업종에 해당합니다.

업종 구분은 한국표준산업분류에 소분류 구분을 기준으로 합니다. 커피전문점은 주점 및 비알코올 음료점업(562)-비알코올 음료점업(5622)-커피전문점(56221)으로 음식점업이 아닙니다.

한국표준산업분류(제10차)

소분류: 음식점업(561)
세분류: 제과점업(5615)
세세분류: 제과점업(56150)

제과점업(Bakeries)
즉석식의 빵, 케이크, 생과자 등을 직접 구워서 일반 소비자에게 판매하거나 접객시설을 갖추고 구입한 빵, 케이크 등을 직접 소비할 수 있도록 제공하는 산업활동을 말한다. 접객시설을 갖추고 떡류를 제공하는 경우도 포함한다.

〈예시〉
· 제과점(즉석 식품 중심)
· 떡집(음식점 형태)

〈제외〉
· 접객시설 없이 빵, 케이크 등을 구입하여 일반소비자에게 판매(47)

도넛(doughnut) 전문점, 떡 전문점, 떡집(음식점 형태), 베이커리가게 운영, 빵집 운영, 생과자점 운영, 제과점 운영

2) 일반 증여와 가업승계 증여 특례의 증여세 비교

자녀에게 증여할 때 50억 원 상당의 재산을 증여하는 경우와 가업승계 증여 특례를 적용받아 증여하는 경우의 산출세액을 비교하면 다음과 같습니다. 편의상 일반증여는 과세가액과 과세표준이 50억 원으로 동일한 것으로 가정합니다.

구분	일반 증여	가업승계 증여 특례
과세가액	50억 원	50억 원
세율	10%~50%	10%
산출세액	20억 4천만 원	4억 원

베이커리 카페가 가업승계 증여 특례를 적용받기 위해서는 개인사업자가 아니고 법인이어야 합니다. 가업승계 증여 특례 요건들을 충족해야 합니다.

부모가 베이커리 카페를 운영하면서 증여를 받을 자녀를 직원으로 채용하여 해당 사업장 운영에 대한 경험을 쌓게 하고, 급여도 지급할 수 있습니다.

3) 가업상속공제로 상속세를 절세할 수 있지만, 나중에 세금은 낸다

증여자의 사망으로 상속이 개시되면 베이커리 카페를 사전 증여한 것에 대해 상속세 정산을 합니다. 가업승계 증여 특례는 증여한 기간에 상관없이 피상속인의 사전증여재산에 합산을 합니다.

상속개시일까지 자녀가 베이커리 카페를 계속 잘 운영하고 있다면 가업상속공제를 적용받아 상속세를 절세할 수 있습니다.

증여세와 상속세를 절세할 수 있어도 나중에 자녀가 베이커리 카페를 처분하는 경우 취득가액은 증여받을 당시 주식가액이 취득가액이고, 건물을 철거하고 토지로 양도하는 경우 토지의 취득가액은 당초 증여자인 부모가 취득한 토지 가액이 취득가액입니다. 결국 세금은 피할 수 없습니다.

가족법인을 활용한 절세 전략

몇 년 전부터 가족법인을 이용한 절세 전략이 유행하고 있습니다. 가족이 법인을 설립해서 부동산을 취득하여 임대하는 것입니다. 가족법인은 말 그대로 주주 구성이 가족으로 이루어진 법인을 말합니다.

개인은 자기 자신이 권리의무의 주체가 됩니다. 법인은 법인설립등기를 하면 법적으로 독립된 인격을 갖게 되고 권리의무의 주체가 됩니다. 가족법인 절세는 법인이 권리의무의 주체가 된다는 것을 활용한 절세 전략입니다.

가족 4명이 구성이 되어 아빠 40%, 엄마 30%, 딸 15%, 아들 15%의 지분비율로 부동산임대를 하려고 합니다. 가족이 공동명의로 부동산을 취득하여 임대하는 방법과 가족이 법인을 설립해서 법인이 부동산을 취득하여 임대하는 방법이 있습니다. 두 방법을 비교해 보면 다음과 같은 차이점이 있습니다.

1) 법인설립 자금과 부동산 취득 자금은 별개이다

가족이 공동명의로 부동산을 취득하는 경우와 가족법인으로 부동산을 취득하는 경우를 비교하면 이 부분에서 큰 차이점이 있습니다.

(1) 개인사업자(공동명의)로 하는 경우

가족이 공동명의로 부동산을 취득하여 부동산을 임대하려면 구성원의 지분별로 부동산 취득자금이 필요합니다. 취득자금의 자금출처 입증 문제도 있습니다. 소득과 재산이 충분해서 부동산 취득 자금을 조달하는 데 어려움이 없다면, 자금출처 입증에 고민할 것이 없습니다.

취득하려는 부동산이 50억 원이면 공동명의자인 딸과 아들은 지분비율 15%에 해당하는 7.5억 원을 각각 조달해야 합니다. 자금 여력이 없을 경우 은행에서 대출을 받거나 가족으로부터 자금지원을 받아야 합니다. 증여세 문제가 있을 수 있습니다.

(2) 법인으로 하는 경우

법인을 설립할 때 주주 각자는 법인 구성원으로서 자기 지분의 해당하는 자본금을 납입 해야 합니다. 자본금 1억 원으로 법인을 설립한다면 설립자인 주주는 각자 지분비율에 해당하는 자본금을 납입하면 됩니다. 딸의 경우 15%인 1,500만 원을 납입하면 됩니다.

법인 자본금으로 부동산을 취득하는데 자금이 부족합니다. 이 경우 법인이 금융기관으로부터 대출을 받거나 주주로부터 자금을 차입할 수 있습니다. 법인이 주주로부터 자금을 차입하는 경우 무이자 조건으로 자금을 차입하는 것도 가능합니다.

다만, 법인에 자금을 대여한 주주와 그 외 주주가 가족으로 특수관계에 해당합니다. 무이자에 따른 이익의 증여 문제가 있습니다. 법인은 무이자 조건에 따라 지급이자를 면제받기 때문에 법인은 이익이 얻게 되고, 이는 결국 주주의 이익으로 귀속되기 때문입니다.

$$증여재산가액 = 대여금액 \times (4.6\% - 실제\ 이자율) \times (1 - 법인 세율) \times 지분비율$$

현재 세법에서 정한 기준이 되는 이자율은 연 4.6%입니다. 각 주주가 얻은 이익이 연간 1억 원 이상이 경우 증여세가 부과됩니다. 즉, 주주가 얻은 이익이 연간 1억 원 미만인 경우에는 증여에 해당하지 않습니다.

공동명의로 부동산을 취득하는 경우와 비교하면 부동산 취득 자금조달과 자금출처 소명 관련해서 가족법인은 자유로운 점이 이점입니다.

2) 부동산임대수익과 분배 등의 문제
부동산임대로 소득이 발생했을 때 법인과 개인사업자(공동명의)의 차이점이 있습니다.

정셈의 상속·증여를 위한 절세 이야기

(1) 개인사업자(공동명의)로 하는 경우

공동명의로 부동산을 취득해서 임대하는 경우 수익과 비용을 공동명의자의 지분비율로 배분해야 합니다. 부동산임대로 한 해 동안 이익(또는 순수익) 1억 원이 발생한 경우 이익 1억 원을 지분비율대로 아빠 4,000만 원, 엄마 3,000만 원, 딸 1,500만 원, 아들 1,500만 원 분배해야 합니다. 이익분배는 매월 분배를 해도 되고, 분기나 반기 또는 1년에 한 번 1년치를 분배해도 됩니다.

만일 임대수익을 분배하지 않으면 해당 부동산임대사업자의 대표자에게 다른 구성원들이 임대수익을 증여한 것이 됩니다.

(2) 법인으로 하는 경우

법인이 임대를 하여 임대수익을 얻은 것은 법인의 수익입니다. 법인 주주의 수익이 아닙니다. 주주는 법인의 임직원으로 근무를 하여 급여를 받거나 주주로서 배당을 받을 수 있습니다. 대표이사는 법인으로부터 무보수 대표이사로 급여를 받지 않을 수 있습니다.

법인은 개인사업자와 다르게 부동산임대소득을 이익잉여금으로 매년 적립할 수 있습니다. 주주 중에 소득이 없고 가족에게 건강보험 피부양자로 등재되어 있는데, 법인으로부터 배당을 받으면 배당소득으로 인해 건강보험 지역가입자로 변경될 수 있습니다. 이 경우 배당을 하지 않는다면 배당소득이 없으므로 건강보험 피부양자로 있을 수 있습니다.

3) 법인은 배당을 원할 때 할 수 있다

법인은 임대수익으로 이익잉여금을 매년 적립하여 원하는 시기에 배당을 할 수 있습니다. 가족법인은 배당가능금액 전체를 한 번에 배당할 수 있고, 일부 금액만 배당할 수 있습니다. 배당을 지분비율 따른 균등배당이 아닌 차등배당을 할 수 있습니다. 주주 중에 특정 주주 1명에게 배당을 몰아서 지급하는 것도 가능합니다. 이 경우에는 증여세가 있습니다.

배당은 법인만 할 수 있고 개인사업자는 할 수 없다는 것이 큰 차이점입니다.

4) 재산관리 측면

재산관리를 고려할 때 법인과 개인사업자(공동명의)의 차이점이 있습니다.

(1) 개인사업자(공동명의)로 하는 경우

개인사업자는 부동산을 공동명의로 취득한 것이기 때문에 부동산에 자신 지분이 있습니다. 아빠가 40%의 지분이 있지만 과반이 아닙니다. 해당 부동산 운영에서 엄마와 자녀 둘의 지분을 합하면 60%가 됩니다.

매년 부동산의 임대수익을 가족에게 분배해야 합니다. 분배받은 임대수익을 소득이 없는 자녀의 경우 부동산을 공동명의로 취득하려고 할 때 부모가 취득자금을 증여해야 합니다.

(2) 법인으로 하는 경우

법인의 부동산의 임대수익은 이익잉여금으로 적립해 갈 수 있습니다.

법인의 자금 부족으로 주주인 아빠가 자금을 대여한 것은 채권·채무로 유지됩니다. 아빠는 해당 대여금의 채권자로, 법인은 해당 대여금의 채무자가 됩니다. 즉 아빠가 해당 대여금을 증여한 것이 아닙니다.

CF17

납세자가 세금을 내기 싫은 이유는?

2017년 11월 8일에 한국납세자연맹이 발표한 '한국의 납세자들이 세금을 내기 싫어하는 이유 9가지'의 제목으로 보도자료를 발표한 것이 있습니다. 이 보도자료를 발표한 지 6년이 지났지만, 지금도 납세자에게 세금을 내기 싫은 이유를 묻는다면 답변은 이 보도자료와 별반 다르지 않을 것입니다.

이렇게 된 이유는 여러 가지가 있겠지만 무엇보다 중요한 것은 사회적 신뢰가 낮은 것이 원인이라고 생각합니다. 정부에서 납세자가 납부한 세금을 필요한 곳에 사용하고 있다는 인식이 부족한 상태가 오랫동안 지속되다 보니 불신이 뿌리 깊게 차지하고 있습니다. 또한, 세금 신고를 성실하게 신고하지 말고 남들과 비슷하게 신고하면 된다는 의식이 있는데, 이렇게 신고한 것에 대해 불이익을 받지 않는 것을 주변에서 많이 접할 수 있습니다.

그래서 납세자는 성실하게 신고하는 것이 어리석은 행동이고, 자기만

정셈의 상속·증여를 위한 절세 이야기

손해 보는 것이라는 인식이 있습니다.

　세금에 대해 정부와 납세자 간에 신뢰를 만드는 것이 시급하다고 생각합니다. 정부가 먼저, 납세자가 먼저 신뢰를 만들어 가야 한다는 것이 아니라, 지금이라도 서로가 같이 신뢰를 만들어 가야 이 사회문화를 바꿀 수 있고 성실하게 세금을 신고납부하는 당연한 사회문화가 정착될 수 있다고 생각합니다. 보도자료는 아래와 같습니다.

첫째, 내가 낸 세금이 낭비되고 나에게 돌아오지 않는다.
→ 내가 낸 세금이 나의 안전과 이익, 공익적 가치를 위해 사용돼야 하는데 특권층과 특정인의 이익을 위해 사용되어 낭비되고 있다는 정부에 대한 불신감이 강하게 작용하고 있다.

둘째, 지하경제 비중이 높아 주변에 세금 안 내는 사람이 너무 많다.
→ 성실납세의 전제조건은 "다른 사람도 세금을 동일하게 낸다"는 공평의 신뢰가 있어야 한다. 한국에서 부자 된 사람 중에서 세법대로 세금 내고 부자 된 사람은 많지 않은 것이 현실이다. 지하경제 비중이 국내총생산(GDP)대비 약 26% 높아 소득이 있는 4명 중 1명은 소득세를 전혀 내지 않고 있다.

셋째, "성실납세가 옳다"는 사회적 규범이 형성되지 않은 사회다.
→ 다른 표현으로는 "세금을 성실히 내어 사회에 기여하려는 신념"인 세금 도덕성이 아주 낮은 국가다. 행동경제학에 따르면, 사람은 많은 사람이 하는 행동을 따라 하는 경향이 있다. 주변에 사업하는 사람 대부분이 탈세하는데 자기만 성실히 세금을 내기 어렵다.

구멍가게 하는 사람 열사람 중 9명이 땡처리 시장에서 부가세 없이 무자료로 싸게 물건을 구입하는데 나만 10% 부가세 주고 물건을 구입하면 내 가게는 문 닫아야 한다.

넷째, 정부 신뢰가 낮은 상태에서 높은 세율은 조세회피를 부추긴다.
→ 부자들은 상속세·증여세 최고세율이 50%, 소득세 최고세율 44%(지방소득세 포함)가 높다고 생각한다.

다섯째, 조선시대 '백골징포'와 같은 불합리한 세금이 많다.
→ 주식을 명의신탁한 경우에 증여이익이 없는데 명의신탁자에게 증여세를 부과하는 규정, 배보다 배꼽이 더 큰 가산세 규정 등이다.

여섯째, 세법대로 세금내면 실제 이익보다 세금을 더 내게 된다.
→ 비용이지만 세법에는 비용으로 인정되지 않는 것이 있다. 지출금액 중 일부만 비용으로 인정되는 접대비가 대표적이다. 사업자 입장에서는 자기가 번 소득보다 세법상 소득은 과대계상 된다. 근로소득자에게는 의료비·교육비공제가 되지만 사업자는 안 된다.

일곱째, 세법이 너무 복잡하다.
→ 세법이 너무 복잡하고 모호해 애초에 납세자가 아무리 노력해도 성실납세를 할 수 없다.

복잡하고 모호한 세법은 세무조사를 받을 때 전혀 예상하지 못하는 세금으로 추징될 수 있음을 의미한다.

정셈의 상속·증여를 위한 절세 이야기

여덟째, 성실납세를 해도 세금의 리스크가 줄어들지 않는다.

→ 세무공무원에게 밉보이거나 정치적 세무조사의 희생양이 되는 경우이다. 또 성실납세해도 세무조사대상이 될 수 있고, 이때 세무공무원의 인사고과용 세금추징액을 추가로 더 내야 한다.

아홉째, 세무조사를 당해도 세금을 줄일 여지도 있다.

→ 재수 없이 세무조사를 당하더라도 전관 세무대리인을 고용하여 세금을 줄일 수 있는 여지가 있고, 아니면 한국에 태어난 죄로 한 번쯤 치러야 하는 대가로 생각한다.

캐나다 한인 식당 주인 A씨는 "세금을 잘 내느냐"는 "내가 낸 세금이 공익을 위해 잘 사용되고 복지로 나에게 돌아오며 탈세 시 강한 불이익이 있어 성실납세 할 수밖에 없다고"고 설명했다.

1970년대에 한국에서 식당을 하면서 부가가치세 신고 때마다 돈이 든 봉투를 세무공무원에게 건네준 적이 있다는 A씨는 호주 이민 후 30년 이상 개인사업을 하면서 세금탈루를 해본 적도 세금 때문에 스트레스를 받아 본 적도 없다고 했다. 호주에서는 세무대리인에게 세금신고를 맡기면 거의 세무조사를 받을 일도 세무공무원을 만날 일이 없다고 한다.

정셈의
상속·증여를 위한
절세 이야기

ⓒ 정한영, 2025

초판 1쇄 발행 2025년 12월 10일

지은이   정한영
펴낸이   이기봉
편집   좋은땅 편집팀
펴낸곳   도서출판 좋은땅
주소   서울특별시 마포구 양화로12길 26 지월드빌딩 (서교동 395-7)
전화   02)374-8616~7
팩스   02)374-8614
이메일   gworldbook@naver.com
홈페이지 www.g-world.co.kr

ISBN   979-11-388-5043-8 (03360)